学ぶ人は、変えてゆく人だ。

目の前にある問題はもちろん、

人生の問いや、

社会の課題を自ら見つけ、

挑み続けるために、人は学ぶ。

「学び」で、

少しずつ世界は変えてゆける。

いつでも、どこでも、誰でも、

学ぶことができる世の中へ。

旺文社

2024年度版

文部科学省後援

英検®
2級
過去6回
全問題集

旺文社

この問題カードは切り取って、本番の面接の練習用にしてください。
質問は p.47 にありますので、参考にしてください。

Better Communication

Today, Japanese people often have chances to do business with foreigners. For this reason, it is important that Japanese people understand differences in ways of thinking. Some companies let their employees learn about such differences, and in this way they help their employees avoid misunderstandings. In the future, more and more Japanese will probably work with foreigners as the world becomes more connected.

Your story should begin with this sentence: **One afternoon, Jun and his mother were watching a television program about France.**

この問題カードは切り取って、本番の面接の練習用にしてください。
質問は p.49 にありますので、参考にしてください。

Helping Working Parents

It is not easy for parents who have small children to work full-time. As a result, the importance of places where parents can leave their children while working is increasing. Now, some companies offer such places, and in this way they help employees with small children work more easily. Companies like these will probably become more and more common in the future.

Your story should begin with this sentence: **One day, Koji and his mother were talking in their living room.**

この問題カードは切り取って、本番の面接の練習用にしてください。
質問は p.73 にありますので、参考にしてください。

Used Computers

These days, the number of shops selling used computers has been increasing. These computers seem attractive because they are much cheaper than new computers. However, there is the danger that used computers will not work properly. Some consumers are concerned about this danger, and as a result they avoid buying used computers. People should think carefully before they purchase used products.

Your story should begin with this sentence: **One day, Mr. and Mrs. Takeda were talking about going shopping.**

問題カード

この問題カードは切り取って、本番の面接の練習用にしてください。
質問は p.75 にありますので、参考にしてください。

Disasters and Pets

Pets are usually regarded as important members of families. However, when natural disasters occur, it can be difficult to find places where people and pets can stay together. Some local governments provide these places, and in this way they allow people to look after their pets during emergencies. Such places are likely to become more and more common in the future.

Your story should begin with this sentence: **One day, Mr. and Mrs. Mori were on vacation near the beach.**

この問題カードは切り取って、本番の面接の練習用にしてください。
質問は p.99 にありますので、参考にしてください。

Fake News

Photographs are used by the media because they help people to understand news stories better. Nowadays, however, photographs that contain false information can easily be created with modern technology. Some people put such photographs on the Internet, and by doing so they try to make others believe untrue stories. People should be aware that technology can be used in good and bad ways.

Your story should begin with this sentence: **One day, Ken and Sakura were talking about their favorite sea animals.**

この問題カードは切り取って、本番の面接の練習用にしてください。
質問は p.101 にありますので、参考にしてください。

Animal Shelters

Nowadays, there are many animal shelters that care for abandoned pets. These animals are often scared of people. Now, training that helps pets get along with people is attracting attention. Some animal shelters offer such training, and in this way they make it easier for abandoned pets to find new owners. Animal shelters will probably continue to play an important role in society.

Your story should begin with this sentence: **One day, Mr. and Mrs. Sano were talking at a hotel in Thailand.**

2023年度第2回　英検2級　解答用紙

【注意事項】

①解答にはHBの黒鉛筆（シャープペンシルも可）を使用し，解答を訂正する場合には消しゴムで完全に消してください。

②解答用紙は絶対に汚したり折り曲げたり，所定以外のところへの記入はしないでください。

③マーク例

良い例	悪い例
●	◐ ✖ ◖

これ以下の濃さのマークは読めません。

解 答 欄

問題番号	1	2	3	4
(1)	①	②	③	④
(2)	①	②	③	④
(3)	①	②	③	④
(4)	①	②	③	④
(5)	①	②	③	④
(6)	①	②	③	④
(7)	①	②	③	④
(8)	①	②	③	④
(9)	①	②	③	④
(10)	①	②	③	④
(11)	①	②	③	④
(12)	①	②	③	④
(13)	①	②	③	④
(14)	①	②	③	④
(15)	①	②	③	④
(16)	①	②	③	④
(17)	①	②	③	④
(18)	①	②	③	④
(19)	①	②	③	④
(20)	①	②	③	④

（解答欄 1）

解 答 欄

問題番号	1	2	3	4
(21)	①	②	③	④
(22)	①	②	③	④
(23)	①	②	③	④
(24)	①	②	③	④
(25)	①	②	③	④
(26)	①	②	③	④

（解答欄 2）

解 答 欄

問題番号	1	2	3	4
(27)	①	②	③	④
(28)	①	②	③	④
(29)	①	②	③	④
(30)	①	②	③	④
(31)	①	②	③	④
(32)	①	②	③	④
(33)	①	②	③	④
(34)	①	②	③	④
(35)	①	②	③	④
(36)	①	②	③	④
(37)	①	②	③	④
(38)	①	②	③	④

（解答欄 3）

※筆記4の解答欄はこの裏にあります。

リスニング解答欄

問題番号	1	2	3	4
No.1	①	②	③	④
No.2	①	②	③	④
No.3	①	②	③	④
No.4	①	②	③	④
No.5	①	②	③	④
No.6	①	②	③	④
No.7	①	②	③	④
No.8	①	②	③	④
No.9	①	②	③	④
No.10	①	②	③	④
No.11	①	②	③	④
No.12	①	②	③	④
No.13	①	②	③	④
No.14	①	②	③	④
No.15	①	②	③	④
No.16	①	②	③	④
No.17	①	②	③	④
No.18	①	②	③	④
No.19	①	②	③	④
No.20	①	②	③	④
No.21	①	②	③	④
No.22	①	②	③	④
No.23	①	②	③	④
No.24	①	②	③	④
No.25	①	②	③	④
No.26	①	②	③	④
No.27	①	②	③	④
No.28	①	②	③	④
No.29	①	②	③	④
No.30	①	②	③	④

（第1部：No.1～No.15，第2部：No.16～No.30）

※実際の解答用紙に似せていますが，デザイン・サイズは異なります。

●記入上の注意（記述形式）
・指示事項を守り，文字は，はっきりと分かりやすく書いてください。
・太枠に囲まれた部分のみが採点の対象です。

4 ライティング解答欄

| |
| |
| |
| |
| |
| 5 |
| |
| |
| |
| |
| 10 |
| |
| |
| |
| |
| 15 |
| |
| |

2023年度第1回　英検2級　解答用紙

【注意事項】
①解答にはHBの黒鉛筆(シャープペンシルも可)を使用し，解答を訂正する場合には消しゴムで完全に消してください。
②解答用紙は絶対に汚したり折り曲げたり，所定以外のところへの記入はしないでください。

③マーク例

良い例	悪い例

これ以下の濃さのマークは読めません。

解答欄

問題番号	1	2	3	4
(1)	①	②	③	④
(2)	①	②	③	④
(3)	①	②	③	④
(4)	①	②	③	④
(5)	①	②	③	④
(6)	①	②	③	④
(7)	①	②	③	④
(8)	①	②	③	④
(9)	①	②	③	④
(10)	①	②	③	④
(11)	①	②	③	④
(12)	①	②	③	④
(13)	①	②	③	④
(14)	①	②	③	④
(15)	①	②	③	④
(16)	①	②	③	④
(17)	①	②	③	④
(18)	①	②	③	④
(19)	①	②	③	④
(20)	①	②	③	④

1

解答欄

問題番号	1	2	3	4
(21)	①	②	③	④
(22)	①	②	③	④
(23)	①	②	③	④
(24)	①	②	③	④
(25)	①	②	③	④
(26)	①	②	③	④

2

解答欄

問題番号	1	2	3	4
(27)	①	②	③	④
(28)	①	②	③	④
(29)	①	②	③	④
(30)	①	②	③	④
(31)	①	②	③	④
(32)	①	②	③	④
(33)	①	②	③	④
(34)	①	②	③	④
(35)	①	②	③	④
(36)	①	②	③	④
(37)	①	②	③	④
(38)	①	②	③	④

3

※筆記4の解答欄はこの裏にあります。

リスニング解答欄

問題番号	1	2	3	4
No.1	①	②	③	④
No.2	①	②	③	④
No.3	①	②	③	④
No.4	①	②	③	④
No.5	①	②	③	④
No.6	①	②	③	④
No.7	①	②	③	④
No.8	①	②	③	④
No.9	①	②	③	④
No.10	①	②	③	④
No.11	①	②	③	④
No.12	①	②	③	④
No.13	①	②	③	④
No.14	①	②	③	④
No.15	①	②	③	④
No.16	①	②	③	④
No.17	①	②	③	④
No.18	①	②	③	④
No.19	①	②	③	④
No.20	①	②	③	④
No.21	①	②	③	④
No.22	①	②	③	④
No.23	①	②	③	④
No.24	①	②	③	④
No.25	①	②	③	④
No.26	①	②	③	④
No.27	①	②	③	④
No.28	①	②	③	④
No.29	①	②	③	④
No.30	①	②	③	④

第1部 (No.1〜No.15)

第2部 (No.16〜No.30)

※実際の解答用紙に似せていますが，デザイン・サイズは異なります。

●**記入上の注意（記述形式）**
・指示事項を守り，文字は，はっきりと分かりやすく書いてください。
・太枠に囲まれた部分のみが採点の対象です。

4 ライティング解答欄

	5
	10
	15

2022年度第3回　英検2級　解答用紙

【注意事項】

①解答にはHBの黒鉛筆（シャープペンシルも可）を使用し，解答を訂正する場合には消しゴムで完全に消してください。

②解答用紙は絶対に汚したり折り曲げたり，所定以外のところへの記入はしないでください。

③マーク例

良い例	悪い例
●	

 これ以下の濃さのマークは読めません。

解　答　欄

問題番号	1	2	3	4
(1)	①	②	③	④
(2)	①	②	③	④
(3)	①	②	③	④
(4)	①	②	③	④
(5)	①	②	③	④
(6)	①	②	③	④
(7)	①	②	③	④
(8)	①	②	③	④
(9)	①	②	③	④
(10)	①	②	③	④
(11)	①	②	③	④
(12)	①	②	③	④
(13)	①	②	③	④
(14)	①	②	③	④
(15)	①	②	③	④
(16)	①	②	③	④
(17)	①	②	③	④
(18)	①	②	③	④
(19)	①	②	③	④
(20)	①	②	③	④

1

解　答　欄

問題番号	1	2	3	4
(21)	①	②	③	④
(22)	①	②	③	④
(23)	①	②	③	④
(24)	①	②	③	④
(25)	①	②	③	④
(26)	①	②	③	④

2

解　答　欄

問題番号	1	2	3	4
(27)	①	②	③	④
(28)	①	②	③	④
(29)	①	②	③	④
(30)	①	②	③	④
(31)	①	②	③	④
(32)	①	②	③	④
(33)	①	②	③	④
(34)	①	②	③	④
(35)	①	②	③	④
(36)	①	②	③	④
(37)	①	②	③	④
(38)	①	②	③	④

3

※筆記4の解答欄はこの裏にあります。

リスニング解答欄

問題番号	1	2	3	4
No.1	①	②	③	④
No.2	①	②	③	④
No.3	①	②	③	④
No.4	①	②	③	④
No.5	①	②	③	④
No.6	①	②	③	④
No.7	①	②	③	④
No.8	①	②	③	④
No.9	①	②	③	④
No.10	①	②	③	④
No.11	①	②	③	④
No.12	①	②	③	④
No.13	①	②	③	④
No.14	①	②	③	④
No.15	①	②	③	④
No.16	①	②	③	④
No.17	①	②	③	④
No.18	①	②	③	④
No.19	①	②	③	④
No.20	①	②	③	④
No.21	①	②	③	④
No.22	①	②	③	④
No.23	①	②	③	④
No.24	①	②	③	④
No.25	①	②	③	④
No.26	①	②	③	④
No.27	①	②	③	④
No.28	①	②	③	④
No.29	①	②	③	④
No.30	①	②	③	④

第1部

第2部

※実際の解答用紙に似せていますが，デザイン・サイズは異なります。

●記入上の注意（記述形式）
・指示事項を守り，文字は，はっきりと分かりやすく書いてください。
・太枠に囲まれた部分のみが採点の対象です。

4 ライティング解答欄

| |
| |
| |
| |
| 5 |
| |
| |
| |
| |
| 10 |
| |
| |
| |
| |
| 15 |
| |
| |

【注意事項】
①解答にはHBの黒鉛筆(シャープペンシルも可)を使用し，解答を訂正する場合には消しゴムで完全に消してください。

②解答用紙は絶対に汚したり折り曲げたり，所定以外のところへの記入はしないでください。

③マーク例

良い例	悪い例
●	例

これ以下の濃さのマークは読めません。

解　答　欄

問題番号	1	2	3	4
(1)	①	②	③	④
(2)	①	②	③	④
(3)	①	②	③	④
(4)	①	②	③	④
(5)	①	②	③	④
(6)	①	②	③	④
(7)	①	②	③	④
(8)	①	②	③	④
(9)	①	②	③	④
(10)	①	②	③	④
(11)	①	②	③	④
(12)	①	②	③	④
(13)	①	②	③	④
(14)	①	②	③	④
(15)	①	②	③	④
(16)	①	②	③	④
(17)	①	②	③	④
(18)	①	②	③	④
(19)	①	②	③	④
(20)	①	②	③	④

1

解　答　欄

問題番号	1	2	3	4
(21)	①	②	③	④
(22)	①	②	③	④
(23)	①	②	③	④
(24)	①	②	③	④
(25)	①	②	③	④
(26)	①	②	③	④

2

解　答　欄

問題番号	1	2	3	4
(27)	①	②	③	④
(28)	①	②	③	④
(29)	①	②	③	④
(30)	①	②	③	④
(31)	①	②	③	④
(32)	①	②	③	④
(33)	①	②	③	④
(34)	①	②	③	④
(35)	①	②	③	④
(36)	①	②	③	④
(37)	①	②	③	④
(38)	①	②	③	④

3

※筆記4の解答欄はこの裏にあります。

リスニング解答欄

問題番号	1	2	3	4
No.1	①	②	③	④
No.2	①	②	③	④
No.3	①	②	③	④
No.4	①	②	③	④
No.5	①	②	③	④
No.6	①	②	③	④
No.7	①	②	③	④
No.8	①	②	③	④
No.9	①	②	③	④
No.10	①	②	③	④
No.11	①	②	③	④
No.12	①	②	③	④
No.13	①	②	③	④
No.14	①	②	③	④
No.15	①	②	③	④
No.16	①	②	③	④
No.17	①	②	③	④
No.18	①	②	③	④
No.19	①	②	③	④
No.20	①	②	③	④
No.21	①	②	③	④
No.22	①	②	③	④
No.23	①	②	③	④
No.24	①	②	③	④
No.25	①	②	③	④
No.26	①	②	③	④
No.27	①	②	③	④
No.28	①	②	③	④
No.29	①	②	③	④
No.30	①	②	③	④

第1部 / 第2部

切り取り線

※実際の解答用紙に似せていますが，デザイン・サイズは異なります。

●記入上の注意（記述形式）
・指示事項を守り，文字は，はっきりと分かりやすく書いてください。
・太枠に囲まれた部分のみが採点の対象です。

4 ライティング解答欄

	5
	10
	15

2022年度第1回　英検2級　解答用紙

【注意事項】

①解答にはHBの黒鉛筆(シャープペンシルも可)を使用し，解答を訂正する場合には消しゴムで完全に消してください。

②解答用紙は絶対に汚したり折り曲げたり，所定以外のところへの記入はしないでください。

③マーク例

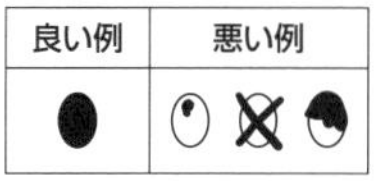

良い例	悪い例
●	

これ以下の濃さのマークは読めません。

解　答　欄

問題番号	1	2	3	4
(1)	①	②	③	④
(2)	①	②	③	④
(3)	①	②	③	④
(4)	①	②	③	④
(5)	①	②	③	④
(6)	①	②	③	④
(7)	①	②	③	④
(8)	①	②	③	④
(9)	①	②	③	④
(10)	①	②	③	④
(11)	①	②	③	④
(12)	①	②	③	④
(13)	①	②	③	④
(14)	①	②	③	④
(15)	①	②	③	④
(16)	①	②	③	④
(17)	①	②	③	④
(18)	①	②	③	④
(19)	①	②	③	④
(20)	①	②	③	④

（表の左に「1」と記載）

解　答　欄

問題番号	1	2	3	4
(21)	①	②	③	④
(22)	①	②	③	④
(23)	①	②	③	④
(24)	①	②	③	④
(25)	①	②	③	④
(26)	①	②	③	④

（表の左に「2」と記載）

解　答　欄

問題番号	1	2	3	4
(27)	①	②	③	④
(28)	①	②	③	④
(29)	①	②	③	④
(30)	①	②	③	④
(31)	①	②	③	④
(32)	①	②	③	④
(33)	①	②	③	④
(34)	①	②	③	④
(35)	①	②	③	④
(36)	①	②	③	④
(37)	①	②	③	④
(38)	①	②	③	④

（表の左に「3」と記載）

※筆記4の解答欄はこの裏にあります。

リスニング解答欄

問題番号	1	2	3	4
No.1	①	②	③	④
No.2	①	②	③	④
No.3	①	②	③	④
No.4	①	②	③	④
No.5	①	②	③	④
No.6	①	②	③	④
No.7	①	②	③	④
No.8	①	②	③	④
No.9	①	②	③	④
No.10	①	②	③	④
No.11	①	②	③	④
No.12	①	②	③	④
No.13	①	②	③	④
No.14	①	②	③	④
No.15	①	②	③	④
No.16	①	②	③	④
No.17	①	②	③	④
No.18	①	②	③	④
No.19	①	②	③	④
No.20	①	②	③	④
No.21	①	②	③	④
No.22	①	②	③	④
No.23	①	②	③	④
No.24	①	②	③	④
No.25	①	②	③	④
No.26	①	②	③	④
No.27	①	②	③	④
No.28	①	②	③	④
No.29	①	②	③	④
No.30	①	②	③	④

（No.1〜No.15の左に「第1部」、No.16〜No.30の左に「第2部」と記載）

切り取り線

※実際の解答用紙に似せていますが，デザイン・サイズは異なります。

●記入上の注意（記述形式）
・指示事項を守り，文字は，はっきりと分かりやすく書いてください。
・太枠に囲まれた部分のみが採点の対象です。

4 ライティング解答欄

5

10

15

2021年度第3回 英検2級 解答用紙

【注意事項】

①解答にはHBの黒鉛筆(シャープペンシルも可)を使用し, 解答を訂正する場合には消しゴムで完全に消してください。

②解答用紙は絶対に汚したり折り曲げたり, 所定以外のところへの記入はしないでください。

③マーク例

良い例	悪い例
●	◐ ✕ ◑

 これ以下の濃さのマークは読めません。

解 答 欄

問題番号	1	2	3	4
(1)	①	②	③	④
(2)	①	②	③	④
(3)	①	②	③	④
(4)	①	②	③	④
(5)	①	②	③	④
(6)	①	②	③	④
(7)	①	②	③	④
(8)	①	②	③	④
(9)	①	②	③	④
(10)	①	②	③	④
(11)	①	②	③	④
(12)	①	②	③	④
(13)	①	②	③	④
(14)	①	②	③	④
(15)	①	②	③	④
(16)	①	②	③	④
(17)	①	②	③	④
(18)	①	②	③	④
(19)	①	②	③	④
(20)	①	②	③	④

(欄外：1)

解 答 欄

問題番号	1	2	3	4
(21)	①	②	③	④
(22)	①	②	③	④
(23)	①	②	③	④
(24)	①	②	③	④
(25)	①	②	③	④
(26)	①	②	③	④

(欄外：2)

解 答 欄

問題番号	1	2	3	4
(27)	①	②	③	④
(28)	①	②	③	④
(29)	①	②	③	④
(30)	①	②	③	④
(31)	①	②	③	④
(32)	①	②	③	④
(33)	①	②	③	④
(34)	①	②	③	④
(35)	①	②	③	④
(36)	①	②	③	④
(37)	①	②	③	④
(38)	①	②	③	④

(欄外：3)

※筆記4の解答欄はこの裏にあります。

リスニング解答欄

問題番号	1	2	3	4
No.1	①	②	③	④
No.2	①	②	③	④
No.3	①	②	③	④
No.4	①	②	③	④
No.5	①	②	③	④
No.6	①	②	③	④
No.7	①	②	③	④
No.8	①	②	③	④
No.9	①	②	③	④
No.10	①	②	③	④
No.11	①	②	③	④
No.12	①	②	③	④
No.13	①	②	③	④
No.14	①	②	③	④
No.15	①	②	③	④
No.16	①	②	③	④
No.17	①	②	③	④
No.18	①	②	③	④
No.19	①	②	③	④
No.20	①	②	③	④
No.21	①	②	③	④
No.22	①	②	③	④
No.23	①	②	③	④
No.24	①	②	③	④
No.25	①	②	③	④
No.26	①	②	③	④
No.27	①	②	③	④
No.28	①	②	③	④
No.29	①	②	③	④
No.30	①	②	③	④

(欄外：第1部／第2部)

※実際の解答用紙に似せていますが, デザイン・サイズは異なります。

●記入上の注意（記述形式）
・指示事項を守り，文字は，はっきりと分かりやすく書いてください。
・太枠に囲まれた部分のみが採点の対象です。

4 ライティング解答欄

5

10

15

Introduction

はじめに

実用英語技能検定（英検®）は，年間受験者数420万人（英検IBA，英検Jr.との総数）の小学生から社会人まで，幅広い層が受験する国内最大級の資格試験で，1963年の第1回検定からの累計では1億人を超える人々が受験しています。英検®は，コミュニケーションを行う上で重要となる思考力・判断力・表現力をはじめとして，今日求められている英語能力のあり方に基づいて，2024年度より1〜3級の試験形式の一部をリニューアルする予定です。

この『全問題集シリーズ』は，英語を学ぶ皆さまを応援する気持ちを込めて刊行しました。本書は，2023年度第2回検定を含む6回分の過去問を，皆さまの理解が深まるよう，日本語訳や詳しい解説を加えて収録しています。また，次のページにリニューアルについてまとめていますので，問題に挑戦する前にご確認ください。さらに，「新形式の要約問題ガイド」も収録していますので，ぜひお役立てください。

本書が皆さまの英検合格の足がかりとなり，さらには国際社会で活躍できるような生きた英語を身につけるきっかけとなることを願っています。

最後に，本書を刊行するにあたり，多大なご尽力をいただきました青山学院高等部 田辺博史先生，入江泉先生に深く感謝の意を表します。

2024年　春

英検②級の試験が変わります！

2024年度第1回検定より，英検2級の試験がリニューアルされます。新形式の英作文問題（ライティング）が追加されることが大きなポイントです。リスニングと二次試験（面接）には変更はありません。リニューアル前の試験形式と2024年度からの試験形式をまとめました。新試験の概要を把握し，対策を始めましょう。

リニューアル前の試験

筆記（85分）

大問1	短文の語句空所補充	20問
大問2	長文の語句空所補充	6問
大問3	長文の内容一致選択	12問
大問4	英作文（意見論述問題）	1問

2024年度からの試験

筆記（85分）

大問1	短文の語句空所補充	17問	問題数減
大問2	長文の語句空所補充	6問	
大問3	長文の内容一致選択	8問	問題数減
大問4	英作文（要約問題）	1問	1問追加
大問5	英作文（意見論述問題）	1問	

〈変更点〉

筆記	→ 短文の語句空所補充の問題数が17問に減ります。
	→ 長文の内容一致選択の問題数が8問に減ります。
	→ 英作文に要約問題が追加されます。
リスニング	→ 変更はありません。
面接	→ 変更はありません。

※2023年12月現在の情報を掲載しています。

新形式の要約問題ガイド

When students go to college, some decide to live at home with their parents, and others decide to rent an apartment by themselves. There are other choices, too. These days, some of them choose to share a house with roommates.

What are the reasons for this? Some students have a roommate who is good at math or science and can give advice about homework. Other students have a roommate from abroad and can learn about a foreign language through everyday conversations. Because of this, they have been able to improve their foreign language skills.

On the other hand, some students have a roommate who stays up late at night and watches TV. This can be noisy and make it difficult for others to get enough sleep. Some students have a roommate who rarely helps with cleaning the house. As a result, they have to spend a lot of time cleaning the house by themselves.

学生は大学に進学すると，実家で両親と暮らすことを決める学生もいれば，自分でアパートを借りることを決める学生もいる。選択肢はほかにもある。最近では，ルームメイトとの共同生活を選ぶ学生もいる。

その理由は何だろうか。学生の中には数学や科学が得意で，宿題について助言してくれるルームメイトを持つ者もいる。外国人のルームメイトがいて，日常会話を通じて外国語を学ぶことができる学生もいる。そのおかげで，彼らは外国語能力を伸ばすことができた。

一方で，中には夜遅くまで起きてテレビを見るルームメイトを持つ学生もいる。これにより，うるさくてほかの人が十分な睡眠をとることを困難にする可能性がある。中にはめったに家の掃除を手伝わないルームメイトを持つ学生もいる。その結果，彼らは自分で家の掃除をすることに多くの時間を費やさなければならない。

模範解答

These days, some college students share a house with roommates. By doing this, some students can get help from their roommates with various things, such as math, science, or foreign languages. However, some students have trouble with their roommates, such as trouble about sleeping times or cleaning the house.

模範解答の訳

最近では，ルームメイトと共同生活をする大学生がいる。そうすることで，数学，科学，外国語などのさまざまな点でルームメイトから助けてもらえる学生もいる。しかし，学生の中には，睡眠時間や家の掃除に関する問題など，ルームメイトとのトラブルを抱える学生もいる。

解説

STEP 1 英文を読み，段落ごとの要旨をつかむ

まず，段落ごとの要旨をつかみながら，英文全体をざっと読もう。第1段落には英文全体のトピック（第1段落の要旨）が含まれている。ここでは，第1文の冒頭から「大学生」の話であることを押さえよう。そしてsome ～ others ...「～な学生もいれば…な学生もいる」の後，第3文These days, ... で「ルームメイトとの共同生活」という話題が提起される。そのまま読み進めると，第2段落で「共同生活の利点」，第3段落で「共同生活の欠点」が書かれていることから，英文全体のトピックは第1段落第3文の「ルームメイトとの共同生活」である。

　模範解答は，1文目「トピック導入」，2文目「利点」，3文目「欠点」の3文構成（49語）。各段落の要点を1文（または2文）で書いて45語〜55語に収める練習をしておくとよい。

　解答の1文目で書くトピックは，模範解答のように本文をほぼそのまま利用してもよい。ただしここでは，some of themは具体的にsome college studentsと表す必要があるので注意。その後，2文目は共同生活をする利点としてBy doing this[so]「そうすることで（〜できる）」などとつなげるとよい。第2段落と第3段落は対照的な内容なので対比・逆接の論理マーカーでつなげる。模範解答では，本文のOn the other handの代わりにHoweverを用いている。英文が全て〈主語＋動詞〉で始まると単調になるので，文頭に論理マーカーや副詞句を置いて工夫しよう。

ポイント　要点のまとめ方
● 重要ではない情報や細かい情報は省く。
● 具体的な情報を抽象化・一般化する。
● 本文と同じ表現や解答内の表現の繰り返しを避ける。

　先ほど見たように，第1段落の要旨（トピック）は第3文にあるので，第1〜2文の内容は解答に含めなくてよい。第2段落では，第1文のWhat are the reasons for this?は一種のつなぎ言葉なのでこれも省き，Some ... Other ...の構造で書かれている第2〜3文を1文にまとめよう。第2段落はルームメイトが役に立つ話なので，get help from their roommates with various things「さまざまな点でルームメイトから助けてもらえる」のように抽象的に表した後，various thingsについて具体的にどんな点で役に立つのかを，such as 〜「（例えば）〜のような」で表すことができる。同様に，第3段落も前半と後半の内容を1文にまとめる。「睡眠時間」と「家の掃除」という2点に着目して，have trouble with their roommates「ルームメイトとのトラブルを抱える」と抽象的に表した後，どんなトラブルかをsuch as 〜で続けるとよい。

　本文の語句は利用してよいが，表現を言い換えることで語彙力・文法力があることをアピールしよう。模範解答では，本文のdifficultをtroubleに，get enough sleepをsleeping timesに言い換えている。

書いた要約文を，次の観点からチェック！

☐ 内容…英文の要点を適切に捉えているか。
☐ 構成…論理的に文章を構築できているか。
☐ 語彙・文法…適切な語彙・文法を用いているか。
☐ 語彙・文法…文の構造や語句の言い換えなどに工夫があるか。

- 以下の英文を読んで，その内容を英語で要約し，解答欄に記入しなさい。
- 語数の目安は45語～55語です。
- 解答欄の外に書かれたものは採点されません。
- 解答が英文の要約になっていないと判断された場合は，0点と採点されることがあります。英文をよく読んでから答えてください。

When students graduate from high school, some decide to go to university, while others choose to start working. There are also other choices. Some students choose to take a gap year, a year-long break, before deciding what to do.

Why do students decide to take a gap year? Some students think it is a chance to travel and experience the world. Others might take the time to think about what they want to study. There are even students who use the time to work and earn money before entering university.

Nevertheless, during gap years, some students lose motivation to study at university. This may eventually lead them to give up on their future dreams. Others may get a job but fail to earn enough money for university. As a result, they may end up deciding not to go to university.

解答欄

<table>
<tr><td></td></tr>
<tr><td></td></tr>
<tr><td></td></tr>
<tr><td></td></tr>
<tr><td>5</td></tr>
<tr><td></td></tr>
<tr><td></td></tr>
<tr><td></td></tr>
<tr><td></td></tr>
<tr><td>10</td></tr>
<tr><td></td></tr>
<tr><td></td></tr>
<tr><td></td></tr>
<tr><td>15</td></tr>
<tr><td></td></tr>
<tr><td></td></tr>
</table>

　学生の中には，高校を卒業すると，大学に進学することを決める人もいれば，働き始めることを選ぶ人もいる。ほかの選択肢もある。中には，何をするかを決める前に，ギャップイヤー，つまり1年間の休暇を取ることを選ぶ学生もいる。

　なぜ学生はギャップイヤーを取ることを決めるのだろうか。学生の中には，旅行をして世界を体験する機会だと考える人もいる。何を勉強したいのかを考えるために時間を取る学生もいるかもしれない。さらにはその時間を大学入学前に働いてお金を稼ぐために使う学生もいる。

　とは言え，ギャップイヤーの間，大学で勉強する意欲を失う学生もいる。これにより，最終的に彼らは，夢をあきらめてしまうかもしれない。仕事を得たものの，大学のための十分なお金を稼げない学生もいるかもしれない。その結果，彼らは大学に進学しないという決断をすることになるかもしれない。

解答例

Students take a gap year after high school for different reasons. During the break, some want to see the world, while others consider what to study or make money for university. However, for some students, gap years can be problems, such as losing interest in their studies and abandoning their dreams or not earning enough.

解答例の訳

　学生はさまざまな理由で高校卒業後にギャップイヤーを取る。休暇の間，世界を見たいと思う学生もいれば，何を勉強するかについて考えたり大学のためにお金を稼いだりする学生もいる。しかし，学生によっては，ギャップイヤーは，勉強への興味を失って夢を断念したり，十分にお金が稼げなかったりなど，問題になる場合もある。

解説

STEP 1　英文を読み，段落ごとの要旨をつかむ

　まず，段落ごとの要旨をつかみながら，英文全体をざっと読もう。第1段落には英文全体のトピック（第1段落の要旨）が含まれている。ここでは，第1文から「学生の高校卒業後の進路」の話だと押さえる。そしてsome ～, while others ...「～な学生もいれば…な学生もいる」の形で進路の選択が述べられた後，第3文で「ギャップイヤー＝1年間の休暇」という話題が提起される。そのまま読み進めると，第2段落で「ギャップイヤーを取る理由・目的」，第3段落で「ギャップイヤーの問題」が書かれていることから，英文全体のトピックは第1段落第3文の「ギャップイヤー」だとわかる。

　解答例は，1文目「トピック導入」，2文目「理由」，3文目「問題点」の3文構成（55語）。各段落の要点を1文（または2文）で書いて45語〜55語に収める練習をしておくとよい。

　解答例の1文目にはトピックを含める。解答例では，第2段落第1文の疑問文を利用して，「ギャップイヤーを取る理由はさまざまある」と導入した後，During the breakに続けてその理由を1文でまとめている。第2段落と第3段落は対照的な内容なので対比・逆接の論理マーカーでつなげる。解答例では，本文のNeverthelessの代わりにHoweverを用いている。英文が全て〈主語＋動詞〉で始まると単調になるので，文頭に論理マーカーや副詞句を置いて工夫しよう。

ポイント　要点のまとめ方

● 重要ではない情報や細かい情報は省く。

● 具体的な情報を抽象化・一般化する。

● 本文と同じ表現や解答内の表現の繰り返しを避ける。

　例えば，第1段落のThere are also other choices.のような前置きの表現や第2段落のWhy ...?のような疑問文は解答に含めない。第2段落の要点はギャップイヤーを取る理由だが，Some students ...(A)とOthers ...(B)とThere are even students ...(C)の3文にわたって書かれている同種の情報を短くまとめる必要がある。解答例では，純粋にギャップイヤーを楽しむAとそれ以外のBとCを1つにまとめ，some A, while others B or Cの構造で表している。travel and experience the world→see the worldやwork and earn money before entering university→make money for universityのように，本文の具体的な表現を抽象化して短く表すこともポイントである。第3段落は，「問題になる」と前置きした後，その具体例をsuch as 〜「（例えば）〜のような」を使ってまとめることができる。

　できるだけ本文の表現を言い換えることで語彙力・文法力をアピールしよう。解答例のthink about what they want to study→consider what to studyやmotivation→interestやgive up on→abandonなどが参考になる。

書いた要約文を，次の観点からチェック！

☐ 内容…英文の要点を適切に捉えているか。

☐ 構成…論理的に文章を構築できているか。

☐ 語彙・文法…適切な語彙・文法を用いているか。

☐ 語彙・文法…文の構造や語句の言い換えなどに工夫があるか。

もくじ

Contents

執　　筆：田辺 博史（青山学院高等部），入江 泉，Richard Knobbs
編集協力：株式会社シー・レップス，鹿島 由紀子，株式会社 鷗来堂，内藤 香
録　　音：ユニバ合同会社
デザイン：林 慎一郎（及川真咲デザイン事務所）
組版・データ作成協力：幸和印刷株式会社

10

本書の使い方

ここでは，本書の過去問および特典についての活用法の一例を紹介します。

一次試験対策

情報収集・傾向把握

- 2024年度から英検2級の試験が変わります！（p.2）
- 英検インフォメーション（p.18-21）
- 2023年度の傾向と攻略ポイント（p.22-23）

予想問題・過去問にチャレンジ

- 新形式の要約問題ガイド（p.3-9）
- 2023年度第2回一次試験
- 2023年度第1回一次試験
- 2022年度第3回一次試験
- 2022年度第2回一次試験
- 2022年度第1回一次試験
- 2021年度第3回一次試験
  ※アプリ「学びの友」を利用して，自動採点（p.16-17）

二次試験対策

情報収集・傾向把握

- 二次試験・面接の流れ（p.24）
- 【Web特典】
  面接シミュレーション／面接模範例

過去問にチャレンジ

- 2023年度第2回二次試験
- 2023年度第1回二次試験
- 2022年度第3回二次試験
- 2022年度第2回二次試験
- 2022年度第1回二次試験
- 2021年度第3回二次試験

過去問の取り組み方

1セット目

【実力把握モード】

本番の試験と同じように，制限時間を設けて取り組みましょう。どの問題形式に時間がかかりすぎているか，正答率が低いかなど，今のあなたの実力を把握し，学習に生かしましょう。

アプリ「学びの友」の自動採点機能を活用して，答え合わせをスムーズに行いましょう。

2～5セット目

【学習モード】

制限時間をなくし，解けるまで取り組みましょう。

リスニングは音声を繰り返し聞いて解答を導き出してもかまいません。全ての問題に正解できるまで見直します。

6セット目

【仕上げモード】

試験直前の仕上げに利用しましょう。時間を計って本番のつもりで取り組みます。

これまでに取り組んだ6セットの過去問で間違えた問題の解説を本番試験の前にもう一度見直しましょう。

※別冊の解答解説に付いている 正答率 ★75%以上 は，旺文社「英検® 一次試験 解答速報サービス」において回答者の正答率が75%以上だった設問を示しています。ぜひ押さえておきたい問題なので，しっかり復習しておきましょう。

音声について

一次試験・リスニングと二次試験・面接の音声を聞くことができます。本書とともに使い，効果的なリスニング・面接対策をしましょう。

収録内容と特長

 一次試験・リスニング

| 本番の試験の音声を収録 | ➡ | スピードをつかめる！ |

| 解答時間は本番通り10秒間 | ➡ | 解答時間に慣れる！ |

| 収録されている英文は，別冊解答に掲載 | ➡ | 聞き取れない箇所を確認できる！ |

 二次試験・面接（スピーキング）

| 実際の流れ通りに収録 | ➡ | 本番の雰囲気を味わえる！ |

・パッセージの黙読（試験通り20秒の黙読時間があります）
・パッセージの音読（Model Readingを収録しています）
・質問（音声を一時停止してご利用ください）

| 各質問のModel Answerも収録 | ➡ | 模範解答が確認できる！ |

| Model Answerは，別冊解答に掲載 | ➡ | 聞き取れない箇所を確認できる！ |

2つの方法で音声が聞けます！

音声再生サービスご利用可能期間	**2024年2月28日〜2025年8月31日** ※ご利用可能期間内にアプリやPCにダウンロードしていただいた音声は，期間終了後も引き続きお聞きいただけます。 ※これらのサービスは予告なく変更，終了することがあります。

 ① 公式アプリ「英語の友」(iOS/Android) で
お手軽再生

リスニング力を強化する機能満載

再生速度変換（0.5〜2.0倍速）　**お気に入り機能**（絞込み学習）　**オフライン再生**

バックグラウンド再生　**試験日カウントダウン**

［ご利用方法］ 　　　　　　　　　　　※画像はイメージです。

1 「英語の友」公式サイトより，アプリをインストール
　https://eigonotomo.com/ 　英語の友 🔍
　（右の2次元コードから読み込めます）

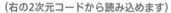

2 アプリ内のライブラリよりご購入いただいた書籍を選び，
　「追加」ボタンを押してください

3 パスワードを入力すると，音声がダウンロードできます
　［パスワード：qxdpki］ ※すべて半角アルファベット小文字

※本アプリの機能の一部は有料ですが，本書の音声は無料でお聞きいただけます。
※詳しいご利用方法は「英語の友」公式サイト，あるいはアプリ内ヘルプをご参照ください。

② パソコンで音声データダウンロード（MP3）

［ご利用方法］

1 Web特典にアクセス　　詳細は，p.15をご覧ください。

2 「一次試験［二次試験］音声データダウンロード」から
　聞きたい検定の回を選択してダウンロード

※音声ファイルはzip形式にまとめられた形でダウンロードされます。
※音声の再生にはMP3を再生できる機器などが必要です。ご使用機器，音声再生ソフト等に関する技術
　的なご質問は，ハードメーカーもしくはソフトメーカーにお願いいたします。

> **CDをご希望の方は，別売「2024年度版英検2級過去6回全問題集CD」
> （本体価格1,500円+税）をご利用ください。**
>
> 持ち運びに便利な小冊子とCD3枚付き。※本書では，収録箇所を**CD 1 1 ～ 16** のように表示。

Web特典について

購入者限定の「Web特典」を，皆さまの英検合格にお役立てください。

ご利用 可能期間	**2024年2月28日～2025年8月31日** ※本サービスは予告なく変更，終了することがあります。	
アクセス 方法	スマートフォン タブレット	右の2次元コードを読み込むと， パスワードなしでアクセスできます！
	PC スマートフォン タブレット 共通	1. Web特典（以下のURL）にアクセスします。 　https://eiken.obunsha.co.jp/2q/ 2. 本書を選択し，以下のパスワードを入力します。 　**qxdpki** ※すべて半角アルファベット小文字

〈特典内容〉

(1)解答用紙

本番にそっくりの解答用紙が印刷できるので，何度でも過去問にチャレンジすることができます。

(2)音声データのダウンロード

一次試験リスニング・二次試験面接の音声データ（MP3）を無料でダウンロードできます。
※スマートフォン・タブレットの方は，アプリ「英語の友」(p.13) をご利用ください。

(3)2級面接対策

【面接シミュレーション】入室から退室までの面接の流れが体験できます。本番の面接と同じ手順で練習ができるので，実際に声に出して練習してみましょう。

【面接模範例】入室から退室までの模範応答例を見ることができます。各チェックポイントで，受験上の注意点やアドバイスを確認しておきましょう。

【問題カード】面接シミュレーションで使用している問題カードです。印刷して，実際の面接の練習に使ってください。

自動採点アプリ「学びの友」の利用方法

本書の問題は，採点・見直し学習アプリ「学びの友」でカンタンに自動採点することができます。

ご利用 可能期間	**2024年2月28日〜2025年8月31日** ※本サービスは予告なく変更，終了することがあります。 ※ご利用可能期間内にアプリ内で「追加」していた場合は，期間終了後も引き続きお使いいただけます。
アクセス 方法	**「学びの友」公式サイトにアクセス** **https://manatomo.obunsha.co.jp/** （右の2次元コードからもアクセスできます）　学びの友 🔍

※iOS／Android端末，Webブラウザよりご利用いただけます。
※アプリの動作環境については，「学びの友」公式サイトをご参照ください。なお，本アプリは無料でご利用いただけます。
※詳しいご利用方法は「学びの友」公式サイト，あるいはアプリ内ヘルプをご参照ください。

［ご利用方法］

1 アプリを起動後，「旺文社まなびID」に会員登録してください
会員登録は無料です。

2 アプリ内の「書籍を追加する」より
ご購入いただいた書籍を選び，「追加」ボタンを押してください

3 パスワードを入力し，コンテンツをダウンロードしてください

パスワード：**qxdpki**

※すべて半角アルファベット小文字

4 学習したい検定回を選択してマークシート
を開き, 学習を開始します

マークシートを開くと同時にタイマーが動き出します。
問題番号の下には, 書籍内掲載ページが表示されています。
問題番号の左側の□に「チェック」を入れることができます。

5 リスニングテストの音声は,
問題番号の横にある再生ボタンをタップ

一度再生ボタンを押したら, 最後の問題まで自動的に進みます。

6 リスニングテストが終了したら,
画面右上「採点する」を押して答え合わせをします

※ライティング問題がある級は,「自己採点」ページで模範解答例を参照し,
観点別に自己採点を行ってください。

採点結果の見方

結果画面では, 正答率や合格ラインとの距離, 間違えた問題の確認ができます。

『問題ごとの正誤』では, プルダ
ウンメニューで,「チェック」し
た問題,「不正解」の問題,「チェ
ックと不正解」の問題を絞り込ん
で表示することができますので,
解き直しの際にご活用ください。

英検® Information インフォメーション

出典：英検ウェブサイト

> ## 英検2級について

2級では，「社会生活に必要な英語を理解し，また使用できる」ことが求められます。
入試，単位認定，さらに海外留学や社会人の一般的な英語力の証明として幅広く活用されています。
目安としては「高校卒業程度」です。

試験内容

一次試験 筆記・リスニング

主な場面・状況	家庭・学校・職場・地域（各種店舗・公共施設を含む）・電話・アナウンスなど
主な話題	学校・仕事・趣味・旅行・買い物・スポーツ・映画・音楽・食事・天気・道案内・海外の文化・歴史・教育・科学・自然・環境・医療・テクノロジー・ビジネスなど

筆記試験 ⊘85分

問題	形式・課題詳細		問題数	満点スコア
1	文脈に合う適切な語句を補う。	問題数減	17問	
2	パッセージ（長文）の空所に文脈に合う適切な語句を補う。		6問	650
3	パッセージ（長文）の内容に関する質問に答える。	問題数減	8問	
4	与えられた英文の要約文を書く。（45～55語）	NEW	1問	
5	指定されたトピックについての英作文を書く。（80～100語）		1問	650

リスニング ⊘約25分 放送回数/1回

問題	形式・課題詳細	問題数	満点スコア
第1部	会話の内容に関する質問に答える。	15問	650
第2部	短いパッセージの内容に関する質問に答える。	15問	

変更ポイント

2024年度から英検2級が変わる！

1 語彙問題・長文問題の問題数が削減されます。

大問1は20問から17問になります。また，23年度試験までの3Bがなくなり，大問3は12問から8問になります。

2 英作文問題が1問から2問に増えます。

既存の「意見論述」の問題に加え，「要約問題」が出題されます。与えられた英文を読み，その内容を英語で要約します。語数の目安は45〜55語です。

※要約問題の詳細は，「新形式の要約問題ガイド」（p.3〜）をご参照ください。

二次試験　面接形式のスピーキングテスト

主な場面・題材	社会性のある話題
過去の出題例	環境に優しい素材・オンライン会議・屋上緑化・ペット産業・新しいエネルギー・サプリメントなど

🗣 スピーキング　⏱ 約7分

問題	形式・課題詳細	満点スコア
音読	60語程度のパッセージを読む。	
No.1	音読したパッセージの内容についての質問に答える。	
No.2	3コマのイラストの展開を説明する。	650
No.3	ある事象・意見について自分の意見などを述べる。 （カードのトピックに関連した内容）	
No.4	日常生活の一般的な事柄に関する自分の意見などを述べる。 （カードのトピックに直接関連しない内容も含む）	

合否判定方法

統計的に算出される英検CSEスコアに基づいて合否判定されます。Reading，Writing，Listening，Speakingの4技能が均等に評価され，合格基準スコアは固定されています。

技能別にスコアが算出される！

技能	試験形式	満点スコア	合格基準スコア
Reading（読む）	一次試験（筆記1〜3）	650	1520
Writing（書く）	一次試験（筆記4〜5）	650	
Listening（聞く）	一次試験（リスニング）	650	
Speaking（話す）	二次試験（面接）	650	460

- 一次試験の合否は，Reading，Writing，Listeningの技能別にスコアが算出され，それを合算して判定されます。
- 二次試験の合否は，Speakingのみで判定されます。

合格するためには，技能のバランスが重要！

英検CSEスコアでは，技能ごとに問題数は異なりますが，スコアを均等に配分しているため，各技能のバランスが重要となります。なお，正答数の目安を提示することはできませんが，2016年度第1回一次試験では，1級，準1級は各技能での正答率が7割程度，2級以下は各技能6割程度の正答率の受験者の多くが合格されています。

英検CSEスコアは国際標準規格CEFRにも対応している！

CEFRとは，Common European Framework of Reference for Languages の略。語学のコミュニケーション能力別のレベルを示す国際標準規格。欧米で幅広く導入され，6つのレベルが設定されています。
4技能の英検CSEスコアの合計「4技能総合スコア」と級ごとのCEFR算出範囲に基づいた「4技能総合CEFR」が成績表に表示されます。また，技能別の「CEFRレベル」も表示されます。

※ 4級・5級は4技能を測定していないため「4技能総合CEFR」の対象外。
※ 詳しくは英検ウェブサイトをご覧ください。

英検®の種類

英検には，実施方式の異なる複数の試験があります。従来型の英検とその他の英検の問題形式，難易度，級認定，合格証明書発行，英検CSEスコア取得等はすべて同じです。

英検®（従来型）
紙の問題冊子を見て解答用紙に解答。二次試験を受験するためには，一次試験に合格する必要があります。

英検 S-CBT
コンピュータを使って受験。1日で4技能を受験することができ，原則，毎週土日に実施されています（級や地域により毎週実施でない場合があります）。

英検 S-Interview
点字や吃音等，CBT方式では対応が難しい受験上の配慮が必要な方のみ受験可能。

※受験する級によって選択できる方式が異なります。各方式の詳細および最新情報は英検ウェブサイト（https://www.eiken.or.jp/eiken/）をご確認ください。

英検®（従来型）受験情報

※「従来型・本会場」以外の実施方式については，試験日程・申込方法が異なりますので，英検ウェブサイトをご覧ください。
※受験情報は変更になる場合があります。

◉ 2024年度 試験日程

	第1回	第2回	第3回
申込受付	3月15日▶5月8日	7月1日▶9月9日	11月1日▶12月16日
一次試験	6月 2日（日）	10月 6日（日）	1月26日（日）2025年
二次試験	A 7月 7日（日） B 7月14日（日）	A 11月10日（日） B 11月17日（日）	A 3月 2日（日）2025年 B 3月 9日（日）2025年

※上記の申込期間はクレジット支払いの場合。支払い・申し込みの方法によって締切日が異なるのでご注意ください。
※一次試験は上記以外の日程でも準会場で受験できる可能性があります。
※二次試験にはA日程，B日程があり，年齢などの条件により指定されます。
※詳しくは英検ウェブサイトをご覧ください。

◉ 申込方法

団体受験	学校や塾などで申し込みをする団体受験もあります。詳しくは先生にお尋ねください。
個人受験	インターネット申込・コンビニ申込・英検特約書店申込のいずれかの方法で申し込みができます。詳しくは英検ウェブサイトをご覧ください。

お問い合わせ先

英検サービスセンター	英検ウェブサイト
TEL.03-3266-8311 ㈪～㈮9：30～17：00 （祝日・年末年始を除く）	www.eiken.or.jp/eiken/ 詳しい試験情報を見たり，入試等で英検を活用している学校を検索したりすることができます。

一次試験　筆記（85分）

1　短文の語句空所補充

1～2文程度の長さからなる文の空所に入る適切な語を選ぶ。

問題数 **20**問
めやす **12**分

傾向

単語　空所に入る語の品詞は第1回・第2回とも，動詞が4問，名詞が4問，形容詞・副詞が各1問で，通常通りの配分，難易度的にも平均レベルだった。

熟語　第1回と第2回ともに主に動詞的表現が出題された。形容詞的表現，副詞的表現も数は多くはないが出題されるので合わせて注意が必要。

文法　(18)～(20)では通例文法の問題が出題される。今回の第1回では比較表現の出題が2題，接続詞（provided (that) ...）の出題が1題であった。第2回では，形容詞句（be sure to *do*），助動詞（ought not to *do*），接続語句（the moment ...）の問題が出題された。

攻略ポイント　熟語は，動詞的表現が頻出だが，形容詞的表現，副詞的表現も出題されるので，偏りなく学習しておく必要がある。文法に関しては仮定法，分詞構文が頻出ではあるが，定型表現の出題も多く見られるので，それらもチェックしておく必要がある。

2　長文の語句空所補充

[A][B] 2つの長文の空所に最適な語句を補充する。

問題数 **6**問
めやす **18**分

傾向　3段落の長文で，各段落に空所が1つずつある通常通りの問題形式だった。文脈から適切な接続語句を選択する問題と，主語の後に論理的に続く述語部分を答えさせる問題が頻出傾向。

攻略ポイント　接続語句の問題，述語部分が空所になっている問題が頻出。接続語句に注意し，文章の論理展開を追っていく練習や，主語の後にどのような述語がくるのかを論理的に考えながら読むことが重要。

3　長文の内容一致選択

[A][B][C] 3つの長文の内容に関する質問に答える。

問題数 **12**問
めやす **35**分

傾向　[A] は250語程度のEメール，[B] と [C] はそれぞれ360語程度の論説文。[A] の設問は3問，[B] の設問は4問，[C] の設問は5問で，ともに1段落につき1つの設問が対応していることが多い。[C] の5問目は「以下の記述のうち正しいのはどれか。」という設問で，選択肢から長文の内容と一致するものを選ぶ形式が多い。

攻略ポイント　トピックとしては，科学技術，歴史，文化，社会，環境など多様な分野からの出題が見られる。日ごろから幅広いトピックの英文に慣れ親しんでおきたい。また，設問を1問ずつ読み，内容を把握したうえで，その答えを段落ごとに探すと効率的。

4	**英作文** 指定されたトピックについての英作文を書く。	問題数 **1**問 めやす **20**分

傾向 第1回のトピックは「雨水を貯めて利用する建物は今後より一般的になっていくかどうか」，第2回は「宅配便における置き配のサービスは今後より一般的になっていくかどうか」だった。

攻略ポイント まず冒頭ではっきりと自分の意見を表明し，その後，自分の意見をサポートする理由や具体例などを述べる。そして最後にもう一度まとめ文として冒頭の意見を再度繰り返す。このような型に沿って英文を書くと論旨が明確になり効果的。

 一次試験 リスニング（約25分）

第1部	**会話の内容一致選択** 放送される会話の内容に関する質問に対して最も適切な答えを4つの選択肢から選ぶ。	問題数 **15**問

第2部	**文の内容一致選択** 放送される英文の内容に関する質問に対して最も適切な答えを4つの選択肢から選ぶ。	問題数 **15**問

傾向 第1部は，学校，職場，家庭，店などで交わされる男女の日常会話を聞き取る形式。第2部は，60語程度の英文を聞き取る形式で，トピックは，自然，科学，社会，歴史，文化などのレポート，ある人物の出来事の説明，公共施設や乗り物でのアナウンスなどが頻出。

攻略ポイント あらかじめ選択肢に目を通し，質問をイメージしておくことと，どうしてもわからない問題は迅速にいずれかの選択肢を選んで次の問題に備えることが重要。トピックとしては上記の傾向から大きく外れたものはあまり出題されないので，このような頻出パターンを日ごろからよく聞いて，素早く理解できるよう練習を積んでおきたい。

 二次試験 面接（約7分）

英文（パッセージ）と3コマのイラストのついたカードが渡される。20秒の黙読の後，英文の音読をするよう指示される。それから，4つの質問がされる。

No. 1 カードの英文に関する質問。パッセージの該当箇所を利用して，必要な情報を過不足なく伝えることを心掛けよう。How で始まる質問をされることが非常に多い。

No. 2 イラストの説明。3コマのイラストを，各コマ2文程度で説明する。矢印の中に書いてある，場所や時間の経過を表す語句で始め（最初のコマでは指定の文をそのまま読めばよい），それから吹き出しのせりふやイラストの人物の状況や心理を説明する。ここで，カードを裏返して置くよう指示される。

No. 3 カードのトピックに関係のある事柄についての意見を面接委員が紹介し，それに対してどう思うかを尋ねられる。同意か否かを述べてから，自分の意見を2文程度で述べよう。

No. 4 日常生活の一般的な事柄に関して Yes/No Question で尋ねられる。さらに，Why?/Why not? と理由を尋ねられるので，2文程度で理由を述べよう。

二次試験・面接の流れ

(1) 入室とあいさつ

係員の指示に従い，面接室に入ります。あいさつをしてから，面接委員に面接カードを手渡し，指示に従って，着席しましょう。

(2) 氏名と受験級の確認

面接委員があなたの氏名と受験する級の確認をします。その後，簡単なあいさつをしてから試験開始です。

(3) 問題カードの黙読

英文とイラストが印刷された問題カードを手渡されます。まず，英文を20秒で黙読するよう指示されます。英文の分量は60語程度です。

※問題カードには複数の種類があり，面接委員によっていずれか1枚が手渡されます。本書では英検協会から提供を受けたもののみ掲載しています。

(4) 問題カードの音読

英文の音読をするように指示されるので，英語のタイトルから読みましょう。時間制限はないので，意味のまとまりごとにポーズをとり，焦らずにゆっくりと読みましょう。

(5) 4つの質問

音読の後，面接委員の4つの質問に答えます。No.1・2は問題カードの英文とイラストについての質問です。No.3・4は受験者自身の意見を問う質問です。No.2の質問の後，カードを裏返すように指示されるので，No.3・4は面接委員を見ながら話しましょう。

(6) カード返却と退室

試験が終了したら，問題カードを面接委員に返却し，あいさつをして退室しましょう。

2023-2

一次試験 2023.10.8実施
二次試験 A日程 2023.11. 5 実施
　　　　 B日程 2023.11.12実施

Grade 2

試験時間

筆記：85分
リスニング：約25分

＊解答・解説は別冊p.3〜40にあります。
＊面接の流れは本書p.24にあります。

1 次の **(1)** から **(20)** までの (　　) に入れるのに最も適切なものを **1**, **2**, **3**, **4** の中から一つ選び，その番号を解答用紙の所定欄にマークしなさい。

(1) *A:* What do you think of your new high school, Paula?
B: It's great, Mr. Morgan. I like it better than my (　　) school.
1 neutral　　**2** exact　　**3** previous　　**4** appropriate

(2) Having a part-time job is good for Kaoru because she needs extra money to spend, but one (　　) is that she cannot go out with her friends on weekends.
1 structure　　　　　　**2** baggage
3 disadvantage　　　　**4** lecture

(3) After a series of financial scandals, many people began to demand that the government make rules to (　　) banks more strictly.
1 regulate　　**2** reproduce　　**3** irritate　　**4** impress

(4) David felt the job interview had gone badly, so he thought that the letter from the company would be a (　　). He was surprised to find he had actually got the job.
1 symptom　　**2** rejection　　**3** biography　　**4** contribution

(5) When the police found the escaped criminal hiding in an old warehouse, they approached him (　　).
1 partially　　**2** temporarily　　**3** regionally　　**4** cautiously

(6) Chris (　　) his invitation to the barbecue party to friends, neighbors, and relatives. He wanted as many people as possible to come.
1 removed　　**2** extended　　**3** compared　　**4** proved

(7) The rock band's (　　) only lasted a few months. After radio stations stopped playing the band's songs, people soon forgot about it.
1 shade　　**2** area　　**3** fame　　**4** origin

(8) Whenever Keith goes traveling, he (   ) his luggage very carefully. He once had a bag stolen on a train, so he always keeps his things where he can see them.

1 guards   **2** carves   **3** divorces   **4** accelerates

(9) Louis has worked at the same company since he graduated from college. This year, after four (   ) of working there, he is going to retire.

1 jails   **2** decades   **3** principles   **4** societies

(10) Kate took a walk by the sea yesterday. Some of the rocks were wet and slippery, so she often had to (   ) herself to avoid falling into the water.

1 punish   **2** defeat   **3** filter   **4** steady

(11) Olivia worked for her father for eight years and eventually (   ) his business. She ran the company very successfully and even opened a branch overseas.

1 wrote up   **2** took over   **3** kept off   **4** fell through

(12) *A:* Well, tomorrow our vacation (   ) an end, and we have to fly back home.

    B: I know. I don't want to leave. I wish we could stay here longer.

1 goes for   **2** brings up   **3** takes out   **4** comes to

(13) Gary has been having problems with his knees (   ) for several months. Yesterday, they were really painful. They are better today, but he has decided to see his doctor anyway.

1 on and off   **2** up and down
3 side by side   **4** one by one

(14) A storm caused the power to go off in Greenville yesterday. Residents had to (   ) electricity for two hours before the supply was restored.

1 drop by   **2** come across
3 go against   **4** do without

(15) *A:* Where's Gerald? He should have been here half an hour ago.
B: That's (   ) him. I don't think he ever arrives on time.
1 typical of   **2** inferior to   **3** grateful for   **4** patient with

(16) Ms. Williams said that her students could have one more week to finish their history assignments, but anyone who (   ) their work late would be in trouble.
1 brought down   **2** brought out
3 turned in   **4** turned on

(17) Because Angela's family was (   ), she did not have to worry about the cost of going to university.
1 close up   **2** next up   **3** far off   **4** well off

(18) Eisuke is the fastest runner at his school. He is sure (   ) the 100-meter race at the sports festival.
1 to win   **2** win   **3** will win   **4** won

(19) *A:* Brian, you (   ) put so much salt on your food. Eating too much salt can be bad for you.
B: OK, Mom. I won't.
1 to not ought   **2** not ought to
3 ought not to   **4** to ought not

(20) Miranda screamed for joy (   ) moment she heard that she had got into Budgeforth College.
1 the   **2** on   **3** at   **4** a

（筆記試験の問題は次のページに続きます。）

[A]
Doggerland

Since the 1930s, fishermen have occasionally found ancient objects made from stone or bone in their nets when fishing in the sea between Britain and northern Europe. Many of these objects were made around 9,000 years ago. Historians used to believe this area was underwater at that time, like it is now. There was also little evidence that ancient Europeans regularly traveled on the sea. (　21　), experts had difficulty explaining how these man-made objects had ended up at the bottom of the ocean.

The only possible explanation was that sea levels must have been much lower in the past. In fact, research shows that Britain did not become an island until about 8,000 years ago. Before that, people (　22　) the European continent. The huge piece of land that once connected Britain and the European continent has been given the name Doggerland. As the last ice age ended, sea levels rose. Britain was separated from the rest of Europe when most of Doggerland was covered by the sea. By about 7,000 years ago, sea levels had risen further and covered Doggerland completely.

Researchers want to learn more about the people who lived in Doggerland. They have created 3D maps from data that has been collected by companies searching for oil at the bottom of the sea. The researchers are using these maps to choose sites where humans probably lived. At one of these sites, the researchers (　23　). As a result, they are hopeful that they will continue to make discoveries about the culture and lifestyles of the people of Doggerland.

(21) 1 What is more
2 Likewise
3 Therefore
4 Equally

(22) 1 made objects on
2 rarely visited
3 had heard stories about
4 could walk to it from

(23) 1 used a robot to look for oil
2 found an ancient stone tool
3 built a small museum
4 noticed some recent changes

[B]
The Science of False Starts

A shot is fired at the beginning of a running race to tell athletes to start moving. If one of the athletes moves before the shot is fired, it is known as a "false start," and the athlete is removed from the race. Interestingly, if an athlete moves before 0.1 seconds have passed after the shot is fired, this is also a false start. Athletics organizations argue that no human can (24   ). They say that such an athlete must have been guessing when the shot would be fired rather than waiting to hear it.

To learn more about false starts, scientists have carried out experiments on human response times. One experiment in the 1990s found that athletes responded to the sound of the shot after 0.12 seconds (25   ). Some were slightly quicker, while others were slightly slower. However, the athletes who took part in this experiment were amateurs. A more recent experiment showed that some professional athletes might be able to respond in just 0.08 seconds. Both studies, however, involved a small number of athletes.

Some people think that the false start rule is too strict. In some other sports and track-and-field events, athletes (26   ) if they break a rule. For example, in the long jump, if an athlete's foot goes over the line on their first attempt, the athlete still has two more opportunities to try. Some people suggest that instead of removing athletes who make false starts, their start position should be moved back a few meters, and this would make the races fair for everyone.

(24) **1** react so quickly
2 jump so high
3 hear such sounds
4 lift such weights

(25) **1** so far
2 by then
3 on average
4 in total

(26) **1** have extra chances
2 must pay money
3 can watch a video replay
4 return their medals

3

[A]

From: Melissa Simmons <simmonsm@wigbylibrary>
To: Library staff <staff@wigbylibrary>
Date: October 8
Subject: Story time

Dear Staff,
One of my goals as the director of Wigby Public Library is to
make it a popular place for families. Reading is important for
everyone, especially children. If parents and children read
books together, they will share happy memories and build
better relationships. Also, reading is a great way for parents to
help with their children's education. Our library can play a
surprisingly important role in making Wigby an even smarter
and more caring town!
With this in mind, I have decided to start a weekly storytelling
session for children and parents, and I need your help to make
it fun. Of course, I want your suggestions for stories. I also
need someone to make posters to advertise the sessions and
someone to look for items that the person telling the story can
use to make the stories more fun. Finally, I think we should
take turns telling the stories.
Please let me know if there is something you would really like
to do for these sessions. If you have any ideas that could help
make them better, I would like to hear them, too. Also, if you
have any ideas that will encourage more families to come to
the library, please feel free to tell me about them. You can
either send me an e-mail or come to my office to talk to me in
person.
Best regards,
Melissa
Director, Wigby Public Library

(27) According to Melissa, one way that reading can help families is by

1 giving children a chance to explain their goals to their parents.
2 allowing parents and children to develop better connections.
3 improving parents' chances of getting well-paid jobs.
4 reducing the amount of time that children spend watching TV.

(28) What is one thing that Melissa asks library staff to do?

1 Let her know if they are friends with any writers.
2 Help her to move items to make space for an event.
3 Write a story about a group of young children.
4 Create notices that tell people about an activity.

(29) Why does Melissa invite staff members to her office?

1 To have a meeting to review the duties of staff members.
2 To tell her how to make the library more attractive to families.
3 She is too busy to be able to go and speak to them.
4 She wants to get to know each staff member much better.

[B]
Purple Straw Wheat

Wheat is an important crop in the United States, and its seeds are used for making bread, pasta, and other foods. It has been the country's main food grain since the 18th century. Wheat production in the United States, however, has faced challenges throughout its history. During the late 18th century, many types of wheat were attacked by diseases and insects that came from Europe. One type of wheat called purple straw wheat, though, was able to resist these dangers, and for a long time, it was the best choice for many farmers to plant.

Purple straw wheat seeds can be used to make whiskey or produce soft and delicious flour that is good for making cakes and bread. It has been grown since the 18th century, especially in the southern United States. What made purple straw wheat particularly important was its ability to survive winter weather. Unlike other types, purple straw wheat could be planted in late autumn and harvested in early spring. This meant that it avoided summer diseases and insects. As a result, purple straw wheat continued to be widely grown until the mid-20th century.

In the 1960s, scientists developed new types of wheat by mixing the genes of existing ones. These new types produced more seeds per plant and were better able to resist diseases. By using modern farming technology, chemicals that kill insects, and these new types of wheat, farmers could produce large quantities of wheat seeds more cheaply than before. Although flour from purple straw wheat is tastier and healthier, this type of wheat almost completely went out of use.

Some researchers wanted to bring back purple straw wheat. However, its seeds were not easy to obtain because there were only a few sources. The researchers finally managed to get a few grams of purple straw wheat seeds and planted them at Clemson University in South Carolina. They have been gradually increasing the amount of wheat that they can produce, although it is still not enough to make and sell flour. Many chefs, bakers, and whiskey makers are looking forward to being able to use purple straw wheat in their products.

(30) What happened in the late 18th century in the United States?

1 Farmers developed a type of wheat that produced better flour.

2 Diseases and insects that affected wheat plants arrived from overseas.

3 A lack of wheat meant that it had to be imported from Europe.

4 People started to use grains other than wheat to make bread.

(31) What was one reason that purple straw wheat was better than other types of wheat?

1 It could be grown during the coldest part of the year.

2 It could be used to make new kinds of foods and drinks.

3 It could survive the hot summers in the southern United States.

4 It could grow in fields that had low-quality soil.

(32) Why did people stop growing purple straw wheat in the 20th century?

1 It was not suitable for use with modern farming technology.

2 Scientists created types of wheat that gave greater numbers of seeds.

3 People wanted to buy flour that tasted better and was healthier.

4 Chemicals that kill insects destroyed many purple straw wheat plants.

(33) Researchers who have been growing purple straw wheat

1 could only get a small amount of purple straw wheat seeds.

2 tested it in several different locations in the United States.

3 offered flour made from the wheat to chefs, bakers, and whiskey makers.

4 were surprised at how quickly they were able to produce enough to sell.

[C]
Venice's Books

During the Middle Ages, the Italian city of Venice was famous for international trade. Not only was the city's location important, but also there were fewer laws controlling people's behavior than in other parts of Europe. This freedom attracted writers, artists, and craftspeople to the city. Following the invention of printing machines in the 15th century, these people combined their abilities to make Venice the center of the printing and bookmaking industry in Europe. This tradition of making high-quality books by hand survives in the city to this day.

Paolo Olbi is helping to keep this tradition alive. He makes use of techniques that have existed for centuries to produce beautiful books, diaries, and photo albums. The paper inside them is cut by hand, and their covers are made of hand-printed paper, leather, wood, and even a kind of Italian glass called Murano. When Olbi began learning his craft in 1962, there were about 20 bookstores in Venice that made handmade books. Now, though, Olbi's store is one of only three such places that remain.

One of Olbi's heroes is a man called Aldus Manutius. Manutius founded a printing company in 1494 that became one of the most famous printing companies in Venice. Until the late 15th century, books were large, heavy, and very expensive. They were mostly about religion and law. Manutius developed techniques to produce smaller, lighter, and cheaper books. Moreover, he printed novels and books about art and philosophy. These developments made books more popular and easier to buy for ordinary people.

Olbi has a picture of Manutius on the wall of his store. Like Manutius, he loves books and believes they should be beautiful. Over the years, Olbi has taught his skills to many people. In 2018, a former student invited Olbi to display his books at an exhibition of handmade objects. This gave Olbi a chance to get more people interested in traditional bookmaking. Olbi wants to expand his store into a cultural center where tourists can see how he makes books and young people can learn his techniques. By doing so, he hopes to prevent the tradition of bookmaking in Venice from being lost.

(34) What is one reason that writers, artists, and craftspeople were attracted to Venice?

1 They could get part-time jobs in the bookmaking industry.
2 They could sell their work at higher prices in the city.
3 The city's location provided inspiration for their work.
4 The city allowed people to live more freely than other places.

(35) Paolo Olbi is a bookmaker who

1 uses traditional methods to make his products.
2 owns about 20 bookstores in the city of Venice.
3 has developed a new technique for printing on glass.
4 tries to use recycled materials to produce books.

(36) Aldus Manutius helped to increase the popularity of books by

1 opening schools in Venice where people could learn to read.
2 printing more and more books about topics such as religion and law.
3 writing a series of novels about artists and philosophers in Venice.
4 finding ways to reduce the size, weight, and prices of books.

(37) What is one thing that Olbi would like to do?

1 Find a picture of Manutius that was lost many years ago.
2 Meet his former students to find out what they have been doing.
3 Create a place where more people can learn about bookmaking.
4 Write a book about the life and achievements of Manutius.

(38) Which of the following statements is true?

1 One of the most famous printing companies in Venice was established in 1494.

2 The number of stores in Venice making handmade books has increased since 1962.

3 Olbi holds an annual exhibition in Venice to display the work of his students.

4 Laws to stop international trade were introduced in Venice in the Middle Ages.

ライティング
- 以下の **TOPIC** について，あなたの意見とその<u>理由を **2** つ</u>書きなさい。
- **POINTS** は理由を書く際の参考となる観点を示したものです。ただし，これら以外の観点から理由を書いてもかまいません。
- 語数の目安は **80** 語~**100** 語です。
- 解答は，解答用紙の **B** 面にあるライティング解答欄に書きなさい。<u>なお，解答欄の外に書かれたものは採点されません。</u>
- 解答が **TOPIC** に示された問いの答えになっていない場合や，**TOPIC** からずれていると判断された場合は，<u>**0** 点と採点されることがあります。</u>**TOPIC** の内容をよく読んでから答えてください。

TOPIC
Today, some customers ask delivery companies to put packages by their doors instead of receiving them directly. Do you think this kind of service will become more common in the future?

POINTS
- Convenience
- Damage
- Security

一次試験

リスニング

2級リスニングテストについて

1 このリスニングテストには，第1部と第2部があります。
★英文はすべて一度しか読まれません。
第1部：対話を聞き，その質問に対して最も適切なものを 1, 2, 3, 4の中から一つ選びなさい。
第2部：英文を聞き，その質問に対して最も適切なものを 1, 2, 3, 4の中から一つ選びなさい。

2 No. 30のあと，10秒すると試験終了の合図がありますので，筆記用具を置いてください。

第1部 ◀ッ ▶MP3 ▶アプリ ▶CD 1 **1**〜**16**

No. 1
1 Look at a map of the university campus.
2 Walk with her to the corner.
3 Take a different route to the Science Center.
4 Ask the staff at the History Department building.

No. 2
1 Finding a job at the airport.
2 Becoming a firefighter.
3 Traveling to foreign countries.
4 Traveling safely.

No. 3
1 To do research for his presentation.
2 To help the girl get a better grade.
3 To use the computers there.
4 To participate in a study group.

No. 4
1 He does not have the right computer.
2 He does not know what a web camera is.
3 He might have trouble setting up a web camera.
4 He might need some help carrying equipment.

No. 5
1 Pick her up at the supermarket.
2 Get home as fast as he can.
3 Buy something from the supermarket.
4 Wait for a delivery at home.

No. 6	1 Show him how to get to Larry's Café.
	2 Make him a tuna sandwich.
	3 Get him some food.
	4 Help him finish his work.
No. 7	1 Most of them did not turn out well.
	2 He printed them out on Thursday.
	3 He could not hand them in on time.
	4 They were the first ones he took this year.
No. 8	1 Search for their gate.
	2 Look in some stores.
	3 Ask someone for directions.
	4 Start boarding the plane.
No. 9	1 It is very expensive.
	2 It has a very sweet taste.
	3 It is only sold in restaurants in Spain.
	4 It goes well with the restaurant's food.
No. 10	1 He took the bus.
	2 He went on foot.
	3 He called a taxi.
	4 His wife drove him.
No. 11	1 She has been watering it too much.
	2 She gave it the wrong plant food.
	3 It is not getting enough sunlight.
	4 It is being attacked by insects.
No. 12	1 Read a review.
	2 Fix the elevator.
	3 Talk to some artists.
	4 See an art exhibition.

No. 13	1 He dislikes traveling.
	2 He has just taken a trip.
	3 He will go to Indonesia soon.
	4 He took three days off work.

No. 14	1 Walking around the woman's house.
	2 Watering the woman's garden.
	3 Showing his garden to the woman.
	4 Looking at a picture of the woman's house.

No. 15	1 Fill out a form in German.
	2 Send a package to Germany.
	3 Weigh her package later.
	4 Leave for Germany within a week.

‖‖‖ 第2部 ‖‖‖‖‖‖‖‖‖‖‖‖‖‖‖‖‖‖‖‖ 🔊 ▶MP3 ▶アプリ ▶CD1 **17**〜**32**

No. 16	1 Stuart gave her a beautiful card.
	2 Stuart took her out to breakfast.
	3 Stuart woke up by himself.
	4 Stuart cooked breakfast for her.

No. 17	1 See notes for the class.
	2 Buy their textbooks.
	3 Discuss topics from class.
	4 Send messages to classmates.

No. 18	1 She found a new pen pal.
	2 She joined a club at school.
	3 She started a part-time job.
	4 She met her brother's friends.

No. 19	1 There will be a big storm.
	2 Her father asked her to clean her room.
	3 A friend will move to another city.
	4 She has a lot of homework to do.

No. 20	1 His camera was stolen outside his school.
	2 His computer fell down and broke.
	3 His uncle bought him a new toy.
	4 His teacher took away his smartphone.

No. 21	1 Helping his sister.
	2 Buying a cat.
	3 Looking for a new home.
	4 Preparing breakfast.

No. 22	1 He was not born in the United States.
	2 He invented a new way to print books.
	3 He often wrote fiction with historical events.
	4 He did not like his country's president.

No. 23	1 Give her old car to her daughter.
	2 Use her car to deliver items.
	3 Help her son look for a sports car.
	4 Go for a drive in her new car.

No. 24	1 It was difficult for him to turn it around.
	2 It had nine windows on each side.
	3 It took him and his band six years to build.
	4 It had enough space inside for concerts.

No. 25	1 By showing a code on a screen.
	2 By answering 10 questions.
	3 By buying more than five items.
	4 By speaking to a member of staff.

No. 26
    1 To make a video to show people how to cook.
    2 To stop eating so much roast beef.
    3 To think about becoming a professional chef.
    4 To use brown bread when she makes sandwiches.

No. 27
    1 They saw an unusually big plant.
    2 They found a very rare animal.
    3 They heard some strange animal noises.
    4 They found the biggest mouse on Earth.

No. 28
    1 To give people information about park rules.
    2 To let people know that the festival is over.
    3 To tell people about the festival's final show.
    4 To ask some performers to come to the stage.

No. 29
    1 Their names were chosen to match their shapes.
    2 Their shapes were created by a famous designer.
    3 They were recently discovered by foreign hikers.
    4 They are famous for the quality of the water in them.

No. 30
    1 Show him how to draw animals.
    2 Buy him a new comic book.
    3 Take him to the zoo on his birthday.
    4 Teach him to play a song.

問題カード（A日程）　　　◀)) ▶MP3 ▶アプリ ▶CD 1 **33**〜**37**

Better Communication

Today, Japanese people often have chances to do business with foreigners. For this reason, it is important that Japanese people understand differences in ways of thinking. Some companies let their employees learn about such differences, and in this way they help their employees avoid misunderstandings. In the future, more and more Japanese will probably work with foreigners as the world becomes more connected.

Your story should begin with this sentence: **One afternoon, Jun and his mother were watching a television program about France.**

Questions

No. 1   According to the passage, how do some companies help their employees avoid misunderstandings?

No. 2   Now, please look at the picture and describe the situation. You have 20 seconds to prepare. Your story should begin with the sentence on the card.
<20 seconds>
Please begin.

Now, Mr. / Ms. ——, please turn over the card and put it down.

No. 3   Some people say that more companies should allow their workers to have meetings online. What do you think about that?

No. 4   Today, many people use their smartphones in public places. Do you think people are careful enough about their manners when using smartphones?
Yes.   → Why?
No.   → Why not?

Helping Working Parents

It is not easy for parents who have small children to work full-time. As a result, the importance of places where parents can leave their children while working is increasing. Now, some companies offer such places, and in this way they help employees with small children work more easily. Companies like these will probably become more and more common in the future.

Your story should begin with this sentence: **One day, Koji and his mother were talking in their living room.**

Questions

No. 1 According to the passage, how do some companies help employees with small children work more easily?

No. 2 Now, please look at the picture and describe the situation. You have 20 seconds to prepare. Your story should begin with the sentence on the card.
<20 seconds>
Please begin.

Now, Mr. / Ms. ——, please turn over the card and put it down.

No. 3 Some people say that children today do not spend enough time playing with other children. What do you think about that?

No. 4 Today, most towns and cities have libraries. Do you think more people will use libraries in the future?
Yes. → Why?
No. → Why not?

2023-1

一次試験 2023.6.4実施
二次試験 Ａ日程 2023.7.2実施
　　　　 Ｂ日程 2023.7.9実施

Grade 2

試験時間

筆記：85分
リスニング：約25分

＊解答・解説は別冊p.41～78にあります。
＊面接の流れは本書p.24にあります。

1 次の (1) から (20) までの (　　) に入れるのに最も適切なものを 1, 2, 3, 4 の中から一つ選び, その番号を解答用紙の所定欄にマークしなさい。

(1) **A:** Dave asked me to marry him. Do you think I should say yes?
B: You have to use your own (　　) to decide. No one else can do it for you.
1 income　　**2** convention　**3** judgment　　**4** geography

(2) **A:** What did you think of my essay, Jill?
B: Well, some of the explanations you gave are a bit (　　). Maybe you should make those parts clearer.
1 harmful　　**2** previous　**3** certain　　**4** vague

(3) Colin had been getting bad grades in math for a long time, but he did not do anything about it. Finally, he decided to (　　) the problem and ask his teacher for help.
1 alter　　　**2** impress　**3** honor　　　**4** confront

(4) The St. Patrick's Day parade started on 10th Avenue and (　　) slowly to the center of town.
1 illustrated　**2** reminded　**3** proceeded　**4** defended

(5) Before there were motor vehicles, people often used (　　) that were pulled by horses to make long journeys.
1 carriages　**2** fantasies　**3** puzzles　　**4** luxuries

(6) Jane bought five silk handkerchiefs. Because she was going to give each one to a different friend, she asked the salesclerk to wrap them (　　).
1 legally　　**2** financially　**3** accidentally　**4** individually

(7) In the first lecture, Professor Smith (　　) how important it was to take good notes. He mentioned it three or four times.
1 engaged　　**2** divided　　**3** buried　　　**4** stressed

(8) Yesterday, there was a small fire at a house on the street where Ben lives. Firefighters ( ) water onto the fire and soon put it out.

1 sprayed   **2** demanded   **3** awarded   **4** punished

(9) In the game *Invasion!*, each player tries to take over other countries and build an ( ).

1 urgency   **2** offspring   **3** empire   **4** impulse

(10) In science class, Ms. Dixon lit a candle and asked her students to look at the ( ). She told them that the hottest part was where it was blue.

1 triumph   **2** religion   **3** flame   **4** luggage

(11) Margaret's parents finally bought her a piano after she promised to practice every day, but she quit playing after just two months. They were very ( ) her.

1 capable of   **2** inspired by
3 attracted to   **4** disappointed in

(12) *A:* I'm sorry that I came home late. Did you have dinner without me?
B: Yes. We were very hungry, but I ( ) some food for you. I'll heat it up now.

1 cut down   **2** hung up   **3** took after   **4** set aside

(13) Due to construction work on Bayside Street, the electricity to the houses on the street had to be ( ) for two hours.

1 heard of   **2** turned over   **3** shut off   **4** ruled out

(14) Tau Electronics has confirmed that it will be ( ) its new smartphone next month. The release has been delayed for several months due to technical issues.

1 bringing out   **2** falling for   **3** picking on   **4** giving off

(15) Water that falls as snow and rain in the Andes Mountains travels thousands of kilometers down the Amazon River and eventually ( ) the Atlantic Ocean.

1 flows into   **2** runs across   **3** hands over   **4** digs up

(16) Applicants for jobs at Swandon Foods must apply (　　). They are not allowed to mail their application forms. Instead, they must take them to the store manager or his assistant.
1 at ease　　**2** at length　　**3** in person　　**4** in detail

(17) The students in Jason's class take turns to look after things in the classroom. This week, Jason is (　　) of checking that there is no trash on the floor at the end of each day.
1 for fear　　**2** in charge　　**3** on behalf　　**4** by way

(18) Jenny is an excellent cook. Her soups and stews are as good as (　　) that are served in a restaurant.
1 none　　**2** any　　**3** other　　**4** few

(19) *A:* Mom, can I go to the park to play with Jimmy later?
B: Yes, (　　) you finish your homework first.
1 provide　　**2** provided　　**3** to provide　　**4** only provide

(20) Ms. Misawa is very rich and lives in a huge house. Her kitchen is four times (　　) other people's kitchens.
1 large from　　**2** size from　　**3** the large of　　**4** the size of

（筆記試験の問題は次のページに続きます。）

[A]
Any Change?

Long ago, humans did not use money. Because they often could not produce everything that they needed, they traded some of their goods for goods made by others. Gradually, the goods that they exchanged were replaced by cash. For hundreds of years, metal coins and paper bills that can be exchanged for goods and services have been produced. Cash is convenient for many people because it is easy to carry. At the same time, though, it (**21**). Another disadvantage is that criminals have been able to produce fake coins and bills.

In the middle of the 20th century, plastic credit cards were introduced. They had security features to prevent them from being used by anyone except their owners. At first, their use was limited to wealthy people. Over time, however, they became (**22**). In the last few years, apps for smartphones that can be used in the same way as credit cards have also become popular. Because of this, some people are suggesting that we may soon see the end of cash.

Supporters of a "cashless" society—in which all payments are made electronically—argue that it would have several benefits. For example, people would not have to worry about keeping their wallets safe. However, some people are concerned that they might be unable to pay for the things they need because of a software error or a broken smartphone. Moreover, some people do not have bank accounts or credit cards, so their only option is to use coins and bills. (**23**), it seems as though societies will continue to use cash.

(21) **1** can be lost or stolen
2 is used for shopping online
3 can be recycled
4 is understood by almost everyone

(22) **1** thinner and lighter
2 more colorful and exciting
3 harder to use
4 more widely available

(23) **1** For now
2 Until then
3 With luck
4 By contrast

[B]
The Tale of Mejk Swenekafew

Recently, many people have been talking about "fake news"—news reports that are untrue. However, such reports have been around for a long time. They are sometimes used in order to get more people to read newspapers, watch TV programs, or visit online news sites. People also use fake news to spread their political or religious beliefs. However, (24) publishing fake news. In 1903 in the city of Clarksburg, West Virginia, fake news was used to check if a newspaper was really writing its own articles.

In the city, there were two rival newspapers, the *Clarksburg Daily Telegram* and the *Clarksburg Daily News*. The *Daily Telegram*'s staff believed that the *Daily News*'s reporters were (25). The *Daily Telegram* decided to check whether this was happening. It published a fake news story about a man who had been shot after an argument about a dog. The man's name was Mejk Swenekafew. Soon afterward, exactly the same news appeared in the *Daily News*. However, the reporters at the *Daily News* had not noticed that the name "Swenekafew" was actually "we fake news" written backward. They were forced to admit that they had copied the *Daily Telegram*'s article.

These days, there is more pressure than ever on newspapers, news programs, and news websites to get more readers, viewers, and visitors. In order to do so, they need to report big news stories as quickly as possible. (26), they are constantly watching each other to make sure they have the latest stories. However, they need to be careful not to do the same thing that the *Clarksburg Daily News* did.

(24) **1** these are not the only reasons for
     2 there are rules to stop people from
     3 many popular websites have been
     4 some TV companies began by

(25) **1** attending an event
     2 planning to quit
     3 being paid more
     4 stealing its stories

(26) **1** Despite this
     2 By chance
     3 As a result
     4 On the other hand

次の英文 [A], [B], [C] の内容に関して, (27) から (38) までの質問に対して最も適切なもの, または文を完成させるのに最も適切なものを 1, 2, 3, 4 の中から一つ選び, その番号を解答用紙の所定欄にマークしなさい。

[A]

From: Karen Taylor <taylor-k@speakezls.com>
To: Tracy Mitchell <tracym_0617@ugotmail.com>
Date: June 4
Subject: Speak-EZ Language School

Dear Ms. Mitchell,
Thank you very much for inquiring about Spanish lessons at Speak-EZ Language School. Speak-EZ Language School has been giving high-quality lessons for over 30 years, and our teachers have helped thousands of students achieve their goals. Whether you want to learn Spanish for business situations, to chat with friends, to pass exams, or just for the fun of learning, we can offer a suitable program for you.
You mentioned that because you studied Spanish in high school but had not used it for several years, you were not sure which lesson to take. Don't worry—we offer a free language skills test. You can take the test once you have decided to join Speak-EZ Language School. One of our instructors will use the results to help you pick the right program for your ability and your goals. You can also take a free 20-minute private lesson to get an idea of the methods that we use at Speak-EZ Language School.
We offer both private and group lessons. Group lessons can be a great way to make new friends. However, no more than eight people can join each group lesson, so spaces are limited. You can also try our Speak-EZ Chat Sessions. These are hosted by one of our instructors and give students of all levels a chance to chat freely. Speak-EZ Chat Sessions are available every weekday evening.
I hope to hear from you soon!
Karen Taylor
Speak-EZ Language School

(27) What is one thing that Karen Taylor says about Speak-EZ Language School?

1 It gives lessons in over 30 different languages.
2 It is planning to hire a new Spanish teacher.
3 It has teachers from all over the world.
4 It offers various types of courses.

(28) Ms. Mitchell said that she

1 did not know which class to sign up for.
2 had never studied Spanish before.
3 wanted more information about teaching methods.
4 was at high school with one of the instructors.

(29) Speak-EZ Chat Sessions

1 take place on Monday through Friday every week.
2 have a limited number of spaces per session.
3 are only available to advanced students.
4 focus on using foreign languages to make friends.

[B]
An Extraordinary Machine

Most of the machines that people in developed nations use were invented during the last 200 years. They make tasks easier for people and give them more time for other tasks and for leisure. However, which of these machines has changed society the most? Even though people spend more time with their TVs, computers, and smartphones, some historians argue that the impact of these inventions has been small compared with that of washing machines.

Before washing machines, clothes and sheets were washed by hand. For most of history, this has involved carrying the laundry to a river or a lake, wetting it, and rubbing it with rocks, sand, or soap to remove the dirt. Then, the laundry had to be put in water again, and the extra water was usually removed to make drying easier. Even if people had water in their homes, the laundry would have to be rubbed against a special board or hit with pieces of wood to make it clean. It was hard work that took a long time.

The first washing machines were operated by hand, and they still required a lot of hard work. Discovering how to use electricity to power these machines was a challenge because the combination of water and electricity is very dangerous. However, during the first half of the 20th century, inventors created electric machines that were able to automatically do most of the steps involved in washing. Before long, these machines became common in homes in wealthier parts of the world.

Automatic washing machines gave people more time and energy for other activities than any other new technology did. They used some of this extra time and energy to study and teach their children. This, in turn, led to improvements in the quality of everyone's lives in the places where washing machines became common. Even today, many people in the world still wash their clothes by hand. This means that, over the next few decades, washing machines will probably continue to make a big difference to the lives of billions of humans.

(30) What do some historians say about the invention of washing machines?

1 It happened due to an important change in society.
2 It led to the development of TVs, computers, and smartphones.
3 It has had a major impact on the natural environment.
4 It has had a greater effect on society than other modern inventions.

(31) Cleaning clothes and sheets without washing machines was hard work because

1 the process of doing laundry involved several different stages.
2 the soap used to wash laundry had to be prepared by hand.
3 people had to travel long distances in order to dry their laundry.
4 people who did it had to wash many items to earn enough money.

(32) What was one challenge faced by people trying to invent electric washing machines?

1 Many people thought that they would not be as effective as washing laundry by hand.
2 The use of electricity was limited to a few homes in wealthier parts of the world.
3 They could not discover how to make a machine to do all the steps involved in washing.
4 Machines that involve both electricity and water can be very unsafe to work with.

(33) Washing machines have allowed people to

1 spend more time teaching themselves and their children.
2 use their energy for volunteer activities in their communities.
3 invent other machines to carry out tasks in the home.
4 live in parts of the world where there are many rivers and lakes.

[C]
Living the Dream

On average, people spend about one-third of their lives sleeping, and for about one-quarter of the time that they are asleep, they dream. Although scientists have learned a lot about the parts of people's brains that are involved in dreaming, they are still uncertain about the purpose of dreams. One reason for this is the variety of dreams that people have—they can be pleasant, scary, unusual, or very ordinary. On top of this, they often do not make sense and are mostly forgotten soon after waking up.

People have been trying to explain why we dream for thousands of years. Ancient people believed that dreams were messages from gods. More recently, it was suggested that dreams could tell us about hidden parts of our personalities. These days, most psychologists believe that one of the principal functions of dreaming is to review memories and strengthen them. This is important because to learn well, we must not only find new ideas and skills but also regularly recall them.

For a recent study, Erin Wamsley of Furman University in the United States invited 48 participants to spend the night at a special laboratory at the university. The participants were woken up several times during the night and asked to report what they had been dreaming about. The following morning, the participants tried to connect the content of their dreams with events in their lives. Wamsley found that over half the dreams could be connected to memories of experiences. This supports the idea that dreams play a role in learning.

However, Wamsley also found that about 25 percent of dreams were connected to specific future events in participants' lives, such as upcoming tests or trips. This, she believes, is evidence that another important function of dreaming is to give people a chance to prepare for these events. Moreover, Wamsley observed that these dreams were more common later in the night. One explanation that she offers is that our brains are aware of time even while we are sleeping. As we get closer to the start of a new day, our attention switches from reviewing past events to thinking about future ones.

(34) What is one reason that scientists are uncertain about why people dream?

1 Several parts of people's brains are involved in dreaming.
2 Dreams do not usually appear to have a clear meaning.
3 People often do not want to describe their dreams honestly.
4 Different people sometimes have exactly the same dream.

(35) Modern psychologists think that

1 people discovered the reason that we have dreams thousands of years ago.
2 people's brains are able to exercise and grow larger by having dreams.
3 dreams allow people to hide parts of their personalities that they do not like.
4 dreams give people an opportunity to make their memories stronger.

(36) What was one thing that participants in Erin Wamsley's study were asked to do?

1 Discuss the content of their dreams with other participants in the study.
2 Relate what happened in their dreams to what was happening in their lives.
3 Try to wake themselves up as soon as they knew that they were dreaming.
4 Compare their own dreams with a list of dreams that people commonly have.

(37) Wamsley suggests that dreams about future events

1 happen because our brains know that we will wake up soon.
2 occur more often after tests or other stressful events.
3 are experienced just as often as dreams about the past.
4 probably stay in our memories longer than other dreams.

(38) Which of the following statements is true?

1 People long ago believed that gods spoke to them through dreams.

2 People dream for more than half of the time that they are asleep.

3 Participants in Wamsley's study mostly had dreams about future events.

4 Participants in Wamsley's study were observed in their own homes.

ライティング

● 以下の **TOPIC** について，あなたの意見とその<u>理由を 2 つ</u>書きなさい。

● **POINTS** は理由を書く際の参考となる観点を示したものです。ただし，これら以外の観点から理由を書いてもかまいません。

● 語数の目安は **80** 語～**100** 語です。

● 解答は，解答用紙の **B** 面にあるライティング解答欄に書きなさい。なお，<u>解答欄の外に書かれたものは採点されません。</u>

● 解答が **TOPIC** に示された問いの答えになっていない場合や，**TOPIC** からずれていると判断された場合は，<u>0 点と採点されることがあります。</u>**TOPIC** の内容をよく読んでから答えてください。

TOPIC
Today, many buildings collect rainwater and then use it in various ways, such as giving water to plants. Do you think such buildings will become more common in the future?

POINTS
● Cost
● Emergency
● Technology

一次試験

リスニング

２級リスニングテストについて

1 このリスニングテストには，第1部と第2部があります。
　★英文はすべて一度しか読まれません。
　第1部：対話を聞き，その質問に対して最も適切なものを 1, 2, 3, 4 の中から一つ選びなさい。
　第2部：英文を聞き，その質問に対して最も適切なものを 1, 2, 3, 4 の中から一つ選びなさい。

2 No. 30 のあと，10秒すると試験終了の合図がありますので，筆記用具を置いてください。

|||| 第 1 部 ||||||||||||||||||||||||||||||| ◀)) ▶MP3 ▶アプリ ▶CD 1 **42**〜**57**

No. 1
1 By riding on a bus.
2 By driving his car.
3 By taking a train.
4 By flying in a plane.

No. 2
1 One for their bedroom.
2 One for three people.
3 One that can be used as a bed.
4 One like the one in their living room.

No. 3
1 He is working during the holiday.
2 He will meet the woman's parents.
3 He will let the woman have his seat.
4 He is traveling to London.

No. 4
1 He is having trouble with his French lessons.
2 He needs to choose a topic for a project.
3 He is starting a new French class.
4 He cannot find a book in the library.

No. 5
1 Take pictures of the Johnsons' house.
2 Send a thank-you card to the Johnsons.
3 Play in a volleyball game.
4 Hold a barbecue party.

No. 6	1 He should choose a closer college.
	2 He needs to look after himself.
	3 He cannot buy a new pair of blue jeans.
	4 He cannot go to Bobby's party.

No. 7	1 Ask a store clerk for help.
	2 Go to a different shop.
	3 Look for information online.
	4 Keep using their old computer.

No. 8	1 She should not talk with their boss now.
	2 She should not be upset with their boss.
	3 She should try to calm down.
	4 She should try to get a pay raise.

No. 9	1 She needs to hire a cook.
	2 She already has enough waiters.
	3 She is interested in hiring him.
	4 She thinks he needs more experience.

No. 10	1 It is too far away.
	2 The tables are dirty there.
	3 There may be too many people there.
	4 He brought sandwiches from home.

No. 11	1 He usually buys only roses.
	2 He knows a lot about flowers.
	3 He is buying some flowers for his mother.
	4 He has never given flowers to anyone before.

No. 12	1 He borrowed his friend's homework.
	2 He went to the library before school.
	3 He studied hard for several weeks.
	4 He asked his parents for help.

No. 13	1 He did not finish his homework.
	2 He could not find his cell phone.
	3 He left an assignment at school.
	4 He forgot his sister's phone number.

No. 14	1 She forgot she had to go to work.
	2 She forgot that it was Saturday.
	3 She did not give her presentation.
	4 She did not call Mr. Carter.

No. 15	1 She hurt herself while hiking in the rain.
	2 She wants to become a volunteer there.
	3 To make a reservation for a campsite.
	4 To find out about the hiking conditions.

||||| 第 2 部 ||||||||||||||||||||||||||||||||||||||||||||| ◀) ▶MP3 ▶アプリ ▶CD 1 58～73

No. 16	1 He no longer works in sales.
	2 He does not enjoy his job.
	3 He will work at a new company.
	4 He wants to get an assistant.

No. 17	1 They will invite a guest to talk.
	2 They will read out a pamphlet.
	3 They will show a short movie.
	4 They will give out recycled paper.

No. 18	1 It wanted to send signals during a war.
	2 Some people did not trust what was said.
	3 Children could not understand the information.
	4 The announcers kept listeners awake too long.

No. 19
1 She needs to save money to buy a ticket.
2 Her best friend's birthday is in July.
3 The weather may be bad next weekend.
4 There will be a special event at the park then.

No. 20
1 Stop the car's alarm from making a noise.
2 Park in a different place in the garage.
3 Pay extra for parking over the time limit.
4 Return to the car and turn its lights off.

No. 21
1 Receiving congratulations for his poem.
2 Winning some money in a contest.
3 Learning about wildlife at his local library.
4 Finding a book of poems about wildlife.

No. 22
1 He was attacked by some English ships.
2 He succeeded in traveling around the world.
3 He stole jewels from the Queen of England.
4 He returned with five ships after a journey.

No. 23
1 Her friend brought a person who she did not know.
2 John was not interested in the same things as her.
3 Yumi chose the food without asking Kate first.
4 The chairs at the restaurant were not comfortable.

No. 24
1 Come back to the studio next Wednesday.
2 Be quiet until some signs are shown.
3 Decide which questions to ask Pamela.
4 Record the show with their cell phones.

No. 25
1 It would give him more time to study.
2 It would be a boring way to make money.
3 It would be a good way to learn about children.
4 It would give him a chance to make new friends.

No. 26	1 They help some kinds of plants to grow.
	2 They only drink the blood of other animals.
	3 Their bodies can be used to make medicine.
	4 Their bites are more painful than those of females.

No. 27	1 To confirm the location of the exits.
	2 To give out notes to people in the audience.
	3 To check that the equipment is working.
	4 To fill out a form about their presentation.

No. 28	1 To prepare for a competition.
	2 To advertise her new business.
	3 To thank people for their help.
	4 To get a college certificate.

No. 29	1 Because it helps them to breathe more easily.
	2 Because they feel very relaxed.
	3 They are trying to remember things.
	4 They are trying to wake up to play.

No. 30	1 She has started enjoying a different kind of music.
	2 She went to a big music concert two years ago.
	3 She works in a studio where music is recorded.
	4 She often listens to people talk about music.

Used Computers

These days, the number of shops selling used computers has been increasing. These computers seem attractive because they are much cheaper than new computers. However, there is the danger that used computers will not work properly. Some consumers are concerned about this danger, and as a result they avoid buying used computers. People should think carefully before they purchase used products.

Your story should begin with this sentence: **One day, Mr. and Mrs. Takeda were talking about going shopping.**

Questions

No. 1 According to the passage, why do some consumers avoid buying used computers?

No. 2 Now, please look at the picture and describe the situation. You have 20 seconds to prepare. Your story should begin with the sentence on the card.
<20 seconds>
Please begin.

Now, Mr. / Ms. ——, please turn over the card and put it down.

No. 3 Some people say that, because of computers, people spend too much time alone. What do you think about that?

No. 4 Today, many kinds of supplements, such as vitamins and minerals, are sold in stores. Do you think it is a good idea for people to take such supplements?
Yes. → Why?
No.   → Why not?

Disasters and Pets

Pets are usually regarded as important members of families. However, when natural disasters occur, it can be difficult to find places where people and pets can stay together. Some local governments provide these places, and in this way they allow people to look after their pets during emergencies. Such places are likely to become more and more common in the future.

Your story should begin with this sentence: **One day, Mr. and Mrs. Mori were on vacation near the beach.**

Questions

No. 1   According to the passage, how do some local governments allow people to look after their pets during emergencies?

No. 2   Now, please look at the picture and describe the situation. You have 20 seconds to prepare. Your story should begin with the sentence on the card.
<20 seconds>
Please begin.

Now, Mr. / Ms. ——, please turn over the card and put it down.

No. 3   Some people say that the number of pet cafés that allow people to play with animals will increase in the future. What do you think about that?

No. 4   Nowadays, many people share information about their daily lives online. Do you think people are careful enough about putting their personal information on the Internet?
Yes.   → Why?
No.   → Why not?

2022-3

一次試験 2023.1.22実施
二次試験 A日程 2023.2.19実施
　　　　 B日程 2023.2.26実施

Grade 2

試験時間

筆記：85分
リスニング：約25分

＊解答・解説は別冊p.79〜116にあります。
＊面接の流れは本書p.24にあります。

1 次の (1) から (20) までの (   ) に入れるのに最も適切なものを 1, 2, 3, 4 の中から一つ選び，その番号を解答用紙の所定欄にマークしなさい。

(1) Jun taught his daughter an easy (   ) of making ice cream at home with milk, cream, sugar, and maple syrup.
1 cure　　　**2** register　　　**3** method　　　**4** slice

(2) Companies these days are making cameras that are (   ) small. Some are even smaller than a shirt button.
1 incredibly　**2** partially　**3** eagerly　**4** consequently

(3) There are very few houses in the north part of Silver City. It is an (   ) area filled with factories and warehouses.
1 emergency　　　　　　**2** instant
3 industrial　　　　　　**4** environmental

(4) *A:* Do you think it's going to rain tomorrow, Tetsuya?
B: I (   ) it. The rainy season is over, and it's been sunny all week.
1 doubt　　　**2** blame　　　**3** pardon　　　**4** affect

(5) *A:* Why has the office been so quiet recently?
B: Since Amy and Ben had an argument, there has been a lot of (   ) between them.
1 tension　　　**2** survival　　　**3** privacy　　　**4** justice

(6) Julie's teacher asked her to (   ) the new textbooks to all of the students. She had to place one on each desk in the classroom.
1 respond　　　**2** negotiate　　　**3** collapse　　　**4** distribute

(7) *A:* Did your teacher (   ) your idea for your science project?
B: No. He says that I'm not allowed to do anything that involves dangerous chemicals. I'll have to think of something else.
1 confine　　　**2** compare　　　**3** abandon　　　**4** approve

(8) *A:* Is that the document you were looking for earlier?
B: Yes, it is. It was (　　　) under a pile of papers on my desk. I really need to be more organized.

1 dyed　　　**2** peeled　　　**3** buried　　　**4** honored

(9) Many science-fiction authors have written about the (　　　) of traveling at the speed of light. With future developments in technology, this idea could become a reality.

1 edition　　　**2** notion　　　**3** contact　　　**4** instinct

(10) When Hayley did some research into her (　　　), she discovered that one of her great-grandfathers used to work in a famous theater in London.

1 angels　　　**2** ancestors　　　**3** employees　　**4** enemies

(11) The big storm caused a lot of damage to many of the homes in the city. The cost to repair all the damage (　　　) over $70 million.

1 amounted to　　　　　　　　**2** aimed at
3 calmed down　　　　　　　　**4** checked with

(12) *A:* Tina, have you (　　　) what you're going to wear for Helen's wedding?
B: Yes. I've got quite a few nice dresses, but I'm going to wear the pink one that I bought at the New Year's sale.

1 called up　　**2** picked out　　**3** occurred to　　**4** disposed of

(13) The current president of Baxter's Boxes is Mike Baxter. His business was (　　　) his father, Peter, who retired 15 years ago.

1 balanced on　　　　　　　　**2** opposed to
3 inherited from　　　　　　　**4** prohibited by

(14) Neil tries to keep his work (　　　) his private life. He does not like to mix them, so he never takes work home or talks about his family with his colleagues.

1 separate from　　　　　　　**2** familiar with
3 anxious for　　　　　　　　**4** equal to

(15) In the heavy rain, the ship's crew members were (   ) of the weather. They had to wait for the storm to pass before they could start the engines safely.

1 at the mercy   **2** on the point
3 in the hope   **4** off the record

(16) The British TV drama *Coronation Street* first went (   ) in 1960. It has remained popular ever since, and in 2020, its 10,000th episode was broadcast.

1 in a bit   **2** for a change
3 at the rate   **4** on the air

(17) *A:* Excuse me. I'm looking for an electric heater for my kitchen.
B: I recommend this one, ma'am. It's small, but it (   ) plenty of heat. It should warm your kitchen in just a few minutes.

1 drops out   **2** runs out   **3** gives off   **4** keeps off

(18) *A:* I can't help (   ) these peanuts. They're so delicious!
B: I know. Once you start, it's very, very difficult to stop.

1 eating   **2** to eat   **3** eat   **4** eaten

(19) *A:* What do you think of these cups in the shape of animals?
B: They're so cute! I need to get a present for my sister's birthday, and one of those cups would be the (   ) thing.

1 ever   **2** much   **3** very   **4** so

(20) The members of the band Rockhammer were looking forward to playing with their new guitarist. However, she did not arrive (   ) the concert was over.

1 unless   **2** whether   **3** until   **4** yet

（筆記試験の問題は次のページに続きます。）

[A]
Johnny Appleseed

The tale of Johnny Appleseed is an American legend. According to the story, Appleseed's dream was to grow enough apples for everybody to have plenty to eat. He traveled all across the United States, planting apple trees on the way. Much of this story is fiction. However, Johnny Appleseed (　21　). This was a man called John Chapman, who was born in the northeastern state of Massachusetts in 1774.

At the time, many people in the eastern United States were moving west to find cheap land. Chapman saw this as a (　22　). He got free bags of apple seeds from producers of cider, an alcoholic drink made from apples. As he traveled around, he bought land and planted apple trees in places that would likely become towns. Later, he would return to these places to check his apple trees and sell them. Sometimes, he also sold his land to people who wanted to settle there.

Chapman became popular with the people that he visited on his travels. He would bring them news from far away and tell them stories from his interesting life. Also, it seems that he was a kind person. If someone paid for his apple trees with clothes, he would then give these clothes to people who needed them more than he did. He was happy to wear a jacket made from an old cloth bag, and he rarely wore shoes, even in winter. The story of Johnny Appleseed is mainly a legend. (　23　), though, it contains a few seeds of truth taken from Chapman's life.

(21) 1 has appeared in several movies
     2 has been given a new image
     3 was based on a real person
     4 was created by an apple farm

(22) 1 reason to celebrate
     2 normal reaction
     3 serious mistake
     4 chance to make money

(23) 1 In response
     2 At least
     3 On average
     4 With luck

[B]

Sea Shanties

Life on large sailing ships was hard. Sailors could be away from their homes and families for months or even years. The food they had to eat was often dried and in bad condition. The work that the sailors had to do on a ship was usually boring and physically tiring. (24   ), the sea itself was a very dangerous place, especially during storms, and accidents were common. It is not surprising that sailors started to make and sing their own songs to stay cheerful.

These songs, called "sea shanties," come in two varieties. "Capstan shanties" were used for work that needed a regular pace without stopping, such as raising the ship's anchor. "Pulling shanties" were used when the sailors pulled ropes to raise the sails. They sang these shanties as they worked together for a few seconds, stopped to take a breath, and then started again. During these shanties, one of the sailors, known as the "shantyman," would sing out a line. The other sailors would all sing the next line together. This helped them to (25   ).

After the invention of steamships, sailors no longer had to work together in teams. The ships' engines did all the hard work. Even so, sea shanties have remained popular. One reason is that their words are often based on funny stories. There are groups all over the world who get together to sing these amusing songs. Some people even write new ones. Like the sea shanties of the past, new ones also (26   ).

(24) **1** After a while
2 In exchange
3 To make matters worse
4 For this reason

(25) **1** keep a steady rhythm
2 learn how to build ships
3 get to know one another
4 scare sharks away

(26) **1** have both men's and women's parts
2 teach people how to sail
3 usually contain a lot of humor
4 rarely last more than a minute

22
年度第
3
回　筆
記

3

次の英文 [A], [B], [C] の内容に関して, (27) から (38) までの質問に対して最も適切なもの, または文を完成させるのに最も適切なものを 1, 2, 3, 4 の中から一つ選び, その番号を解答用紙の所定欄にマークしなさい。

[A]

From: Gravelton Comic Show <info@graveltoncomicshow.com>
To: Alice Sullivan <alisulli321@friendlymail.com>
Date: January 22
Subject: Thank you for signing up

Dear Alice,

Thank you for signing up online for the eighth annual Gravelton Comic Show. This year's show will be held at the convention center in Gravelton on Saturday, February 18, and it will be our biggest ever. There will be thousands of comic books on sale, including rare items and comic books by local creators, as well as T-shirts, posters, and other goods from your favorite comic books. You'll also have the chance to meet and talk to some of the artists and writers who created them.

As usual, we'll be holding costume contests for visitors. One contest is for kids aged 12 or under, and the other is for everybody else. If you want to participate, please sign up at the reception desk by noon. Please note that your costume must have been made by you. People wearing costumes bought from a store will not be allowed to enter the contest. Be creative, and you might win a fantastic prize.

We ask all visitors to respect one another. Please do not touch other people's costumes or take photos of them without getting permission first. Also, please remember that eating and drinking are not allowed in the main hall of the convention center. In addition to the convention center's cafeteria, there will also be food trucks selling snacks and drinks in the square outside the center.

We look forward to seeing you at the show!
Gravelton Comic Show Staff

(27) At the Gravelton Comic Show, Alice will be able to

1 purchase comic books made by people from the Gravelton area.
2 watch movies based on her favorite comic books.
3 take lessons in how to create her own comic books.
4 display her paintings of famous comic book characters.

(28) What is one thing that participants in the costume contest need to do?

1 Make their costumes themselves.
2 Sign up before coming to the show.
3 Pay an entry fee at the reception desk.
4 Explain why they chose their costumes.

(29) Visitors to the Gravelton Comic Show must ask to be allowed to

1 eat in the main hall of the convention center.
2 use the parking lot in the square outside the center.
3 take a picture of another visitor's costume.
4 bring their own snacks and drinks to the show.

[B]
The King's Little Path

For thousands of years, the Guadalhorce river has flowed through the mountains of southern Spain. Over time, it has created an impressive narrow valley with high rock walls that are 300 meters above the river in some places. At the beginning of the 20th century, engineers decided that the fast-flowing river was a good place for a dam that could be used to generate electricity. A one-meter-wide concrete walkway was built high up on the walls of the valley for people to reach the dam from a nearby town.

To begin with, the walkway was only used by workers at the power plant and local people who wanted to get to the other side of the mountains. Soon, news of the walkway's amazing views spread, and it became popular with hikers. The engineers decided to improve the walkway to make it more attractive to tourists, and in 1921, it was officially opened by King Alfonso XIII of Spain. After the ceremony, the king walked the eight-kilometer route, and it became known as El Caminito del Rey, meaning "the king's little path."

Despite its popularity, the walkway was not well looked after. Holes appeared in places where the concrete had been damaged. Originally, there was a metal fence on one side of the walkway to stop people from falling, but this broke and fell to the bottom of the valley. El Caminito del Rey became famous as the most dangerous hiking path in the world, and people from many countries came for the excitement of walking along it. However, after four deaths in two years, the government decided to close the walkway in 2001.

Interest in El Caminito del Rey remained, and 2.2 million euros were spent on rebuilding the walkway with wood and steel. The new walkway was opened in 2015, and although it is safer than the old one, some people still find it frightening. Despite this, the dramatic scenery attracts many visitors. To keep El Caminito del Rey in good condition for as long as possible, hikers must now buy tickets to use it, and only 300,000 tickets are available each year.

(30) A walkway was built high up on the walls of the Guadalhorce river valley because

1 the river was too dangerous for boats to travel on.
2 a lower walkway had been destroyed by a sudden flood.
3 there were rocks in the valley that made it difficult to walk.
4 people needed it to get to a newly constructed dam.

(31) Why was the walkway called El Caminito del Rey?

1 Because the king of Spain walked along it after he opened it.
2 Because of the uniforms worn by the engineers who built it.
3 Because of the amazing views that could be seen from it.
4 Because local people wanted it to be attractive to tourists.

(32) A decision was made to close the walkway

1 following the discovery of holes in the concrete.
2 following accidents in which people died.
3 after a metal fence fell onto it.
4 after the cost of looking after it increased.

(33) What is one way in which the new walkway is being protected?

1 People have to wear special hiking boots when they use it.
2 A roof has been added to prevent damage caused by rain.
3 The surface of the walkway is made from a new material.
4 The number of people who can hike on it has been limited.

[C]
The Evolution of Laughter

Laughter is not only a way to express our feeling that something is funny, but it is also something that is good for our health. In the short term, it can help to relax muscles and improve blood flow, and in the long term, it can make our bodies better at fighting diseases. Researchers have been investigating how laughter evolved in humans by looking for similar behavior in other animals. A study carried out at the University of California, Los Angeles, has revealed evidence of laughter-like behavior in over 60 species.

It has long been known that chimpanzees laugh, although the sound is a little different from human laughter. When most humans laugh, they only make a noise when they breathe out, but when chimpanzees laugh, they make a noise both when they breathe out and when they breathe in. Chimpanzees are closely related to humans, so it is not really surprising that they, gorillas, and orangutans laugh. However, as these animals do not have the complicated languages needed to tell jokes, the researchers were interested to find out what makes them laugh.

The researchers found that chimpanzees made these laughing noises when they were playing roughly with each other. They believe that laughter is a chimpanzee's way of letting others know that it is not really trying to harm them. Playing allows chimpanzees and other animals to develop fighting and hunting skills as well as to build stronger relationships with the other members of their groups.

By listening for the noises made by other animals during play behavior, the researchers were able to identify "laughter" in a wide range of animals. Dogs, for example, breathe loudly when they play, and dolphins make special clicking noises. In the case of rats, the laughter-like sounds they make when they are touched gently are too high for humans to hear. However, the sounds can be detected with special equipment. The researchers have concluded that laughter began to evolve as a signal to others that they can relax and have fun. Of course, humans laugh for a variety of reasons, so researchers still have much to learn about how this behavior evolved.

(34) How are researchers trying to find out about the development of laughter in humans?

1 By searching for behavior that seems like laughter in other species.

2 By analyzing the kinds of things that people think are funny.

3 By studying the reactions of human babies from the time they are born.

4 By investigating the muscles that are used when a person laughs.

(35) How is chimpanzees' laughter different from most humans' laughter?

1 Chimpanzees make the same noises as humans do when they are surprised.

2 Chimpanzees produce sounds by breathing through their noses.

3 Chimpanzees do not only make sounds when they breathe out.

4 Chimpanzees do not breathe as slowly as humans do when they laugh.

(36) Researchers think that chimpanzees use laughter to

1 indicate that their behavior is not serious.

2 welcome new members to their groups.

3 warm their muscles up before they go hunting.

4 avoid fighting by scaring other chimpanzees away.

(37) Special equipment needs to be used in order to

1 measure the signals in humans' brains when they laugh.

2 recognize the different noises made by dolphins.

3 observe the laughter-like noises of a kind of animal.

4 identify the exact reason that a human is laughing.

(38) Which of the following statements is true?

1 The goal of play in animals is to make other members of their groups laugh.

2 Experts still have things to learn about how human laughter developed.

3 One of the benefits of laughter is that it helps people develop strong muscles.

4 Researchers have found evidence that chimpanzees actually tell each other jokes.

4

ライティング
- ●以下の TOPIC について，あなたの意見とその<u>理由を 2 つ</u>書きなさい。
- ●**POINTS** は理由を書く際の参考となる観点を示したものです。ただし，これら以外の観点から理由を書いてもかまいません。
- ●語数の目安は **80** 語〜**100** 語です。
- ●解答は，解答用紙の **B** 面にあるライティング解答欄に書きなさい。なお，<u>解答欄の外に書かれたものは採点されません。</u>
- ●解答が **TOPIC** に示された問いの答えになっていない場合や，**TOPIC** からずれていると判断された場合は，<u>0 点と採点されることがあります。TOPIC</u> の内容をよく読んでから答えてください。

TOPIC
Some people say that Japan should use the Internet for people to vote in elections. Do you agree with this opinion?

POINTS
- Convenience
- Cost
- Security

リスニング

2級リスニングテストについて

1　このリスニングテストには，第1部と第2部があります。
　★英文はすべて一度しか読まれません。
　第1部：対話を聞き，その質問に対して最も適切なものを1, 2, 3, 4の中から一つ選びなさい。
　第2部：英文を聞き，その質問に対して最も適切なものを1, 2, 3, 4の中から一つ選びなさい。

2　No. 30のあと，10秒すると試験終了の合図がありますので，筆記用具を置いてください。

第1部　🔊　▶MP3　▶アプリ　▶CD 2 **1**～**16**

No. 1
1　His friend cannot meet him for lunch.
2　He cannot order what he wanted.
3　There is no more clam chowder.
4　The salmon pasta is not very good.

No. 2
1　They often travel to Africa.
2　They were born in Kenya.
3　They enjoy looking at photographs.
4　They are no longer working.

No. 3
1　To tell her about a new restaurant.
2　To ask about what to do on her birthday.
3　To suggest that she make a reservation.
4　To ask where she ate dinner.

No. 4
1　The café is famous for it.
2　It is hot outside today.
3　A friend recommended it.
4　She is not very hungry.

No. 5
1　She is writing a book called *The Young Ones*.
2　She took the wrong train yesterday.
3　She thinks she lost his book.
4　She bought him a train ticket.

No. 6

1 They had to wait for a long time.
2 They started feeling very tired.
3 They took the wrong exit.
4 They could not go inside.

No. 7

1 To meet some classmates.
2 To get leaves for an art project.
3 To plant some trees.
4 To take pictures for school.

No. 8

1 She needs some more information.
2 She forgot to call the sales department.
3 She does not know how to write it.
4 She does not have time to do it.

No. 9

1 It was built recently.
2 It will be closing.
3 It is being repaired.
4 It makes a lot of money.

No. 10

1 Spend more time at home.
2 Quit the company.
3 Move closer to his office.
4 Find a new babysitter.

No. 11

1 Attend a play this evening.
2 Contact her son's school.
3 Design the man's costume.
4 Borrow a sewing machine.

No. 12

1 She was too busy to come to the phone.
2 She works for a different company now.
3 She was away from the office.
4 She was out to lunch.

No. 13	1 If she knows where Mars is.
	2 If she knows a good book.
	3 If she wants to travel to space.
	4 If she can go to the library with him.

No. 14	1 News about a famous person.
	2 An interview with a band.
	3 A new rock band's music.
	4 Advertisements for a music store.

No. 15	1 It may snow heavily.
	2 It may be too late to plant her garden.
	3 The man's garden party may be canceled.
	4 Her plants may freeze.

‖‖‖ 第 2 部 ‖‖‖‖‖‖‖‖‖‖‖‖‖‖‖‖‖ ◀»）▶MP3 ▶アプリ ▶CD 2 **17**～**32**

No. 16	1 Whether he will be able to visit famous buildings.
	2 Working in another country.
	3 His aunt's busy travel schedule.
	4 How to spend time on a long flight.

No. 17	1 They walked fast in special competitions.
	2 They could not watch the Olympics.
	3 Race walking made their children feel a lot of stress.
	4 There were no sports clubs for them to join.

No. 18	1 She bought him a video game about hiking.
	2 She asked him about his favorite game.
	3 She took him and his friends to a gym.
	4 She created a game to play while hiking.

No. 19	1 To stop his boss from complaining.
	2 To make some extra money for himself.
	3 To help them learn about managing their money.
	4 To interest them in working at the bank.

No. 20	1 Because men from Persia started traveling there.
	2 Because sailors could buy it cheaply there.
	3 Because young girls there needed healthy food.
	4 Because people saw a cartoon character eat it.

No. 21	1 Choose a sport to play.
	2 Take his entrance exams again.
	3 Ask his teacher for a class schedule.
	4 Help his mother with housework.

No. 22	1 Buy a pet at half price.
	2 Meet a famous radio personality.
	3 Help to feed the tigers.
	4 Get cheaper admission.

No. 23	1 She practiced skating by herself.
	2 She bought some new earrings.
	3 She asked him about his hobbies.
	4 She took ice-skating lessons for two weeks.

No. 24	1 Her room was too warm.
	2 She heard noises outside.
	3 The wind was blowing through a hole in her wall.
	4 A light came in through her window.

No. 25	1 She told people how to get rid of things.
	2 She helped people to sell their homes.
	3 She fixed Internet problems for professionals.
	4 She taught ways to build stronger houses.

No. 26	1 She does not know how to walk to school.
	2 She cannot remember her father's advice.
	3 She is not good at making new friends.
	4 She may not be able to find her classroom.

No. 27	1 Brides and grooms gave each other pieces of cloth.
	2 Brides had to make colorful hats for their grooms to wear.
	3 Wedding dances there were famous all over the world.
	4 Weddings cost more money than in other countries.

No. 28	1 Everyone will start boarding the plane.
	2 The plane will take off.
	3 Special foods will be on sale.
	4 Passengers will enjoy a drink and a snack.

No. 29	1 She kept forgetting to take her medicine.
	2 She had a problem with her eyes.
	3 Her chair was the wrong size for her.
	4 Her desk lamp was too bright.

No. 30	1 Surfboards for children will be sold.
	2 There will be a surfing competition.
	3 A dance party with loud music will start.
	4 A truck will come to collect any trash.

Fake News

Photographs are used by the media because they help people to understand news stories better. Nowadays, however, photographs that contain false information can easily be created with modern technology. Some people put such photographs on the Internet, and by doing so they try to make others believe untrue stories. People should be aware that technology can be used in good and bad ways.

Your story should begin with this sentence: **One day, Ken and Sakura were talking about their favorite sea animals.**

Questions

No. 1 According to the passage, how do some people try to make others believe untrue stories?

No. 2 Now, please look at the picture and describe the situation. You have 20 seconds to prepare. Your story should begin with the sentence on the card.
<20 seconds>
Please begin.

Now, Mr. / Ms. ———, please turn over the card and put it down.

No. 3 Some people say that, because of robots, many people will lose their jobs in the future. What do you think about that?

No. 4 These days, many families in Japan have pets. Do you think it is good for children to have pets?
Yes. → Why?
No. → Why not?

Animal Shelters

Nowadays, there are many animal shelters that care for abandoned pets. These animals are often scared of people. Now, training that helps pets get along with people is attracting attention. Some animal shelters offer such training, and in this way they make it easier for abandoned pets to find new owners. Animal shelters will probably continue to play an important role in society.

Your story should begin with this sentence: **One day, Mr. and Mrs. Sano were talking at a hotel in Thailand.**

Questions

No. 1 According to the passage, how do some animal shelters make it easier for abandoned pets to find new owners?

No. 2 Now, please look at the picture and describe the situation. You have 20 seconds to prepare. Your story should begin with the sentence on the card.
<20 seconds>
Please begin.

Now, Mr. / Ms. ——, please turn over the card and put it down.

No. 3 Some people say that animals should not be kept in zoos. What do you think about that?

No. 4 Today, many people buy things with credit cards instead of cash. Do you think this is a good idea?
Yes. → Why?
No. → Why not?

2022-2

一次試験 2022.10.9実施
二次試験 A日程 2022.11.6 実施
　　　　 B日程 2022.11.13実施

Grade 2

試験時間

筆記：85分

リスニング：約25分

＊解答・解説は別冊p.117〜154にあります。
＊面接の流れは本書p.24にあります。

1 次の (1) から (20) までの (　　) に入れるのに最も適切なものを 1, 2, 3, 4 の中から一つ選び, その番号を解答用紙の所定欄にマークしなさい。

(1) Considering that Keiko has only been studying English for six months, she gave a (　　) good English presentation at yesterday's contest. She got second prize.
1 remarkably　**2** nervously　**3** suddenly　**4** carefully

(2) *A:* How was your vacation, Dale?
B: It was (　　)! We had seven days of pure fun and relaxation.
1 marvelous　**2** industrial　**3** humble　**4** compact

(3) People around the world are afraid that the (　　) between the two countries will cause a war.
1 patient　　**2** phrase　　**3** conflict　　**4** courage

(4) The baseball player Shuta Omura had to have (　　) on his right knee in 2019, but he made a full recovery and was ready to play again in 2020.
1 recognition　**2** innocence　**3** surgery　**4** inquiry

(5) The restaurant lost its good (　　) after several cases of food poisoning, and eventually it had to close.
1 reputation　**2** anticipation　**3** observation　**4** examination

(6) Sunlight is important for people to stay healthy. However, it is not good to (　　) skin to too much sunlight.
1 protest　　**2** expose　　**3** conduct　　**4** represent

(7) After Kai broke his arm, it took about three months to (　　) completely. Now he can play tennis again without any problems.
1 fulfill　　**2** cheat　　**3** heal　　**4** retire

(8) These days, many companies are offering their employees a lot of (　　). For example, staff members can sometimes work from home or choose what time to start and finish.

1 majority　　**2** similarity　　**3** quantity　　**4** flexibility

(9) Kevin got stuck in a snowstorm while driving home. The weather was so bad that he had to (　　) his car and walk the rest of the way.

1 maintain　　**2** abandon　　**3** prevent　　**4** supply

(10) Laura was unhappy about being (　　) from the badminton tournament so early, but now she supports her friends during their matches.

1 committed　　**2** defended　　**3** eliminated　　**4** imported

(11) Sarah has been told to (　　) running until her foot is better. Otherwise, she might make her injury worse.

1 read through　　　　　**2** refrain from
3 reflect on　　　　　　 **4** refer to

(12) *A:* How did you like the movie?
B: (　　), I enjoyed it. Even though some of the actors weren't the best, the story was great and the music was beautiful.

1 On the move　　　　　**2** In respect
3 As a whole　　　　　　**4** By then

(13) *A:* What's wrong, Emily?
B: Jim made a (　　) of me in front of my friends. He said my shoes were ugly.

1 difference　　**2** point　　**3** fool　　**4** start

(14) Jason has asked his mother several times to stop (　　) his personal life. He is upset that she wants to try to control him even though he is an adult.

1 counting on　　　　　**2** insisting on
3 comparing with　　　　**4** interfering with

(15) *A:* It's a shame that we had to (   ) the barbecue.

  B: Yes, but we can't hold a barbecue outside in the rain. We can hold it next week instead if the weather is better.

  1 call off   **2** pick on   **3** fall for   **4** bring out

(16) The thief must have gotten into the building (   ) of a ladder. The only way to get in was through a second-floor window.

  1 by means   **2** in charge   **3** at times   **4** for all

(17) Barney tried to teach his cat to follow some simple commands, but his efforts were (   ). Every time he told it to lie down, it just walked away.

  1 of late   **2** in vain   **3** for sure   **4** by chance

(18) (   ) lived in Tokyo for three years, Cassandra knew exactly how to get to Tokyo Skytree from her apartment.

  1 Having   **2** Had   **3** Have   **4** To have

(19) Somebody had broken one of the windows in Michelle's classroom. Michelle had not done it, but some of the other students looked at her (   ) she had.

  1 as to   **2** as if   **3** if only   **4** if not

(20) *A:* How long does it take to drive to your parents' house?

  B: There's no (   ) with traffic during the holidays. It could take thirty minutes, or it could take two hours.

  1 tell   **2** telling   **3** tells   **4** told

（筆記試験の問題は次のページに続きます。）

[A]
Trouble at Sea

Plastic is used in a wide variety of goods. In fact, it is estimated that about 400 million tons of plastic is produced around the world each year. Much of it is designed to be used only once and then thrown away. Most of this waste is buried in the ground in landfill sites. However, a large amount (**21**   ). According to the International Union for Conservation of Nature, more than 14 million tons of plastic waste goes into the ocean each year. Plastic is strong and takes a long time to break down. For this reason, the world's oceans are quickly filling up with it.

Plastic waste causes two major problems for wildlife living in and by the ocean. First, animals sometimes get trapped by larger pieces of plastic and die because they are unable to swim freely. The other problem, however, is caused by smaller pieces of plastic. Animals often (**22**   ). A recent study found that about two-thirds of fish species and 90 percent of all seabirds have accidentally eaten tiny pieces of plastic floating in the ocean.

In response, many environmental protection organizations are making efforts to get governments to do something about the plastic in the ocean. For instance, the Center for Biological Diversity has asked the U.S. government to make laws to control plastic pollution. Such groups are also trying to educate the public about the problem. (**23**   ), people continue to throw away plastic, and the amount of plastic in the ocean continues to increase.

(21) 1 completely disappears
      2 ends up elsewhere
      3 is given to charities
      4 could be used again

(22) 1 live in large family groups
      2 have to make long journeys
      3 see these as food
      4 leave the ocean

(23) 1 In spite of this
      2 Therefore
      3 Likewise
      4 In particular

[B]

Performing Cats

Andrew Lloyd Webber is famous for writing musicals, and many of the songs he has written have become famous. Over the last 50 years, Webber has created a number of popular musicals, including *The Phantom of the Opera* and *Joseph and the Amazing Technicolor Dreamcoat*. The characters in these were taken from well-known stories that had been around for many years. One of Webber's most successful musicals is *Cats*. This features the song "Memory," the most popular one he has ever written. Like many of Webber's other musicals, though, the characters in *Cats* were (**24**).

As a child, one of Webber's favorite books was *Old Possum's Book of Practical Cats* by T. S. Eliot. This is a collection of poems that describe (**25**). For example, one of the characters likes to be the focus of everyone's attention. Another seems to be lazy during the daytime, but at night, she secretly works hard to stop mice and insects from causing trouble. Webber used the words of these poems for the songs in his musical, and he created a world in which these cats live together.

Webber began work on *Cats* in 1977, and it had its first performance in London in 1981. It was so popular that it was still being performed there 21 years later. (**26**), after its first performance on Broadway in New York City in 1982, it ran for 18 years there. *Cats* has become popular around the world. In fact, the show has been translated into 15 languages, performed in over 30 countries, and seen by more than 73 million people.

(24) 1 not very important
2 not created by him
3 difficult to like
4 based on his friends

(25) 1 the history of cats as pets
2 how to take care of cats
3 the personalities of some cats
4 how cats' bodies work

(26) 1 In any case
2 Unfortunately
3 By mistake
4 Similarly

次の英文 [A], [B], [C] の内容に関して, (27) から (38) までの質問に対して最も適切なもの, または文を完成させるのに最も適切なものを 1, 2, 3, 4 の中から一つ選び, その番号を解答用紙の所定欄にマークしなさい。

[A]

From: Michael Green <mikeyg4000@friendlymail.com>
To: Television Depot Customer Service
　　<service@televisiondepot.com>
Date: October 9
Subject: ZX950 LCD TV

- -

Dear Customer Service Representative,
After reading several excellent reviews of the ZX950 LCD TV on the Internet, I purchased one from your Television Depot online store. When the item arrived, it appeared to be in perfect condition, and I was able to set it up successfully by following the TV's instruction manual. However, once I started using it, I noticed that there was a problem.

I was unable to adjust the volume of the TV with the remote control. I tried replacing the batteries in the remote control, but this did not fix the problem. I looked through the instruction manual, but I could not find a solution. Although I can adjust the volume with the buttons on the TV, I'm sure that you can understand how inconvenient it is to do it this way.

Would it be possible to obtain a replacement remote control, or do I need to return the TV, too? It would be good if I don't need to send it back because it will be difficult to put such a large TV back into its box. I hope you are able to solve this problem in the next few days. I would very much like to use my new TV to watch the European soccer tournament that begins next weekend. I look forward to receiving your reply.

Regards,
Michael Green

(27) What is one thing that Michael Green says about the TV that he bought?

1 It was sent to him without an instruction manual.
2 It has received some positive online reviews.
3 He got it from his local Television Depot store.
4 He chose it because it was in a recent sale.

(28) What problem does Michael Green say the TV has?

1 The sound level cannot be changed with the remote control.
2 The remote control uses up its batteries in just a few hours.
3 The buttons on the TV do not seem to be working.
4 The TV sometimes turns itself off unexpectedly.

(29) Michael Green hopes the customer service representative will

1 send someone to help him put the TV back into its box.
2 solve the problem in time for him to watch a sports event.
3 tell him about tournaments sponsored by Television Depot.
4 give him instructions to allow him to fix the problem himself.

22
年度第2回

筆記

[B] *The Empress's Favorite Clothes*

The Asian country of Bangladesh is one of the largest exporters of clothes in the world. Low wages and modern techniques have allowed clothing factories in Bangladesh to produce cheap clothes. However, until the 19th century, the country produced a luxury cloth called Dhaka muslin. Many regard this cloth as the finest ever made, and it cost over 20 times more than the best silk. It was produced from cotton from a plant called *phuti karpas*. This kind of cotton can be made into very thin threads, which can be used to make incredibly soft and light cloth.

Dhaka muslin was difficult to make, but wealthy people were happy to pay the high prices demanded by the makers. The fame of this cloth spread to Europe, and the wife of Emperor Napoleon of France loved to wear dresses made from Dhaka muslin. When the area that includes Bangladesh became part of the British Empire, though, British traders put pressure on the makers of Dhaka muslin to produce more cloth at lower prices. Eventually, all the makers decided to either produce lower-quality types of cloth or quit.

In 2013, Saiful Islam, a Bangladeshi man living in London, was asked to organize an exhibition about Dhaka muslin. Islam was amazed by the high quality of this material. He wondered if it would be possible to produce Dhaka muslin again. Sadly, he could not find any *phuti karpas* plants in Bangladesh. However, using the DNA from some dried leaves of *phuti karpas* from a museum, he was able to find a species that was almost the same.

Islam harvested cotton from plants of this species, but the threads he made were too thin and broke easily. He had to mix the cotton with some from other plants. The threads made from this mixture, though, were still much thinner than normal. After a lot of hard work, Islam and his team produced some cloth that was almost as good as Dhaka muslin. He wants to keep improving the production technique. The government of Bangladesh is supporting him because it wants the country to be known as the producer of the finest cloth in the world.

(30) What is true of the cloth known as Dhaka muslin?

    1 Its thin threads are over 20 times stronger than those of silk.

    2 It stopped Bangladesh from becoming a major exporter of clothes.

    3 Modern techniques have allowed factories to produce it cheaply.

    4 Many people say it is the best kind that there has ever been.

(31) What happened as a result of the demands made by British traders?

    1 Various colors were introduced to appeal to European customers.

    2 The price of Dhaka muslin in Europe increased dramatically.

    3 Makers began to use British techniques to make better cloth.

    4 Production of high-quality Dhaka muslin stopped completely.

(32) Saiful Islam used the DNA from some *phuti karpas* leaves

    1 to find plants like the ones that were used to make Dhaka muslin.

    2 to check whether samples of Dhaka muslin were genuine or fake.

    3 to explain the evolution of Dhaka muslin at an exhibition.

    4 to create artificial Dhaka muslin in a laboratory in London.

(33) Why is the government of Bangladesh supporting Islam's efforts?

    1 It wants to make the country famous for producing high-quality cloth.

    2 It believes that his project will create new jobs for Bangladeshis.

    3 Because he will quit unless he gets additional financial support.

    4 Because he may discover a way to produce cheap clothes more easily.

[C]
Desert Delight

The Tohono O'odham people are Native Americans who come from the Sonoran Desert. In fact, the name of this tribe means "desert people" in their own language. The Sonoran Desert lies around the border between the United States and Mexico. Traditionally, the Tohono O'odham people lived in villages and grew crops such as beans, corn, and melons. They also ate some of the wild plants and animals that are found in the desert.

Although the Sonoran Desert is hot and dry, it has over 2,000 different species of plants. Hundreds of these plants are safe for people to eat. There are two reasons why the Sonoran Desert has so many species of plants. One is that it contains a variety of types of soil, and these support the growth of many kinds of plants. The other is that, although the desert is mostly dry, it rains a couple of times each year—once in the winter and once in the summer. This rain is enough for some kinds of plants to survive.

One desert plant, the saguaro cactus, is especially important to the people of the Tohono O'odham tribe. Saguaro cactuses can live for over 200 years and grow more than 15 meters tall. Once a year, around June, they produce red fruit. This fruit—the saguaro fruit— has long been a favorite food of the Tohono O'odham people. When the fruit is ready to eat, families work together to knock it down from the cactuses and collect it. The fruit is sweet and delicious when it is fresh, and it can also be turned into sauce or wine so that it can be stored for long periods.

The people of the Tohono O'odham tribe were very independent, and for a long time, they fought to keep their traditional way of life. However, in the early 20th century, the U.S. government forced them to change their lifestyle. It sent Tohono O'odham children to schools to make them learn English and forget their own culture. Many stopped following their traditional way of life. Recently, though, some Tohono O'odham people have begun bringing back their tribe's endangered traditions, including collecting and eating saguaro fruit.

(34) What is true about the Tohono O'odham people of North America?
1 They used to protect the border between Mexico and the United States.
2 They lived in small communities and kept farms in a dry area.
3 They ate wild plants and animals instead of growing their own food.
4 They were forced to leave their homes and live in the Sonoran Desert.

(35) What is one reason that over 2,000 different types of plants can survive in the Sonoran Desert?
1 The sunshine in the area means that some plants can actually grow better there.
2 The Sonoran Desert gets enough rain twice a year to allow the plants to grow.
3 There are few human beings or wild animals living in the region that eat them.
4 There is one kind of soil in the desert that almost any plant can grow in.

(36) The saguaro cactus
1 produces fruit that the local people have enjoyed for a long time.
2 was discovered by the Tohono O'odham people about 200 years ago.
3 has roots that grow 15 meters below the ground to reach water.
4 is best to eat with a special sauce made from traditional wine.

(37) Why did many Tohono O'odham people stop following their traditions?
1 The U.S. government wanted them to behave more like other U.S. citizens.
2 The U.S. government offered them opportunities to travel overseas to study.
3 They wanted their children to study English so that they could enter good schools.
4 They lost their independence after a war that took place in the early 20th century.

(38) Which of the following statements is true?

1 The method of collecting saguaro fruit is endangering the plants that it grows on.

2 The name of the Tohono O'odham tribe comes from its people's favorite food.

3 The soil in the Sonoran Desert is different in the winter and in the summer.

4 The Tohono O'odham people have a tradition of collecting fruit in family groups.

4

ライティング
- ●以下の **TOPIC** について，あなたの意見とその<u>理由を **2** つ</u>書きなさい。
- ●**POINTS** は理由を書く際の参考となる観点を示したものです。ただし，これら以外の観点から理由を書いてもかまいません。
- ●語数の目安は **80** 語～**100** 語です。
- ●解答は，解答用紙の **B** 面にあるライティング解答欄に書きなさい。<u>なお，解答欄の外に書かれたものは採点されません。</u>
- ●解答が **TOPIC** に示された問いの答えになっていない場合や，**TOPIC** からずれていると判断された場合は，<u>**0** 点と採点されることがあります。</u>**TOPIC** の内容をよく読んでから答えてください。

TOPIC

Some people say that Japan should accept more people from other countries to work in Japan. Do you agree with this opinion?

POINTS
- ● Aging society
- ● Culture
- ● Language

リスニング

２級リスニングテストについて

|||||| 第１部 ||||||||||||||||||||||||||||||||||||||||||||||||||| ◀》 ▶MP3 ▶アプリ ▶CD 2 **42**〜**57**

No. 1
　　1 She lost her map.
　　2 She is too tired to walk any farther.
　　3 She cannot find her friend's house.
　　4 She does not like her neighbors.

No. 2
　　1 Red wine is her favorite.
　　2 Her friend does not like French wine.
　　3 She drank a lot of wine in France.
　　4 She does not want to spend too much money.

No. 3
　　1 Call another restaurant.
　　2 Drive to the supermarket.
　　3 Make a sandwich for lunch.
　　4 Go to pick up some food.

No. 4
　　1 She is sick in bed at home.
　　2 She gave Eddie her cold.
　　3 She will leave the hospital in a few days.
　　4 She got medicine from her doctor.

No. 5
　　1 He will visit another friend.
　　2 He has to work on Saturday night.
　　3 He does not feel well.
　　4 He is not invited.

No. 6
1 She takes music lessons.
2 She goes bowling with her friends.
3 She helps her cousin with homework.
4 She learns to ride horses.

No. 7
1 A shirt with a bear on it.
2 A soft pillow.
3 A big teddy bear.
4 A bed for her son.

No. 8
1 Changing its soil.
2 Putting it in a bigger pot.
3 Giving it more light.
4 Giving it less water.

No. 9
1 Buy meat.
2 Call his friend.
3 Go to the party.
4 Come home early.

No. 10
1 He will write to the publisher.
2 He will go to another store.
3 He will use the Internet.
4 He will look in his basement.

No. 11
1 She was frightened by a dog.
2 She hurt her leg while running.
3 She walked her dog for a long time.
4 She does not go running often.

No. 12
1 He waits to be told what to do.
2 He is a great history student.
3 He wants to do the report alone.
4 He can be a lazy person.

No. 13	1 Their championship parade was canceled.
	2 Their manager is changing teams.
	3 They have not been playing well.
	4 They do not have a nice stadium.

No. 13
1 Their championship parade was canceled.
2 Their manager is changing teams.
3 They have not been playing well.
4 They do not have a nice stadium.

No. 14
1 Somewhere with few people.
2 Somewhere near his home.
3 To several cities in Europe.
4 To a beach resort in Mexico.

No. 15
1 A baseball game is on TV tonight.
2 The town will build a new town hall.
3 He should go to the meeting with her.
4 He should take the children to the park.

第 2 部 ◀)) ▶MP3 ▶アプリ ▶CD 2 58～73

No. 16
1 It is too big for her.
2 It uses too much gasoline.
3 She needs one that is easier to drive.
4 She wants one with more doors.

No. 17
1 Some men wore them to look thin.
2 They could not be worn in England.
3 Women could not wear them in public.
4 Wearing them caused pain in people's backs.

No. 18
1 Read comic books at a café.
2 Clean her kitchen.
3 Work part-time.
4 Relax at home.

No. 19
1 It was easy to play at first.
2 It had horses that could fly.
3 She could play with her friend.
4 She could play it several times.

No. 20
1 He had to give information about an accident.
2 He woke up too late to catch his train.
3 He had a problem with his bicycle.
4 He could not find his bicycle in the parking space.

No. 21
1 It was buried together with a prince.
2 It had flower decorations from Siberia on it.
3 It was made by a family in Persia.
4 It had been in one family for many years.

No. 22
1 To move some old things.
2 To clean her kitchen windows.
3 To show her how to use her computer.
4 To help her to do some cooking.

No. 23
1 He saw them being used at an office.
2 He saw an ad for them on the train.
3 He read about them in a magazine.
4 He heard about them from his boss.

No. 24
1 They were decorated with different colors.
2 They were made for different purposes.
3 They were sold at different events.
4 They were served with different meals.

No. 25
1 By the exit on the first floor.
2 By the stairs on the second floor.
3 Next to the computers on the third floor.
4 Next to the cameras on the fourth floor.

No. 26	1 By drinking a lot of donkey milk every day.
	2 By washing their bodies with donkey milk.
	3 By eating the meat of young donkeys.
	4 By spending time looking after donkeys.

No. 26

1 By drinking a lot of donkey milk every day.
2 By washing their bodies with donkey milk.
3 By eating the meat of young donkeys.
4 By spending time looking after donkeys.

No. 27

1 Ask people about their favorite restaurants.
2 Search for a restaurant online.
3 Open a restaurant in her area.
4 Go and take a look at a restaurant.

No. 28

1 Staff will be hired to greet new members.
2 Members can get free protein bars.
3 New exercise machines are coming soon.
4 The fitness center will close in an hour.

No. 29

1 She came home later than she promised.
2 She had forgotten to feed her pet.
3 She had not cleaned the kitchen.
4 She had not done her homework.

No. 30

1 People who bring their pets to the store.
2 People who drive to the supermarket.
3 Customers with a lot of shopping bags.
4 Customers who live less than 5 kilometers away.

A Shortage of Doctors

Nowadays, some parts of Japan do not have enough doctors. It is said that many doctors prefer to work in cities, and this can cause problems for people living in rural areas. A shortage of doctors will prevent these people from receiving good medical treatment, so it is a serious issue. Many people say the government needs to do more about this situation.

Your story should begin with this sentence: **One day, Mr. and Mrs. Kato were talking about going to the beach.**

Questions

No. 1 According to the passage, why is a shortage of doctors a serious issue?

No. 2 Now, please look at the picture and describe the situation. You have 20 seconds to prepare. Your story should begin with the sentence on the card.
<20 seconds>
Please begin.

Now, Mr. / Ms. ——, please turn over the card and put it down.

No. 3 Some people say that young people today do not show enough respect to elderly people. What do you think about that?

No. 4 Today, some young people rent a house and live in it together. Do you think sharing a house with others is a good idea for young people?
Yes. → Why?
No. → Why not?

Promoting New Products

Today, some high-quality products are very expensive, so many people worry about whether they should buy them or not. Now, systems that allow people to rent a variety of products monthly are attracting attention. Some companies offer such systems, and by doing so they let people try items before buying them. With such systems, companies can promote their products more effectively.

Your story should begin with this sentence: **One evening, Mr. and Mrs. Kimura were talking about renting a car and going camping by a lake.**

Questions

No. 1   According to the passage, how do some companies let people try items before buying them?

No. 2   Now, please look at the picture and describe the situation. You have 20 seconds to prepare. Your story should begin with the sentence on the card.
<20 seconds>
Please begin.

Now, Mr. / Ms. ——, please turn over the card and put it down.

No. 3   Some people say that, because of electronic money, people will not carry cash in the future. What do you think about that?

No. 4   Some people put solar panels on their houses to produce electricity. Do you think the number of these people will increase in the future?
Yes.   → Why?
No.   → Why not?

2022-1

一次試験 2022.6.5実施
二次試験 A日程 2022.7.3 実施
　　　　 B日程 2022.7.10実施

Grade 2

試験時間

筆記：85分
リスニング：約25分

＊解答・解説は別冊p.155～192にあります。
＊面接の流れは本書p.24にあります。

1 次の (1) から (20) までの (　　) に入れるのに最も適切なものを 1, 2, 3, 4 の中から一つ選び, その番号を解答用紙の所定欄にマークしなさい。

(1) Last week, Shelly went to see a horror movie. It was about a strange (　　) that was half shark and half man.

   1 creature   **2** mineral   **3** package   **4** instrument

(2) After high school, Ted joined the (　　) so that he could serve his country. He felt proud when he put on his army uniform for the first time.

   1 affair   **2** emergency   **3** container   **4** military

(3) Reika's dream is to work for a famous French restaurant in Tokyo. She is trying to (　　) this by going to a cooking school.

   1 decrease   **2** unite   **3** overwhelm **4** accomplish

(4) Arthur was going to sell his café. However, he (　　) his decision because he started to get more customers after a new college opened nearby.

   1 abused   **2** secured   **3** reversed   **4** stimulated

(5) Frank did not have (　　) time to write his report, so he asked his boss if he could have a few more days to finish it.

   1 possible   **2** delicate   **3** financial   **4** sufficient

(6) There was a fire at a restaurant in Brigston City yesterday. No one was hurt, but the building was (　　) damaged. The owners will have to build a new one.

   1 mentally   **2** intelligently
   3 annually   **4** severely

(7) Beth was invited to a wedding party last week. She did not want to go by herself, so she asked her friend Jeremy to (　　) her.

   1 restrict   **2** distribute   **3** accompany **4** promote

(8) The SOL-5 rocket will leave Earth tomorrow. The astronauts' (   ) is to repair a weather satellite.

1 foundation　**2** impression　**3** definition　　**4** mission

(9) In chemistry class, the students added a small amount of acid to water. Then, they used this (   ) to carry out an experiment.

1 mixture　　**2** climate　　**3** entry　　**4** moment

(10) It was raining very hard in the morning, so the government had to wait to (   ) the rocket into space.

1 elect　　**2** impact　　**3** sweep　　**4** launch

(11) During history class, Aiden noticed that Risa did not have her notebook. He (   ) some paper from his notebook and gave it to her so that she could take notes.

1 tore off　　　　　　**2** relied on
3 answered back　　　**4** broke out

(12) Derek (   ) winning his company's golf tournament. However, he played a bad shot on the last hole, and he ended up finishing second.

1 came close to　　　**2** made fun of
3 took pride in　　　　**4** found fault with

(13) Mr. Griffith warned his students that they would get extra homework if they kept talking in class. He (   ) with his threat because they would not be quiet.

1 followed through　　**2** went over
3 got through　　　　　**4** turned over

(14) *A:* Guess who I just (   ). Do you remember Gina from college?

　　B: Oh, yes. I met her the other day, too. It seems she works in the same building as us.

1 hoped for　　　　　**2** ran into
3 looked over　　　　　**4** complied with

(15) Since changing jobs, Neil has been much more (   ) his work-life balance. He is enjoying his new position, but he is also glad that he can spend more time with his family and friends.

1 separate from   2 content with
3 based on   4 equal to

(16) *A:* Mom, is it OK if I invite a couple of friends to the barbecue on Saturday?
B: (   ). There should be more than enough for everyone to eat and drink.

1 In any case   2 At any rate
3 By all means   4 On the whole

(17) Alison hates it when her baby brother goes into her room. He always (   ) with her things, and she has to clean up afterward.

1 makes an effort   2 makes a mess
3 takes a chance   4 takes a rest

(18) After getting the first prize in the presentation competition, Kevin said in his speech that (   ) for his wife's help, he never would have won.

1 with   2 but   3 along   4 over

(19) Sean has an important meeting early tomorrow morning, so he (   ) better not stay up late tonight.

1 may   2 would   3 had   4 should

(20) *A:* Nicky, you're graduating from high school next year. It's time you (   ) thinking about which university you want to go to.
B: You're right, Dad, but I still don't know what I want to be in the future.

1 started   2 will start   3 starting   4 to start

（筆記試験の問題は次のページに続きます。）

次の英文 [A], [B] を読み，その文意にそって (21) から (26) までの（　）に入れるのに最も適切なものを 1, 2, 3, 4 の中から一つ選び，その番号を解答用紙の所定欄にマークしなさい。

[A]
An Answer in a Teacup

As in many other countries, people in India are concerned about the problem of plastic waste. After all, the country produces 5.6 billion kilograms of it every year. The system for managing plastic waste needs improvement because a lot of plastic ends up as trash on land and in waterways such as the Ganges River. In response, the Indian government planned to introduce a ban on plastic items that could only be used once. (　**21**　), though, the government was forced to change its plans because of the condition of the economy and worries about an increase in unemployment.

Nevertheless, there is one kind of situation where the use of plastic has come to an end. All 7,000 railway stations in India have replaced plastic teacups with brown clay teacups called *kulhads*. Long before plastic cups were used in India, people enjoyed drinking tea in these traditional cups. The minister for railways in India ordered railway stations to (　**22**　) *kulhads*. By doing so, he hopes the country will take an important step toward ending plastic waste.

There are several reasons why *kulhads* are better than plastic teacups. First, after they have been thrown away, they soon break down into substances that do not harm the environment. Second, the clay that *kulhads* are made from actually improves the flavor of the tea. Finally, using *kulhads* (　**23**　). Plastic cups are made with machines, but *kulhads* are made by hand. The Indian government estimates that hundreds of thousands of people will get extra work because of this change.

(21) 1 In the end
2 Moreover
3 For one thing
4 Overall

(22) 1 provide trash cans for
2 use less plastic in
3 only sell tea in
4 charge more for

(23) 1 will create jobs
2 costs less money
3 is better for people's health
4 is just the beginning

[B]
More than Just a Pretty Bird

Parrots are smart and sometimes very colorful birds. They are popular as pets and can often be seen in zoos. Unfortunately, about one-third of parrot species in the wild are in danger of dying out. Examples include hyacinth macaws and Lear's macaws. Each year, some of these birds are caught and sold illegally as pets. (**24**   ), many are dying because the forests where they live are being cleared to create farmland and to get wood. This has reduced the size of the areas in which they can build nests and collect food.

A study published in the journal *Diversity* revealed that hyacinth macaws and Lear's macaws play an important role in the forests. Researchers studying these parrots in Brazil and Bolivia found that they spread the seeds of 18 kinds of trees. They observed the birds taking fruits and nuts from trees and carrying them over long distances. The birds do this so that they can eat the fruits and nuts later. However, they (**25**   ). When this happens in areas cleared by humans, the seeds inside the fruits and nuts grow into trees, helping the forests to recover.

Today, conservation groups are working hard to protect hyacinth macaws and Lear's macaws. One difficulty is that these parrots (**26**   ). An important reason for this is that their eggs are often eaten by other birds. To prevent this, macaw eggs are sometimes removed from their nests by scientists and replaced with chicken eggs. The scientists keep the eggs safe. After the macaw chicks come out of their eggs, they are returned to their parents.

(24) 1 On the contrary
2 Under this
3 What is worse
4 Like before

(25) 1 often go back for more
2 sometimes drop them
3 also eat leaves and flowers
4 bring them to their nests

(26) 1 do not build nests
2 are not easy to catch
3 have poor hearing
4 lose many babies

3

次の英文 [A], [B], [C] の内容に関して, (27) から (38) までの質問に対して最も適切なもの, または文を完成させるのに最も適切なものを 1, 2, 3, 4 の中から一つ選び, その番号を解答用紙の所定欄にマークしなさい。

[A]

From: Noel Lander <noel@coffeeshopsupplies.com>
To: Gary Stein <thedaydreamcoffeeshop@goodmail.com>
Date: June 5
Subject: Your order

Dear Mr. Stein,

Thank you for placing an order by telephone with Jenna Marks of our sales department this morning. The order was for 500 medium-sized black paper cups with your café's name and logo printed on them. According to Jenna's notes on the order, you need these cups to be delivered to you by Saturday.

I am sorry to say that we do not have any medium-sized black coffee cups at this time. What is more, the machine that makes our coffee cups is currently not working. The part that is broken was sent for repair the other day, but it will not be returned to our factory until Friday. Because of this, I am writing to you to suggest some alternatives.

If you really need black cups, then we have them in small and large sizes. However, I guess that size is more important than color for you. We have medium-sized coffee cups in white, and we could print your logo on these instead. We also have medium-sized cups in brown. We are really sorry about this problem. Please let us know which of these options is best, and we'll send you an additional 50 cups for free. Our delivery company says we will need to send the order by Wednesday so that it arrives by Saturday. Please let me know your decision as soon as you can.

Sincerely,

Noel Lander
Customer Support
Coffee Shop Supplies

(27) This morning, Jenna Marks

    1 wrote down the wrong name on Mr. Stein's order.

    2 gave a customer the wrong delivery date.

    3 contacted the sales department by telephone.

    4 took an order for cups for Mr. Stein's café.

(28) According to Noel Lander, what is the problem with the order?

    1 His company does not have the cups that Mr. Stein wants.

    2 His company's machine cannot print Mr. Stein's logo.

    3 The cups cannot be delivered to Mr. Stein until Friday.

    4 The cups were lost by the delivery company the other day.

(29) What does Noel Lander suggest to Mr. Stein?

    1 Ordering more than 50 cups next time.

    2 Using cups that are white or brown.

    3 Offering his customers free coffee.

    4 Buying his cups from another company.

[B]
Tweed

Tweed is the name given to a type of thick cloth that was first developed by farmers in Scotland and Ireland. Long pieces of wool are dyed different colors and then put together to make a cloth with a pattern. The weather in Scotland and Ireland is often cold and wet, so this warm, waterproof material was very popular with the farmers as they worked in the fields.

Tweed did not become well known outside farming communities until the 19th century. At that time, wealthy English people were buying large areas of land in Scotland. These were known as estates, and they were used by their owners for hunting and fishing. Hunters became interested in tweed because it is mainly brown, green, or gray, so wild animals find it difficult to see people wearing clothes made of the material. The wealthy English owners began having patterns of tweed made for their estates. After Queen Victoria's husband, Prince Albert, had a unique pattern made for the people on a royal estate in Scotland, the cloth became famous throughout the United Kingdom.

Clothes made from tweed became standard items for wealthy people to wear in the countryside. Men would wear blue or black suits when doing business in towns and cities, and tweed suits when they went to relax on their estates. Ordinary people began to imitate them by wearing tweed for outdoor hobbies such as playing golf or cycling. The fashion for wearing tweed also spread to the United States and the rest of Europe, and tweed became even more popular in the 20th century when various famous fashion designers used it for their clothes.

Tweed remained fashionable for many years, though by the start of the 21st century, its popularity had dropped. However, tweed is now starting to become popular once more. One reason for this is that it does little harm to the environment. In addition to being made from natural wool, it is strong enough to last for a very long time, so people do not often need to buy new clothes. Indeed, some wealthy people in the United Kingdom still wear their grandparents' tweed suits.

(30) Tweed was popular with farmers in Scotland and Ireland because

1 it helped keep them warm and dry while they were outside.
2 it helped them to make some money in their free time.
3 it allowed them to use any extra wool they produced.
4 it allowed them to teach their culture to younger people.

(31) How did Prince Albert help to make tweed well-known?

1 He often went hunting on land owned by farmers in Scotland.
2 He bought an estate in Scotland where there was a tweed factory.
3 He was seen wearing it while traveling in Scotland.
4 He ordered a special tweed pattern for an estate in Scotland.

(32) Ordinary people wore tweed when they were

1 doing business in towns and cities.
2 visiting the United States and Europe.
3 trying to show that they were farmers.
4 enjoying leisure activities outside.

(33) What is one reason that tweed does little harm to the environment?

1 It does not release harmful smoke when it is burned.
2 It does not become dirty easily and needs little washing.
3 It is tough enough for people to wear it for many years.
4 It is made by hand in small factories run by families.

[C]
Clues from the Distant Past

Humans who lived before the development of farming left many stone objects behind. These objects are usually parts of tools or weapons, and they show us how these people obtained their food. However, less is known about other parts of their culture. The other source of information we have from this period is paintings on the walls inside caves. These are mostly hunting scenes, so while they show that early humans lived in groups, they do not show that early humans participated in other social activities, such as religious ceremonies.

The lack of evidence led many historians to believe that religions did not develop until humans started to build farms and live in villages. A recent discovery, though, suggests that religious beliefs may have existed before this time. The Shigir Idol is a tall wooden statue that has faces and symbols carved into it. Experts say that it is very likely that these symbols express religious beliefs about the gods they worshipped.

The Shigir Idol was actually found in Russia in 1890. For a long time, people did not know how old it was, but analysis of the wood in the last few years has revealed that it was made around 12,500 years ago—long before humans in the area began farming. The statue was made in several pieces so that it could be taken down and set up again in a different place as the humans who owned it moved around. Unfortunately, some pieces were lost during the early 20th century and only drawings of them remain.

At some point in history, the Shigir Idol fell into a kind of mud that kept it safe for thousands of years. The conditions in which it was found are very rare. Indeed, no other wooden statues of a similar age have been discovered. Judging from the quality of the Shigir Idol, early humans were skilled at making things from wood. However, few wooden items have survived. Despite this, the Shigir Idol has shown historians that early humans had more advanced cultures than people once thought and that they probably also had religions.

(34) What can be learned from the stone objects left behind by early humans?

    1 Whether or not they lived in caves.

    2 How they were able to get things to eat.

    3 Where their groups originally came from.

    4 Which kinds of animals they used to hunt.

(35) The Shigir Idol is a wooden statue that

    1 has the faces of famous historical leaders carved into it.

    2 may show that early humans believed in the existence of gods.

    3 is a symbol of the importance of farming to early humans.

    4 was probably at the center of one of the first human villages.

(36) What is one thing that has been recently discovered about the Shigir Idol?

    1 The humans who owned it made drawings that show how to set it up.

    2 Some of the pieces that make up the statue have never been found.

    3 The statue can be put together in a number of different ways.

    4 It was made by people who had not yet begun growing their own food.

(37) Why is the discovery of the Shigir Idol likely to be a unique event?

    1 Because the kind of mud in the area where it was found makes digging difficult.

    2 Because early humans often destroyed the religious statues made by other groups.

    3 Because few early people had the skills to make something like the Shigir Idol.

    4 Because wood survives for thousands of years only in very special conditions.

(38) Which of the following statements is true?

1 The Shigir Idol shows there was cultural exchange between groups of early humans.

2 Paintings in caves show early humans participating in religious ceremonies.

3 Historians have believed for a long time that humans have always had religions.

4 The age of the Shigir Idol was a mystery for many years after it was discovered.

ライティング
● 以下の **TOPIC** について，あなたの意見とその<u>理由を **2** つ</u>書きなさい。
● **POINTS** は理由を書く際の参考となる観点を示したものです。ただし，これら以外の観点から理由を書いてもかまいません。
● 語数の目安は **80** 語～**100** 語です。
● 解答は，解答用紙の **B** 面にあるライティング解答欄に書きなさい。<u>なお，解答欄の外に書かれたものは採点されません。</u>
● 解答が **TOPIC** に示された問いの答えになっていない場合や，**TOPIC** からずれていると判断された場合は，<u>**0** 点と採点されることがあります。</u>**TOPIC** の内容をよく読んでから答えてください。

TOPIC
Some people say that it is necessary for people to go to important historical sites in order to understand history better. Do you agree with this opinion?

POINTS
● Experience
● Motivation
● Technology

一次試験
リスニング

２級リスニングテストについて

1　このリスニングテストには，第1部と第2部があります。
　　★英文はすべて一度しか読まれません。
　　第1部：対話を聞き，その質問に対して最も適切なものを 1, 2, 3, 4 の中から一つ選びなさい。
　　第2部：英文を聞き，その質問に対して最も適切なものを 1, 2, 3, 4 の中から一つ選びなさい。

2　No. 30 のあと，10 秒すると試験終了の合図がありますので，筆記用具を置いてください。

▰▰▰ 第 1 部 ▰▰▰▰▰▰▰▰▰▰▰▰▰▰▰▰ 🔊　▶MP3 ▶アプリ ▶CD 3 **1**〜**16**

No. 1	1 When the last train is.
	2 How to get to City Station.
	3 Whether he can change rooms.
	4 What room his clients are in.

No. 2	1 Playing sports with friends.
	2 Driving with his mother.
	3 Riding his bicycle.
	4 Talking to Cathy.

No. 3	1 She took her cat to a hospital.
	2 She ran all the way to work this morning.
	3 She got up early to clean her kitchen.
	4 She had to look for her cat last night.

No. 4	1 He gave his old one to a friend in class.
	2 He lost his old one at the aquarium.
	3 He needed a bigger one for art class.
	4 He wanted one with a different picture on it.

No. 5	1 By cleaning her room.
	2 By buying more tissues.
	3 By talking to the building manager.
	4 By asking her friend for help.

22
年度第1回　リスニング

No. 6

1 A chair that will match her desk.
2 A new desk for her room.
3 A wooden shelf for her books.
4 Metal furniture for her room.

No. 7

1 Delivering the mail.
2 Checking his mailbox.
3 Picking up his new license.
4 Getting a package.

No. 8

1 The time of the wedding has been changed.
2 The wedding plans are not finished yet.
3 The honeymoon was not enjoyable.
4 The honeymoon plans were made six weeks ago.

No. 9

1 She is taking a class.
2 She has started her own business.
3 She will call the woman.
4 She moved to a different street.

No. 10

1 She will be working late until next month.
2 She will not speak with Mr. Donaldson.
3 She has never made a presentation before.
4 She has almost finished writing a presentation.

No. 11

1 Wait for Lorie to call.
2 Call Lorie again.
3 Eat dinner at home.
4 Go out with his parents.

No. 12

1 It is the last day of the exhibition.
2 It is nearly closing time.
3 Exhibition tickets will sell out soon.
4 The museum shop is having a special sale.

No. 13

1 She must cook dinner that night.
2 She has to take care of a baby.
3 She is going out with her sister.
4 She will be working late.

No. 14

1 Pay more attention in science class.
2 See Ms. Wilson after school.
3 Work harder in his math class.
4 Try to find a new math tutor.

No. 15

1 Move to Germany.
2 Eat lunch with the man.
3 Find out where the man is going.
4 Have lunch at a good restaurant.

||||| 第 2 部 ||||||||||||||||||||||||||||||||||||||||| ◀») ▶MP3 ▶アプリ ▶CD 3 **17**~**32**

No. 16

1 She did not feel active anymore.
2 Her foot did not get better.
3 There were too many people there.
4 The instructor there was too strict.

No. 17

1 He will hand in reports on Fridays.
2 He will stop working from home.
3 There will be less time to make reports.
4 The staff meeting will move to Wednesdays.

No. 18

1 They wanted to feed it to animals.
2 They needed something sweet to eat.
3 They could not find enough sausages.
4 They did not want to waste animal parts.

No. 19
1 He broke his smartphone.
2 He got lost at night.
3 He had no place to put up his tent.
4 He could not help his friend.

No. 20
1 People from Panama named their country after them.
2 They can keep people's heads warm during winter.
3 Each one takes a long time and special skills to make.
4 There are many colors to choose from.

No. 21
1 By looking for another job.
2 By working less on weekends.
3 By buying less bread.
4 By talking to her manager.

No. 22
1 It would be easier to sell than a car.
2 It would need less space than a car.
3 His wife wanted one to keep in her car.
4 His daughter liked it more than a car.

No. 23
1 By coming to the store early.
2 By introducing a new member.
3 By using the new computers.
4 By buying some coffee.

No. 24
1 She got advice from a lawyer.
2 She was given a yoga mat by a friend.
3 She has been suffering from stress.
4 She plans to write an article about it.

No. 25
1 The soldiers thought zoot suits used too much material.
2 The military used zoot suits when flying in airplanes.
3 The young men did not want to work in suit stores.
4 The businessmen could no longer wear suits.

No. 26	1 There was an advertisement at her school.
	2 A teacher told her about a course.
	3 She wanted to experience high school life overseas.
	4 Her classmates said it would be fun.
No. 27	1 They trade alcoholic drinks for it.
	2 They cut open a part of a tree.
	3 They buy it at stores in cities.
	4 They mix coconut leaves with water.
No. 28	1 Join a party in the lobby.
	2 Enjoy free food and drinks.
	3 Present flowers to dancers.
	4 Hear a 20-minute talk about ballet.
No. 29	1 She will paint the walls.
	2 She will remove a cabinet.
	3 She will move the fridge.
	4 She will get a bigger oven.
No. 30	1 The station opened a new platform.
	2 Entrance B2 is closed for repairs.
	3 A bag has been found by a staff member.
	4 The first floor is being cleaned.

Learning about Food

These days, many people are paying more attention to food safety. Because of this, food companies around Japan are trying to let customers know more about their products. Many of these companies use their websites to provide information about how food is produced. Customers check such information, and by doing so they learn more about the food products they purchase.

Your story should begin with this sentence: **One day, Miki was talking to her father in the kitchen.**

Questions

No. 1 According to the passage, how do customers learn more about the food products they purchase?

No. 2 Now, please look at the picture and describe the situation. You have 20 seconds to prepare. Your story should begin with the sentence on the card.
<20 seconds>
Please begin.

Now, Mr. / Ms. ——, please turn over the card and put it down.

No. 3 Some people say that people trust information on the Internet too easily. What do you think about that?

No. 4 Today, there are some Japanese restaurants in foreign countries. Do you think the number of these restaurants will increase in the future?
Yes. → Why?
No. → Why not?

Protecting Important Sites

Nowadays, more places are being listed as World Heritage sites. However, many natural disasters are happening around the world. Some World Heritage sites have been seriously damaged by them, so they require a lot of work to repair. Communities need to work together to keep World Heritage sites in good condition. It is important to look after such sites for future generations.

Your story should begin with this sentence: **One day, Mr. and Mrs. Ito were talking about their trip.**

Questions

No. 1 According to the passage, why do some World Heritage sites require a lot of work to repair?

No. 2 Now, please look at the picture and describe the situation. You have 20 seconds to prepare. Your story should begin with the sentence on the card.
<20 seconds>
Please begin.

Now, Mr. / Ms. ——, please turn over the card and put it down.

No. 3 Some people say that we should control the number of tourists who visit beautiful places in nature. What do you think about that?

No. 4 Today, many schools give students time to do volunteer activities. Do you think schools should give time for students to do volunteer activities?
Yes. → Why?
No.   → Why not?

2021-3

一次試験 2022.1.23実施
二次試験 A日程 2022.2.20実施
　　　　 B日程 2022.2.27実施

Grade 2

試験時間

筆記：85分
リスニング：約25分

＊解答・解説は別冊p.193〜230にあります。
＊面接の流れは本書p.24にあります。

1 次の (1) から (20) までの （　　　） に入れるのに最も適切なものを 1, 2, 3, 4 の中から一つ選び，その番号を解答用紙の所定欄にマークしなさい。

(1) A rare bird escaped from the zoo last week. It was finally (　　　) today and taken back to the zoo.

1 proved　　　**2** accused　　　**3** captured　　　**4** neglected

(2) *A:* Can you (　　　) me to call my mother before we leave on our trip? I mustn't forget.
B: Yes, of course.

1 expect　　　**2** distract　　　**3** remind　　　**4** disturb

(3) Bill was not sure if the new girl was interested in him. He (　　　) asked her to go on a date with him and was pleased when she said yes.

1 hesitantly　　　　　　　　**2** academically
3 spiritually　　　　　　　　**4** terribly

(4) *A:* Luke told me that we had about 20 percent more sales than last year. Wendy, can you tell me the (　　　) amount?
B: Our sales rose by exactly 21.8 percent.

1 intense　　　**2** endless　　　**3** precise　　　**4** frequent

(5) Good teachers always use (　　　) rather than threats to get their students to study.

1 immigration　　　　　　　**2** organization
3 persuasion　　　　　　　　**4** admission

(6) Before Sylvia traveled to Canada, she made sure to get some good (　　　) for overseas travel in case something happened to her or her baggage.

1 violence　　　**2** affection　　　**3** insurance　　　**4** punishment

(7) *A:* Was Bob able to help you with your science homework?
B: Actually, he just (　　　) me. I couldn't understand his complicated explanations.

1 confused　　　**2** promoted　　　**3** arrested　　　**4** located

(8) Although the art gallery wanted to (   ) the painting right away, they had to wait until the owner gave his permission before they could display it.

1 combine   **2** exhibit   **3** imitate   **4** overcome

(9) *A:* Sorry I'm late for class, Ms. Holden. I don't have a good (   ). I just woke up late this morning.
B: Well, maybe you should try going to bed earlier, Stephen.

1 device   **2** excuse   **3** applause   **4** resource

(10) Highway 401 in Canada is the busiest road in North America. Every day, about 420,000 (   ) travel on it.

1 vehicles   **2** tubes   **3** rivals   **4** deserts

(11) The fast-food restaurant (   ) with extra-large drinks because only a few customers ordered them. Now, the drinks are smaller and more customers order them with meals.

1 did away   **2** kept on   **3** went in   **4** got on

(12) *A:* After visiting Kyoto, why don't we go see Sendai tomorrow?
B: Look at the map! Those two places are too far from each other. That won't (   ).

1 live on   **2** account for   **3** cope with   **4** work out

(13) Greg's father taught Greg how to fish, and Greg (   ) plans to teach his son.

1 in turn   **2** in touch   **3** by chance   **4** by heart

(14) After studying law at university, Alex decided to (   ) online crime because he was very interested in computers and the Internet.

1 complain of   **2** specialize in
3 differ from   **4** bound for

(15) Richard's teacher told Richard to stop bothering the other students. She said that if he (   ) behaving badly, she would send him to the principal's office.

1 wore out   **2** persisted in   **3** relied on   **4** made for

(16) The power company said that rats were to ( ) the blackout. The animals had eaten through wires connecting houses to the electricity supply.

1 blame for   2 begin at   3 add to   4 act on

(17) Arnold thinks that his daughter ( ) him. Their eyes are the same color, and her nose is a similar shape to his, too.

1 takes after   2 falls down   3 lies off   4 sees in

(18) Misaki's family moved to the United States when she was a little girl. Next year, Misaki ( ) there for more than half of her life.

1 is living   2 is to live
3 will have lived   4 has lived

(19) The letter said the bank regretted ( ) Mr. Humphries that his application for a credit card had not been successful.

1 inform   2 informs   3 to inform   4 informed

(20) Chris has been training hard for the city soccer championship. He runs no ( ) than 5 kilometers and spends over an hour exercising in the gym every day.

1 least   2 less   3 only   4 worse

（筆記試験の問題は次のページに続きます。）

次の英文 [A], [B] を読み，その文意にそって (21) から (26) までの（　）に入れるのに最も適切なものを 1, 2, 3, 4 の中から一つ選び，その番号を解答用紙の所定欄にマークしなさい。

[A]
A Feeling for Music

The music of the German composer Ludwig van Beethoven has given happiness to generations of listeners. However, as is well known, Beethoven began to lose his own hearing in his late 20s. By the time he was 44, he was deaf and could hear hardly any sounds at all. (　**21**　), he did not stop writing music, and some of his most famous works were composed after he had lost his hearing.

To celebrate the 250th anniversary of Beethoven's birth, Mate Hamori, the conductor of an orchestra from Hungary, held some special concerts. He invited groups of deaf people to come and enjoy Beethoven's music. In order to "hear" the music, some of the audience members sat next to the musicians and placed their hands on the instruments. By doing this, the deaf people could feel the vibrations made by the instruments as they were being played. Other audience members held balloons which allowed them to feel the music's vibrations in the air. They were able to use (　**22**　) to experience the music.

The concerts were a success. Zsuzsanna Foldi, a 67-year-old woman who had been deaf since she was a baby, cried with joy when she was able to "hear" Beethoven's Fifth Symphony in this way. Although Hamori's idea was unusual, it was not his own. As Beethoven was becoming deaf, he used a piano when writing music. He discovered that the instrument allowed him to feel his music through his fingers. Hamori took Beethoven's idea and used it so that people who (　**23**　) could enjoy the composer's music.

(21) 1 Even so
2 Rather
3 For once
4 Therefore

(22) 1 this new technology
2 their sense of touch
3 the colors of a rainbow
4 these natural smells

(23) 1 are unable to leave home
2 have no memory
3 face the same challenge
4 prefer other styles

[B]
Salt Solution

In places with cold winters, snow and ice can cause traffic accidents. To prevent them, salt is often spread on roads in winter. This is done because salt allows ice to melt at temperatures lower than 0°C. For example, a 10 percent salt-water mixture lowers the melting temperature of ice from 0°C to minus 6°C. A 20 percent mixture lowers this temperature further to minus 16°C. However, using salt in this way (**24**   ). Cars, roads, and even the natural environment can be damaged by salt.

Research has shown that when salt is used on roads, it (**25**   ). Instead, it is carried into the ground by the melted ice. Much of the salt ends up in lakes and rivers where it can harm underwater plants, fish, and other creatures. High levels of salt can, for example, reduce the size of baby fish by up to one-third. Moreover, salt can lead to an increase in bacteria which not only harm underwater species but also affect the water that people drink.

To avoid these problems, natural alternatives to salt are being tested. One idea has been to use juice from vegetables called beets to melt ice. However, although beet juice is natural, it reduces the amount of oxygen in lakes and rivers, which makes it hard for plants and fish to survive. This is not an easy problem to solve, but researchers are continuing to try different ways to melt ice. (**26**   ), they will be able to find a substance that can help prevent traffic accidents but does not damage the environment.

(24) 1 changes its flavor
2 is quite common
3 has unwanted effects
4 can be wasteful

(25) 1 soon turns into a gas
2 is eaten by animals
3 cannot be replaced
4 does not just disappear

(26) 1 In reality
2 With luck
3 Like before
4 By then

次の英文 [A], [B], [C] の内容に関して, (27) から (38) までの質問に対して最も適切なもの, または文を完成させるのに最も適切なものを 1, 2, 3, 4 の中から一つ選び, その番号を解答用紙の所定欄にマークしなさい。

[A]

From: Amy Gordon <a.gordon@g-kelectronics.com>
To: All Customer Service Staff
    <customerservicestaff@g-kelectronics.com>
Date: January 23
Subject: Staff changes

Dear Customer Service Staff,
I hope everyone enjoyed themselves at the company party last Friday. I had a really good time. I think that the Grand Hotel was the perfect place to have it. Don't forget that some of you won prizes in the bingo games that we played. Steve Miller in the sales department says that he has the prizes, so if you won something, go and see him to pick up your prize.
I have some other announcements as well today. Six new people will be joining our company next month. They've all recently graduated from college, and two of them will be coming to work with us in the customer service department. We'll have three new co-workers altogether because Kent Gardiner will also be moving to our department at the same time. He has worked in the design department at G&K Electronics for 10 years, so I'm sure that many of you already know him.
There are a couple of other staff changes, too. Peter Smith, the manager of the accounting department, will be retiring at the end of next month. Peter has worked at G&K Electronics for over 40 years. There will be a short retirement ceremony for him in Meeting Room A at 5 p.m. on February 28. Also, starting next week, Rachel Martin will take six months off because her baby will be born very soon.
Sincerely,
Amy Gordon
Customer Service Department Manager

(27) What did Amy Gordon think of the recent company party?

   1 It would have been better if the sales department had been there.

   2 It would have been fun to play some bingo games.

   3 The prizes this year were nicer than those last year.

   4 The choice of location was just right for it.

(28) What is going to happen next month?

   1 Some college students will volunteer at the company.

   2 Kent Gardiner will move to the design department.

   3 Workers at the company will get their first bonus for 10 years.

   4 Three people will join the customer service department.

(29) Next week, Rachel Martin will

   1 retire from the company after working there for over 40 years.

   2 leave work for a while because she will have a child.

   3 become the manager of the company's accounting department.

   4 be in charge of planning a special event for Peter Smith.

21
年度第3回

筆記

[B]
First Steps

There are two major groups of animals—those which have backbones and those which do not. Animals with backbones are known as vertebrates. The first vertebrates that developed were fish, and for a long time, they were the only vertebrates. Then, around 374 million years ago, some of these fish moved out of the sea and began living on land. These became the first "tetrapods." A tetrapod is a creature which has four limbs—legs and either wings or arms, depending on the kind of animal—and a backbone. Examples of tetrapods include reptiles, birds, and mammals such as human beings.

The movement of vertebrates from the sea to land is considered to be one of the most important events in the history of life on Earth. Even today, though, little is known about exactly how this occurred. One reason for this is that relatively few fossils remain from the time when fish were evolving into tetrapods. The recent discovery of a complete fossil of an ancient fish in Canada, however, has provided new hints about how this change might have happened.

The fossil is of a 1.6-meter-long fish called an elpistostegalian. Scientists have believed for some time that these fish, which looked a bit like crocodiles and lived near the coast, were one of the ancestors of tetrapods. The fish had four fins, two at the front and two at the back, and these may have developed into the four limbs of a tetrapod. The discovery of a complete fossil in Miguasha National Park in Quebec, Canada, has allowed scientists to examine the front fins of an elpistostegalian for the very first time.

The scientists found that the front fins of this ancient fish contained bones like the ones in the hands of land animals. Normally, fins do not contain any bones at all. The scientists believe these bones developed to allow the fish to support its body when it was in shallow water. In other words, the fish began developing hands and feet even before it left the sea. This makes it even more likely that the elpistostegalian is one of the links between fish and tetrapods.

(30) "Tetrapods" are

   1 the group of animals that developed into the earliest kinds of fish.

   2 the only animals without backbones that have developed arms and legs.

   3 animals with a backbone and four limbs which allow them to walk or fly.

   4 animals that lived both in the sea and on land about 374 million years ago.

(31) Why are people unsure about how vertebrates first started living on land?

   1 Few hints about what the land was like around that time have been found.

   2 There is not much fossil evidence from the period when this change happened.

   3 Ancient fish fossils show that it occurred in several different ways.

   4 Experts are not sure exactly when this important event might have occurred.

(32) The animals called elpistostegalians

   1 were a kind of large creature that lived close to land.

   2 were early tetrapods that liked to eat crocodiles.

   3 developed from tetrapods that had both fins and legs.

   4 were unknown to scientists until one was found in Canada.

(33) What did scientists discover when they examined the elpistostegalian fossil?

   1 The elpistostegalian's bones were not strong enough for it to survive in deep water.

   2 The elpistostegalian's hands and feet must have developed sometime after it left the sea.

   3 The elpistostegalian could not have been one of the links between sea and land animals.

   4 The elpistostegalian was different from other fish because its fins contained bones.

[C]
An Excellent Fruit

Today, pineapples are one of the world's most popular fruits. For a long time, though, in most parts of the world, they were extremely rare. Pineapples originally come from South America. They first grew in places which are now parts of Brazil and Paraguay. Their natural sweetness made them a favorite of the native people. They were especially popular with the Carib people who lived in coastal areas of South America and on Caribbean islands.

One of the first Europeans to discover pineapples was the explorer Christopher Columbus. On his second voyage to America in 1493, he found some pineapples on the island of Guadeloupe in the Caribbean. He took them back to Spain and presented them to King Ferdinand. At that time in Europe, there was very little sugar, and fruits were only available for short periods during the year. The king tasted a pineapple and declared it to be the most delicious of all fruits. News of this previously unknown fruit quickly spread around Europe.

Unfortunately, the journey from South America to Europe at the time took over a month, so pineapples usually went bad before they reached their destination. Europeans tried to find ways to grow pineapples in Europe instead. The Dutch and the British built greenhouses which were heated to enable pineapples to grow. Huge amounts of fuel were needed to keep the greenhouses warm, and one pineapple took as long as four years to become ready to eat. Growing pineapples became a hobby for very rich people, and pineapples became a status symbol. They were often used as a decoration rather than eaten.

Because of its unusual appearance and status, the pineapple also became a popular image in art and design. Even today, one can find many stone images of pineapples in the gardens of big old houses in Britain. After ships with steam engines were invented, it became much quicker to make the journey from South America to Europe. Pineapple imports grew and prices decreased so that even ordinary people could buy them. As a result, the pineapple lost its luxury image and became a common fruit enjoyed around the world.

(34) Originally, pineapples were

1 hard for many people to get because they only grew in a few places.

2 thought to be too sweet by the native people of South America.

3 introduced to countries like Brazil and Paraguay by the Carib people.

4 used by people on Caribbean islands as food for farm animals.

(35) What happened after King Ferdinand tried a pineapple?

1 He ordered Christopher Columbus to return to America and bring back more.

2 Stories about this unfamiliar but tasty fruit were heard across Europe.

3 European explorers began searching the world for even more delicious fruit.

4 The king realized that people would be healthier if they ate more fruit.

(36) Why did Europeans look for ways to grow pineapples in Europe?

1 In order to become as rich as the people who grew pineapples in South America.

2 In order to stop pirates from attacking their ships and taking their valuable fruit.

3 Because many pineapples were no longer fresh when they arrived in Europe.

4 Because huge amounts of fuel were needed to ship pineapples from South America.

(37) What caused the price of pineapples in Europe to go down?

1 Pineapple farms were created in places closer to Europe than South America.

2 Ships were invented that took less time to travel from South America to Europe.

3 They became so common that ordinary people became tired of eating them.

4 The climate in Britain changed so that people could grow them in their gardens.

(38) Which of the following statements is true?

1 Some people did not want to eat pineapples because their appearance was unusual.

2 Pineapples used to be a way for people to show how wealthy they were.

3 The pineapples that grew naturally in parts of South America were not sweet.

4 Sugar was widely available in Europe at the time of Christopher Columbus.

TOPIC
Today in Japan, many buildings and public areas have a lot of lights for decoration, such as the lights used during Christmas. Do you think this is a good idea?

POINTS
- Safety
- The environment
- Tourism

2級リスニングテストについて

1 このリスニングテストには，第1部と第2部があります。
★英文はすべて一度しか読まれません。
第1部：対話を聞き，その質問に対して最も適切なものを 1, 2, 3, 4 の中から一つ選びなさい。
第2部：英文を聞き，その質問に対して最も適切なものを 1, 2, 3, 4 の中から一つ選びなさい。

2 No. 30 のあと，10秒すると試験終了の合図がありますので，筆記用具を置いてください。

|||| 第 1 部 ||||||||||||||||||||||||||||||||||| ◀ঙ ▶MP3 ▶アプリ ▶CD 3 **42**～**57**

No. 1
1 Take him shopping.
2 Pack his boxes.
3 Help him arrange his furniture.
4 Clean his new house.

No. 2
1 To get some medicine.
2 To change his dentist.
3 To get advice over the phone.
4 To make an appointment.

No. 3
1 He will order what she wants to eat.
2 He will change her reservation time.
3 He will go to the restaurant early.
4 He will drive her to the restaurant.

No. 4
1 He should make a new ID.
2 He needs a book for school.
3 He needs to return some books.
4 He cannot use his library card.

No. 5
1 She does not know the time.
2 She does not usually take the bus.
3 She needs to be at work soon.
4 She saw him on the bus.

No. 6
1 It is still at the repair shop.
2 It is connected to the Internet.
3 It has stopped making noises.
4 It has not been working properly.

No. 7
1 She has prepared for her transfer.
2 She knows a lot about Chinese culture.
3 She can speak many languages.
4 She is going to work in China.

No. 8
1 They will buy her something at the mall.
2 They will make her something.
3 They will take her to dinner.
4 They will give her flowers from the garden.

No. 9
1 Go for a horseback ride.
2 Put their bags in their room.
3 Have lunch at the ranch.
4 Check out of their room.

No. 10
1 The parking lot by her shop is closed.
2 The shop next door is too noisy.
3 The man left his things in her office.
4 The man's truck is in front of her office.

No. 11
1 Many hotels in Paris are already full.
2 Traveling to France may become more expensive.
3 A lot of people are going to Paris this summer.
4 Seats on airplanes to France may sell out.

No. 12
1 Some machines need a lot of space.
2 Patients require their own rooms.
3 Every room must have its own machine.
4 Many new doctors will work there.

No. 13	1 The soccer club is only for adults.
	2 There will be practice during summer.
	3 Practice will last for about an hour.
	4 Parents can stay and watch practice.

No. 14	1 He went to the shopping mall.
	2 Their car has broken down.
	3 They should not go out this afternoon.
	4 He cannot fix their stereo.

No. 15	1 He got the wrong kind of medicine.
	2 He had to wait a long time at the clinic.
	3 He went to see a new doctor.
	4 He forgot to go to the clinic.

〓 第2部 〓 ◀») ▶MP3 ▶アプリ ▶CD3 58～73

No. 16	1 They have never used a computer.
	2 They can type very quickly.
	3 They do not want a smartphone.
	4 They hope to become teachers.

No. 17	1 They can fly up to 100 kilometers per hour.
	2 They can run faster than humans.
	3 They make very loud sounds.
	4 They make homes near tigers for protection.

No. 18	1 The rent would become less expensive.
	2 The building would be closed for construction.
	3 He would have to pay an additional charge.
	4 He should go to another building during earthquakes.

No. 19	1 She knows few people on her soccer team.
	2 She will play soccer in a larger league.
	3 She is going to meet her favorite soccer player.
	4 She has a big soccer match tomorrow.

No. 20	1 It has pictures of castles on it.
	2 People use it to make colorful paintings.
	3 A king or queen decides who can wear it.
	4 Men make it to show their skills to women.

No. 21	1 They were not accepted by a publisher.
	2 She hoped they would be made into a movie.
	3 The website contacted her and asked for them.
	4 Her friends did not have time to read them.

No. 22	1 He knows a lot about some of the events.
	2 He knows some of the athletes.
	3 He was asked to help by a friend.
	4 He was too late to buy any tickets.

No. 23	1 A special novel will be read.
	2 It will be a holiday.
	3 Old novels will be sold.
	4 The floors will be cleaned on Tuesday.

No. 24	1 They were told with more pictures.
	2 They were loved more by boys than girls.
	3 They were scarier than they are now.
	4 They were mostly told by children.

No. 25	1 Her neighborhood is becoming more expensive.
	2 Her neighbors have problems with noisy children.
	3 Her favorite restaurant is going to close.
	4 Her shop will get a new owner soon.

No. 26	1 Looking for a new gym. 2 Exercising before work. 3 Going to the gym on his lunch break. 4 Working at a sports center.
No. 27	1 To announce that a woman will get married. 2 To tell people about places for short vacations. 3 To describe a sweet dish eaten at weddings. 4 To teach couples about married life.
No. 28	1 Get new business cards. 2 Move desks into a new office. 3 Make new business plans. 4 Think of a new company name.
No. 29	1 There were a lot of insects at her school. 2 She enjoyed being outdoors. 3 Her friends suggested going camping. 4 The school trip was canceled.
No. 30	1 By buying 10 hand towels. 2 By going to the service counter. 3 By paying for parking every month. 4 By showing a ticket when they buy things.

Healthy Workers

A lot of people in Japan get a medical checkup every year. Some organizations offer a useful service for this. These organizations send special buses that provide medical checkups at the workplace. Many companies use such buses, and by doing so they help busy workers to stay healthy. It is very important that people try to get a medical checkup regularly.

Your story should begin with this sentence: **One morning, Mr. and Mrs. Mori were talking in their living room.**

Questions

No. 1 According to the passage, how do many companies help busy workers to stay healthy?

No. 2 Now, please look at the picture and describe the situation. You have 20 seconds to prepare. Your story should begin with the sentence on the card.
<20 seconds>
Please begin.

Now, Mr. / Ms. ———, please turn over the card and put it down.

No. 3 Some people say that trains and buses in Japan use too much air conditioning in summer. What do you think about that?

No. 4 In Japan, there are many famous brand-name stores. Do you think the number of people who shop at such stores will increase in the future?
Yes. → Why?
No. → Why not?

Unusual Sea Life

These days, scientists are interested in knowing more about creatures that live deep in the world's oceans. However, reaching areas that are deep in the ocean is very dangerous. Now, some scientists send robots to such areas, and by doing so they can learn about unusual sea life safely. These robots will probably become more and more useful in the future.

Your story should begin with this sentence: **One day, Ken and his mother were talking in their living room.**

Questions

No. 1 According to the passage, how can some scientists learn about unusual sea life safely?

No. 2 Now, please look at the picture and describe the situation. You have 20 seconds to prepare. Your story should begin with the sentence on the card.
<20 seconds>
Please begin.

Now, Mr. / Ms. ——, please turn over the card and put it down.

No. 3 Some people say that we should buy environmentally friendly products even when they are more expensive. What do you think about that?

No. 4 Today, many movies have violent scenes. Do you think people should stop making these movies?
Yes. → Why?
No. → Why not?

MEMO

MEMO

旺文社の英検®書

☆**一発合格したいなら「全問＋パス単」!**

旺文社が自信を持っておすすめする王道の組み合わせです。

☆ **過去問集** 過去問で出題傾向をしっかりつかむ!
英検®過去6回全問題集 1〜5級
〔音声アプリ対応〕〔音声ダウンロード〕〔別売CDあり〕

☆ **単熟語集** 過去問を徹底分析した「でる順」!
英検®でる順パス単 1〜5級
〔音声アプリ対応〕〔音声ダウンロード〕

模試 本番形式の予想問題で総仕上げ!
7日間完成 英検®予想問題ドリル 1〜5級
〔CD付〕〔音声アプリ対応〕

参考書 申し込みから面接まで英検のすべてがわかる!
英検®総合対策教本 1〜5級
〔CD付〕

問題集 大問ごとに一次試験を集中攻略!
DAILY英検®集中ゼミ 1〜5級
〔音声アプリ対応〕〔音声ダウンロード〕

二次対策 動画で面接をリアルに体験!
英検®二次試験・面接完全予想問題 1〜3級
〔DVD+CD付〕〔音声アプリ対応〕

このほかにも多数のラインナップを揃えております。

 旺文社の英検®合格ナビゲーター
https://eiken.obunsha.co.jp/
英検合格を目指す方のためのウェブサイト。
試験情報や級別学習法, おすすめの英検書を紹介しています。

※英検®は、公益財団法人 日本英語検定協会の登録商標です。

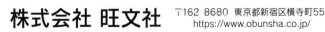

株式会社 旺文社
〒162 8680 東京都新宿区横寺町55
https://www.obunsha.co.jp/

2024年度版

文部科学省後援

英検®
2級

過去6回
全問題集

別冊解答

旺文社

もくじ

Contents

正答率 ★75%以上 は，旺文社「英検®一次試験 解答速報サービス」において回答者の正答率が75%以上だった設問を示しています。

2023-2

解 答 一 覧

一次試験・筆記

1

(1)	3	(8)	1	(15)	1
(2)	3	(9)	2	(16)	3
(3)	1	(10)	4	(17)	4
(4)	2	(11)	2	(18)	1
(5)	4	(12)	4	(19)	3
(6)	2	(13)	1	(20)	1
(7)	3	(14)	4		

2 A

(21)	3
(22)	4
(23)	2

2 B

(24)	1
(25)	3
(26)	1

3 A

(27)	2
(28)	4
(29)	2

3 B

(30)	2
(31)	1
(32)	2
(33)	1

3 C

(34)	4	(36)	4	(38)	1
(35)	1	(37)	3		

4　　解答例は本文参照

一次試験・リスニング

第1部	No. 1	3	No. 6	3	No.11	4
	No. 2	4	No. 7	1	No.12	4
	No. 3	1	No. 8	2	No.13	2
	No. 4	3	No. 9	4	No.14	1
	No. 5	3	No.10	2	No.15	2

第2部	No.16	4	No.21	1	No.26	4
	No.17	1	No.22	3	No.27	2
	No.18	2	No.23	4	No.28	3
	No.19	4	No.24	1	No.29	1
	No.20	2	No.25	1	No.30	4

(1) ─解答 ③

訳 A：あなたの新しい高校についてどう思う，ポーラ？
B：素晴らしいです，モーガンさん。私の以前の学校よりも気に入っています。

解説 A が新しい高校について聞いているのに対して，B は，それは素晴らしいと答えているので previous「以前の」学校よりも今の学校が気に入っている，とすると自然。neutral「中立の」，exact「正確な」，appropriate「適切な」

(2) ─解答 ③ ･･････････････････････ 正答率 ★75%以上

訳 カオルは余分に使えるお金を必要としているので，バイトをするのは彼女にとって良いことだが，1つの不都合な点は週末に友だちと外出できないことである。

解説 空所前ではバイトの良い点が述べられており，but という逆接的な接続詞がその直後にきて，空所後で週末に友だちと外出できないという否定的な事実が述べられている。つまりこの文の後半部分ではバイトの disadvantage「不都合な点」を述べていると考えられる。structure「構造」，baggage「手荷物」，lecture「講義」

(3) ─解答 ①

訳 一連の金融不祥事の後，多くの人々がもっと厳しく銀行を規制するために政府は規則を作るべきであると要求し始めた。

解説 空所前では，一連の金融不祥事から人々が政府は規則を作るべきであると要求し始めたということが述べられている。このことから，この規則は銀行を regulate「規制する」ものと考えられる。reproduce「～を複製する」，irritate「～をイライラさせる」，impress「～に感銘を与える」

(4) ─解答 ②

訳 デービッドは仕事の面接がうまくいかなかったと感じたので，その会社からの手紙は不採用通知だと思った。実際には彼は仕事を得たということを知って驚いた。

解説 デービッドは空所前で面接がうまくいかなかったと感じたので，その会社からの手紙は rejection「不採用通知」だと考えるのが自然である。symptom「症状」，biography「伝記」，contribution「貢献」

(5) ─解答 ④

訳 警察は逃亡した犯罪者が古い倉庫に隠れているのを見つけたとき，用心深く彼に近づいた。

解説 逃亡した犯罪者に近づく際は，cautiously「用心深く」近づくのが普通

である。ほかの選択肢は文脈に合わない。partially「部分的に」，temporarily「一時的に」，regionally「地域的に」

(6)━解答　**2**

訳　クリスは友だち，近所の人々，そして親戚にまでバーベキューパーティーの招待を広げた。彼はできるだけ多くの人々に来てほしかった。

解説　第2文に彼はできるだけ多くの人に来てほしかったことが述べられている。このことから，彼は招待状の範囲を extended「広げた」と推測される。remove「～を取り除く」，compare「～を比べる」，prove「～を証明する」

(7)━解答　**3**

訳　そのロックバンドの名声は数カ月しか続かなかった。ラジオ局がそのバンドの歌を流すのをやめた後，人々はすぐにそれについて忘れた。

解説　第2文にラジオ局がそのバンドの歌を流すのをやめた後，人々はそのバンドのことをすぐに忘れたと述べられているため，その fame「名声」はほんの数カ月しか続かなかったと考えられる。shade「日陰」，area「地域」，origin「起源」

(8)━解答　**1**　　　　　　　　　　　　正答率 ★75%以上

訳　キースは旅行に行くときにはいつでも，自分の手荷物をとても注意深く見守る。かつて電車でかばんを盗まれたことがあったので，彼は自分のものを見えるところにいつも置いておく。

解説　第2文にキースはかつてかばんを盗まれた経験があると述べられている。このことから彼が自分の手荷物を注意深く guards「見守る」ことは自然なことである。carve「～を彫る」，divorce「～と離婚する」，accelerate「～を加速する」

(9)━解答　**2**

訳　ルイスは大学を卒業してからずっと同じ会社で働いている。そこで四十年間働いた後，今年，彼は定年退職する予定だ。

解説　空所前ではルイスは大学卒業以来ずっと同じ会社で働いていることが，空所後では彼が今年定年退職することが，それぞれ述べられている。つまり彼は four decades「四十年間」働き続けてきたということである。jail「刑務所」，principle「原理」，society「社会」

(10)━解答　**4**

訳　ケイトは昨日海のそばを散歩した。いくつかの岩は濡れていて滑りやすかったので，彼女は水の中に落ちるのを避けるために，しばしば自分自身を安定させなければならなかった。

解説　空所前で岩が濡れていて滑りやすかったことが述べられているので，彼女は水の中に落ちるのを避けるために自分自身を steady「安定させる」必要があったと考えられる。punish「～を罰する」，defeat「～を倒

す」，filter「〜をろ過する」

(11)—解答 ②

訳 オリビアは彼女の父親のために8年間働き，最終的に彼の会社を引き継いだ。彼女はその会社をとてもうまく経営し，海外に支店を開くことさえした。

解説 空所前ではオリビアが8年間父親の会社で働いてきたことが，また空所後では彼女がその会社をうまく経営し海外に支店を出したことがそれぞれ述べられている。このことから彼女が父親の会社を took over「引き継いだ」と推測される。write up「〜を書き上げる」，keep off「〜に近づかない」，fall through「失敗に終わる」

(12)—解答 ④

訳 A：さて，明日私たちの休暇は終わり，私たちは飛行機で家に帰らなければならないね。
B：そうね。帰りたくないわ。もっと長くここにいられればいいのに。

解説 Bの発言から彼らはもっとここにいられればいいと思っていることがうかがえる。つまりこの会話は休暇が comes to an end「終わる」際の会話と推測される。go for「〜を取りに行く」，bring up「〜を育てる」，take out「〜を取り出す」

(13)—解答 ①

訳 ゲーリーは彼の膝に数カ月間断続的に問題を抱えてきた。昨日，膝はとても痛かった。今日は良くなっているが，彼はとにかく医者に診てもらうことにした。

解説 空所後でゲーリーの膝の痛みは良いときと悪いときがあることが述べられている。このことから彼の膝の問題は on and off「断続的に」発生しているとわかる。up and down「上下に」，side by side「隣り合って」，one by one「1つずつ」

(14)—解答 ④

訳 昨日，嵐がグリーンビルに停電を引き起こした。住民は電力供給が復旧するまで2時間電気なしでやっていかなければならなかった。

解説 空所後の表現から電力供給が復旧するまでに2時間あったことが推測される。つまり住民は2時間 do without electricity「電気なしでやっていく」必要があったと考えられる。drop by「〜に立ち寄る」，come across「〜に偶然出会う」，go against「〜に逆らう」

(15)—解答 ①

訳 A：ジェラルドはどこだい？　彼は30分前にここにいることになっているのに。
B：それは彼によくあることだよ。彼が時間通りに到着することは絶対にないと思うよ。

解説 B の空所後の発言「彼が時間通りに到着することは絶対にない」から，遅刻するのは彼に typical of「よくある」ことだと推測される。inferior to「〜より劣った」，grateful for「〜のことを感謝している」，patient with「〜に忍耐強い」

(16)—解答 ③

訳 ウィリアムズ先生は彼女の生徒に歴史の課題を終えるのにもう1週間の猶予を与えるが，課題を遅れて提出した者は誰でも困ったことになるだろうと言った。

解説 空所前の文から生徒には課題を終えるのにもう1週間の猶予が与えられることがわかる。それでも遅れて turned in「提出した」場合，生徒たちは困ったことになると推測される。bring down「〜を降ろす」，bring out「〜を取り出す」，turn on「〜をつける」

(17)—解答 ④

訳 アンジェラの家族は裕福だったので，彼女は大学へ行く費用について心配する必要がなかった。

解説 空所後にアンジェラは大学へ行く費用について心配する必要がなかったと述べられていることから，彼女の家族は well off「裕福で」あったとわかる。close up「接近して」，next up「次の番」，far off「遠方に」

(18)—解答 ①

訳 エイスケは彼の学校で最も速い走者である。彼は体育祭の100メートル走で必ず勝つだろう。

解説 be sure to *do* で「必ず〜する」という意味。これ以外は文法的に間違っている。

(19)—解答 ③

訳 A：ブライアン，あまり多くの塩を食べ物にかけるべきではないわ。塩分をとり過ぎることはあなたにとって害になり得るの。
B：わかったよ，お母さん。かけないよ。

解説 ought to *do* で「〜すべきである」という意味。この否定形は，to の前に not を置く。ought not to *do*「〜すべきでない」

(20)—解答 ①

訳 ミランダは彼女がバッジフォース大学に合格したことを聞くやいなや，喜びで叫んだ。

解説 the moment 〜 で「〜するやいなや」という意味。〜の部分には主語と動詞を伴った文がくる。at the moment「今のところ」と混同しないように注意。

7

A 全文訳 ドッガーランド

1930年代以降，漁師たちはイギリスと北ヨーロッパの間の海で漁をしていると，時々彼らの魚網の中に石や骨で作られた古代の遺物を見つけることがあった。これらの物の多くはおよそ9千年前に作られた。歴史学者たちはこの領域はその当時，今と同じように海中にあったと以前は信じていた。古代ヨーロッパ人たちが定期的に航海したという証拠もほとんどなかった。それゆえに，専門家たちはどのようにしてこれらの人工物が最終的に海の底に行きついたのかを説明するのに苦労した。

唯一の可能性のある説明は，海水面が過去においてかなり低かったに違いないということだった。実際，研究によれば，イギリスはおよそ8千年前までは島になっていなかったという。それ以前，人々はヨーロッパ大陸からそこまで歩くことができた。イギリスとヨーロッパ大陸をかつて結びつけていた広大な土地にはドッガーランドという名前が与えられた。最終氷河期が終わるころ，海水面が上昇した。ドッガーランドのほとんどが海に覆われると，イギリスはヨーロッパの残りの部分から切り離された。およそ7千年前までには，海水面はさらに上昇し，ドッガーランドを完全に覆ってしまった。

研究者たちは，ドッガーランドに住んでいた人々についてもっと知りたいと思っている。彼らは，海底の石油を探す会社によって集められたデータから立体地図を作り上げた。その研究者たちは人々がたぶん住んでいたであろう場所を選定するためにこれらの地図を使っている。これらの場所の1つで，研究者たちは古代の石の道具を見つけた。その結果，ドッガーランドの人々の文化や生活様式についての発見が続くだろうと彼らは期待を寄せている。

(21)—解答 **3**

解説 空所前の第1段落第3文，第4文ではイギリスと北ヨーロッパの間（＝this area）は今と同じように海中にあったと考えられており，古代ヨーロッパ人たちが定期的に航海した証拠もほぼなかったことが，空所後では人工物がなぜ海底にあるのか，その説明に研究者たちが苦労したことが，それぞれ述べられている。この2つの事柄を結びつける接続語句としては，Therefore「それゆえに」が最も自然である。What is more「さらに」，Likewise「同様に」，Equally「等しく」

(22)—解答 **4**

解説 空所前の文で，およそ8千年前まではイギリスは島ではなかったということが述べられており，空所後の文でもイギリスとヨーロッパ大陸を結びつけていた土地が言及されている。つまり人々はヨーロッパ大陸からイギリスまで歩いていけたということであり，正解は could walk to it from「からそこまで歩くことができた」となる。

(23) ― 解答 ②

解説　空所後では，結果として研究者たちは今後もドッガーランドに関する発見が続くことに期待を寄せていると述べられている。その結果を導く原因となった事実が空所に入ることを考えると found an ancient stone tool「古代の石の道具を見つけた」が最も自然。そういう事実があったからこそ，その結果研究者たちは今後もその地域で遺物が発見されることに期待を寄せているのである。

B 全文訳 **フライングの科学**

　徒競走の始めに，選手たちに走り始めるよう伝えるために，号砲が鳴らされる。もし選手たちの1人が，号砲が鳴らされる前に動いたら，それは「フライング（不正スタート）」として知られており，その選手はレースから外される。興味深いことに，もし選手が，号砲が鳴らされた後0.1秒以内に動くと，これもフライングとなる。競技団体は，それほど素速く反応できる人間はいないと主張している。そのような選手は，号砲が聞こえるのを待つよりも，いつ号砲が鳴らされるのかを推測していたに違いないと彼らは言う。

　フライングについてもっと知るために，科学者たちは人間の反応時間に関する実験を行った。1990年代の1つの実験では，選手たちは平均して0.12秒後に号砲の音に反応したことがわかった。わずかに速かった者もいれば，わずかに遅かった者もいた。しかし，この実験に参加した選手たちは素人であった。より最近の実験では，プロの選手はわずか0.08秒で反応できるかもしれないことが示されている。しかし，どちらの研究もわずかな数の選手が参加したに過ぎなかった。

　フライングのルールは厳し過ぎると考える人たちがいる。ほかのいくつかのスポーツと陸上競技種目では，選手たちがルールを破った場合，追加の機会がある。例えば，走り幅跳びでは，選手の足が最初の挑戦で踏切線を越えた場合，その選手にはまだもう2回挑戦する機会がある。フライングをした選手を排除する代わりに，彼らのスタート位置を2，3メートル後ろに動かすべきであり，これによってレースは皆にとって公平なものになるだろうと提案している人たちもいる。

(24) ― 解答 ①

解説　空所前では，号砲の後0.1秒以内に動くとフライングとみなされることが，空所後では，そのような選手は号砲が聞こえるのを待つよりも，いつ号砲が鳴らされるのかを推測していたに違いないと競技団体が考えていることがそれぞれ述べられている。言い換えれば，競技団体は人間が react so quickly「それほど素早く反応」できるとは考えていないということである。

(25) ― 解答 ③

解説　空所後にその実験ではわずかに速かった者もいれば，わずかに遅かった者もいたということが述べられているので，空所前の0.12秒という数

字は on average「平均して」算出された数字であることが推測される。so far「今までのところ」，by then「そのときまでには」，in total「全体で」

(26)—解答 ①

解説 空所後の文で，走り幅跳びではフライングと同様のミスを犯した選手もまだ2回挑戦する機会が与えられるという具体例が述べられている。つまりほかの競技ではフライングのようなルール違反をしても have extra chances「追加の機会がある」ということである。

一次試験・筆記 **3** 問題編 p.34〜40

A 全文訳

発信人：メリッサ・シモンズ <simmonsm@wigbylibrary>
宛先：図書館員 <staff@wigbylibrary>
日付：10月8日
件名：読み聞かせの時間
図書館員各位

　ウィグビー公立図書館の館長としての私の目標の1つは，図書館を家族に人気の場所にすることです。読書は皆にとって重要であり，子どもには特にそうです。もし両親と子どもが一緒に読書をすれば，彼らは幸せな思い出を共有し，より良い関係を築くでしょう。また，読書は両親が子どもの教育を手助けする素晴らしい方法でもあります。私たちの図書館は，ウィグビーをより才気と思いやりにあふれた街にするために，驚くほど重要な役割を担うことができます！

　この点を考慮に入れて，私は子どもと両親のために週1回の読み聞かせの時間を始めることにしました。そしてそれを面白いものにするために私は皆さんの協力を必要としています。もちろん，私は（読み聞かせの）お話について皆さんの提案を求めています。また，その（読み聞かせの）時間を宣伝するためのポスターを作ってくれる人と読み聞かせをする人がお話をより面白いものにするために使うことができる物を探してくれる人を必要としています。最後に，私たちは順番に読み聞かせをするべきだと私は思っています。

　これらの（読み聞かせの）時間のために何か本当にやりたいことがありましたら，私に知らせてください。それらの時間をより良いものにする助けになり得るアイデアが何かありましたら，それらも聞きたいと思っています。さらに，より多くの家族に図書館に来てもらえるようなアイデアを何か持っていたら，気軽にそれらを私に話してください。メールを送るか，または直接話すために私のオフィスに来てください。
よろしくお願いします。
メリッサ

ウィグビー公立図書館　図書館長

(27)— 解答 2 ・・・・・・・・・・・・・・・・・・・・・・・・・・・・・・・・ 正答率 ★75%以上

質問の訳 メリッサによれば，読書が家族を手助けできる1つの方法は

選択肢の訳 1　子どもに彼らの目標を両親に説明する機会を与えることだ。
2　両親と子どもがより良い関係を築くことを可能にすることだ。
3　両親が給料の良い仕事を得る可能性を向上させることだ。
4　子どもがテレビを見て費やす時間の量を削減することだ。

解説 第1段落第3文に If parents and children read books together, they will share happy memories and build better relationships. とあり，子どもと一緒に読書をすることによって，親は子どもとより良い関係を築けるとメリッサが考えているとわかる。

(28)— 解答 4 ・・・

質問の訳 メリッサが図書館員にするように依頼している1つのことは何か。

選択肢の訳 1　もし彼らが作家の誰かと友人ならば彼女に知らせる。
2　イベント用の場所を作るために彼女が物を動かすのを手伝う。
3　幼児のグループについてのお話を書く。
4　人々にある活動について知らせる案内を作る。

解説 第2段落第3文に I also need someone to make posters to advertise the sessions とあり，メリッサが読み聞かせの時間を宣伝するためのポスターを作ってくれる人を探しているのがわかる。posters が選択肢では notices「案内」と言い換えられていることに注意。

(29)— 解答 2 ・・・・・・・・・・・・・・・・・・・・・・・・・・・・・・・・ 正答率 ★75%以上

質問の訳 メリッサはなぜ職員を彼女のオフィスに来るように促しているのか。

選択肢の訳 1　職員の仕事を見直す会議を開くため。
2　図書館を家族にとってより魅力的にする方法を彼女に話すため。
3　彼女は忙し過ぎて彼らのもとに行って話すことができないから。
4　彼女は職員それぞれをもっとよく知りたいから。

解説 第3段落第3文と第4文で，より多くの家族に図書館に来てもらえるようなアイデアを持っていたら，メールを送るか，または直接オフィスに来るようにメリッサが促している。ゆえに正解は**2**となる。

B **全文訳** **紫わら小麦**

　小麦はアメリカで重要な作物であり，その種子はパンやパスタ，そしてほかの食べ物を作るために使われる。18世紀以来，それはその国の主要な食料となる穀物であった。しかし，アメリカの小麦生産はその歴史を通して課題に直面してきた。18世紀後半，小麦の多くの種類はヨーロッパから来た疫病と昆虫によって打撃を被った。しかし，紫わら小麦と呼ばれる小麦の一種はこれらの危機を耐えしのぐことができ，長い間多くの農家が植える最も良い（小麦の）選択肢であった。

紫わら小麦の種子は，ウイスキーを作ったり，ケーキやパンを作るのに良い柔らかくておいしい小麦粉を生産したりするために使うことができる。それは 18 世紀以来，特にアメリカ南部で栽培されてきた。紫わら小麦を特に重要なものにしたのは，冬の天候を生き延びるその能力だった。ほかの種類と違って，紫わら小麦は晩秋に植え，初春に収穫することができた。これは，夏の疫病と昆虫を避けることを意味した。結果として，紫わら小麦は 20 世紀半ばまで広く栽培され続けた。

　1960 年代に，科学者たちは現存する小麦の遺伝子を混合することによって小麦の新種を開発した。これらの新種は小麦 1 本につきより多くの種子を作り，疫病により耐えることができた。現代の農業技術，昆虫を殺す化学物質，そしてこれらの新種の小麦を使うことにより，農家は以前よりも安く，大量に小麦の種子を生産することができた。紫わら小麦から作られる小麦粉はよりおいしく健康的であるけれども，この種類の小麦はほとんど完全に使われなくなった。

　紫わら小麦を復活させたい研究者たちがいた。しかし，その種子は，入手元が少ししかなかったので，手に入れることが簡単ではなかった。その研究者たちはついに何とかして紫わら小麦の種子を数グラム手に入れ，サウスカロライナ州のクレムソン大学にそれらを植えた。依然として小麦粉を作り販売するには十分な量ではないが，彼らは徐々に生産できる小麦の量を増やし続けてきた。多くの料理人，パン職人，そしてウイスキー製造業者が，彼らの生産物に紫わら小麦を使えるようになることを楽しみにしている。

(30)—解答 ② ････････････････････････････････････ 正答率 ★75%以上

質問の訳　アメリカで 18 世紀後半に何が起きたか。

選択肢の訳　**1**　農家はより良い小麦粉を作り出す小麦の種類を開発した。
2　小麦に影響を与えた疫病や昆虫が海外からやって来た。
3　小麦の不足はヨーロッパからそれが輸入されなければならないことを意味した。
4　人々はパンを作るために小麦以外の穀物を使い始めた。

解説　第 1 段落第 4 文に During the late 18th century, many types of wheat were attacked by diseases and insects that came from Europe. とあり，多くの種類の小麦がヨーロッパからやって来た疫病や昆虫によって打撃を受けたことがわかる。本文の from Europe が選択肢では from overseas と言い換えられていることに注意。

(31)—解答 ① ････････････････････････････････････ 正答率 ★75%以上

質問の訳　紫わら小麦がほかの種類の小麦より良かった 1 つの理由は何だったか。

選択肢の訳　**1**　それは年の最も寒い期間に栽培することができたため。
2　それは新しい種類の食べ物や飲み物を作るために使うことができたため。
3　それはアメリカ南部の暑い夏を生き延びることができたため。
4　それは土壌の質が低い畑で成長することができたため。

解説　第 2 段落第 3 文と第 4 文に紫わら小麦は冬の寒さを生き延びる強さが

あり，晩秋に植えて初春に収穫できることが述べられている。ゆえに正解は **1** となる。

(32)— 解答 ②

質問の訳 なぜ人々は 20 世紀に紫わら小麦を栽培するのをやめたのか。

選択肢の訳
1　それは現代の農業技術の使用には適していなかったから。
2　科学者たちがより多くの種子を供給する小麦の種類を作り上げたから。
3　人々がよりおいしく健康的な小麦粉を買いたかったから。
4　昆虫を殺す化学物質が多くの紫わら小麦をだめにしたから。

解説 第3段落全体を通して，1960 年代に収穫量が多く，疫病にも強い新種の小麦が開発され，その結果紫わら小麦が姿を消していった過程が述べられている。ゆえに正解は **2** に絞られる。

(33)— 解答 ①

質問の訳 紫わら小麦を栽培してきた研究者たちは

選択肢の訳
1　ほんの少量の紫わら小麦の種子しか得られなかった。
2　アメリカの異なるいくつかの場所でそれをテストした。
3　その小麦から作られた小麦粉を料理人，パン職人，そしてウイスキー製造業者に提供した。
4　いかに素早く彼らが売るのに十分な量を生産することができたかに驚いた。

解説 第4段落第3文に The researchers finally managed to get a few grams of purple straw wheat seeds とあり，研究者たちは当初，紫わら小麦の種子をほんの少ししか入手できなかったことがわかる。

C　全文訳　ベニスの本

中世の間，ベニスというイタリアの都市は国際貿易で有名であった。その都市の位置が重要であっただけでなく，ヨーロッパのほかの地域に比べて人々の行動を規制する法律が少なくもあった。この自由が作家，芸術家，そして職人をその都市に引き付けた。15 世紀の印刷機の発明の後，これらの人々はベニスをヨーロッパにおける印刷と本作り産業の中心にするために彼らの能力を結集した。手作りで高品質の本を作るこの伝統は今日までその都市で生き残っている。

パオロ・オルビは，この伝統を存続させることに貢献している。彼は，美しい本，日記，そして写真アルバムを作るために何世紀も存続してきた技術を利用している。それらに使われている紙は手で裁断されており，それらの表紙を作るのに，手刷りの紙，革，木，そしてムラーノと呼ばれるイタリアのガラスの一種さえ使われている。オルビが1962 年に彼の工芸技術を学び始めたとき，手作りの本を作る本屋はベニスにおよそ 20 軒あった。しかし，今や，オルビの店が現存するわずか 3 軒のそのような場所のうちの 1 軒である。

オルビが尊敬している人物の１人がアルドゥス・マヌティウスと呼ばれる男性である。マヌティウスは，ベニスで最も有名な印刷会社の１つとなった印刷会社を1494年に設立した。15世紀後半まで，本は大きく，重く，そしてとても高価であった。それらはほとんど宗教と法律についてであった。マヌティウスはより小さく，軽く，そして安い本を作るための技術を開発した。さらに，彼は小説や芸術と哲学についての本を印刷した。これらの発展によって，本はより人気となり，一般の人々にとってより買いやすくなった。

オルビは彼の店の壁にマヌティウスの肖像画を飾っている。マヌティウスのように，彼は本を愛しており，それらは美しくあるべきだと信じている。長年にわたって，オルビは多くの人々に彼の技術を教えてきた。2018年に，かつての教え子がオルビに彼の本を手作り品の展示会で展示するように勧めた。これは，より多くの人に伝統的な本作りに興味を持ってもらえる機会をオルビに与えた。オルビは，旅行者がどのように彼が本を作るかを見学でき，若者が彼の技術を学ぶことができる文化センターへと彼の店を拡張したいと考えている。そうすることで，ベニスの本作りの伝統が失われるのを防ぎたいと彼は望んでいる。

(34)— 解答 ④ •

質問の訳 作家，芸術家，そして職人がベニスに引き付けられた１つの理由は何か。

選択肢の訳
1 彼らは本作り産業で非常勤の仕事を得ることができたため。
2 彼らはその都市でより高い値段で彼らの作品を売ることができたため。
3 その都市の位置は彼らの作品に創造性を与えたため。
4 その都市は人々がほかの場所よりも自由に暮らすことを可能にしたため。

解説 第１段落第２文と第３文に，ベニスにはヨーロッパのほかの地域に比べて人々の行動を規制する法律が少なく，その自由が作家，芸術家，職人を引き付けたと述べられているので，正解は **4** となる。

(35)— 解答 ① •

質問の訳 パオロ・オルビは本の制作者であり，

選択肢の訳
1 彼の製品を作るために伝統的な方法を使う。
2 ベニスという都市でおよそ20軒の本屋を所有している。
3 ガラスに印刷するための新しい技術を開発した。
4 本を作るためにリサイクルされた材料を使う努力をしている。

解説 第２段落第２文に He makes use of techniques that have existed for centuries to produce beautiful books, diaries, and photo albums. とあり，オルビは自分の作品を作るために伝統的な方法を使っていることがわかる。

(36)— 解答 ④ •

質問の訳 アルドゥス・マヌティウスが本の人気を高めるのに貢献した方法は

選択肢の訳 1 人々が読むことを学べる学校をベニスに開校したことだ。
2 宗教や法律のようなトピックについての本をどんどん印刷したことだ。
3 ベニスの芸術家と哲学者についての一連の小説を書いたことだ。
4 本の大きさ，重さ，そして値段を引き下げる方法を見つけたことだ。

解説 第3段落第5文にマヌティウスがより小さく，軽く，そして安い本を作る技術を開発したことが，最終文にこのような発展が本の人気を高めたことが，それぞれ述べられている。よって正解は **4** となる。

(37)—解答 ③ .... 正答率 ★75%以上

質問の訳 オルビがやりたい1つのことは何か。

選択肢の訳 1 何年も前に失われたマヌティウスの肖像画を見つける。
2 かつての教え子がやってきたことを知るために彼らに会う。
3 より多くの人々が本作りについて学べる場所を作る。
4 マヌティウスの人生と業績についての本を書く。

解説 第4段落第6文に Olbi wants to expand his store into a cultural center where tourists can see how he makes books and young people can learn his techniques. とあり，多くの人が本作りについて学べる場所を作りたいとオルビが考えていることがわかる。

(38)—解答 ①

質問の訳 以下の記述のうち正しいのはどれか。

選択肢の訳 1 最も有名なベニスの印刷会社の1つは1494年に設立された。
2 手作りの本を作っているベニスの店の数は1962年以来増えている。
3 オルビは彼の教え子の作品を展示するためにベニスで年1回の展示会を催している。
4 国際貿易を止めるための法律が中世にベニスに導入された。

解説 第3段落第2文に Manutius founded a printing company in 1494 that became one of the most famous printing companies in Venice. とあり，最も有名なベニスの印刷会社の1つは1494年に設立されたことがわかる。

一次試験・筆記 4 問題編 p.40

トピックの訳 今日，直接荷物を受け取る代わりにドアのそばに荷物を置いておくように配送会社に頼む顧客がいます。このようなサービスは将来より一般的になるとあなたは思いますか。

ポイントの訳 利便性　損害　安全

解答例 I think this kind of service will become more common in the future. First, customers can receive packages without being

15

restricted by time and location. They do not have to be at home or worry about what time their packages arrive. Second, this kind of service can reduce the amount of delivery companies' work. Drivers do not need to visit customers again if they are not at home at the time of delivery. Therefore, I think delivery services that do not require customers and drivers to meet will become more common in the future.

解答例の訳 このような種類のサービスは将来より一般的になると私は思います。第1に，顧客は時間と場所に制限されることなく荷物を受け取ることができます。彼らは家にいたり，また荷物が何時に届くかについて心配したりする必要がありません。第2に，この種のサービスは配送会社の仕事量を減らすことができます。運転手は顧客が配達時に家にいなくても，再び顧客を訪れる必要がありません。それゆえに，顧客と運転手が対面することを求めない配送サービスは将来より一般的になると私は思います。

解説 まずは冒頭で賛成か反対か，自分の意見をはっきりと表明することがライティングでは重要である。この意見表明の文を主題文という。I think / I do not think の後に TOPIC で使われている表現（this kind of service will become more common in the future）をそのまま用いれば，主題文を作ることができる。次に POINTS に挙げられている観点などから自分がそのように考える具体的な理由を挙げていく。その際，First, Second といった標識になるつなぎ言葉を使うと論理の流れが明確になる。そして最後に Therefore や For these reasons で始めて，もう一度自分の意見を結論として述べるとよいであろう。

解答例では，Convenience「利便性」の観点で同意する例が挙げられているが，同意しない場合には，Damage「損害」の観点で，ドアのそばに荷物を置いておくとその荷物が損害を被る可能性があること（There is a possibility that the packages left by the door might get damaged.）や，Security「安全」の観点で，ドアのそばに置かれた荷物は誰かほかの人に盗まれてしまうかもしれないこと（Someone might steal the packages left by the door.）などを述べてもよいであろう。

No.**1** – 解答 **3**

放送英文 ★： Excuse me. Is this the way to the University Science Center?

☆： Not really. I mean, you could go in this direction, but it will take longer. You should go back about 50 meters and turn right at the corner.

★： OK—and after I turn? Then where do I go?

☆： Go past the History Department building, and then you'll see the Science Center on the left.

Question: What does the woman suggest the man do?

全文訳 ★： すみません。これは大学サイエンスセンターへの道ですか。

☆： いえ，ちょっと違います。つまり，この方向でも行けるのですが，時間がより長くかかります。50メートルほど戻って角を右に曲がるといいですよ。

★： わかりました。それで曲がった後は？　その後どこへ行けばいいですか。

☆： 歴史学部の建物を通り過ぎると，左手にサイエンスセンターが見えます。

Q：女性は男性に何をすることを提案しているか。

選択肢の訳　**1**　大学構内の地図を見る。

2　角まで彼女と一緒に歩く。

3　サイエンスセンターまで別のルートで行く。

4　歴史学部の建物で職員に尋ねる。

解説　これはサイエンスセンターへの道かと聞かれた女性は，Not really. とあいまいな返事をした後，行けるけれど時間がかかると言って別の行き方（route）を説明している。

No.**2** – 解答 **4**

放送英文 ★： Ms. Gomez, a firefighter is going to give a talk to the students at our school tomorrow.

☆： I heard that, too. He works at the airport. He'll talk about his work helping people there. He'll also tell us what we should do to be safe when we travel.

★： That sounds really interesting.

☆： Yes, I think it will be.

Question: What is one thing the firefighter will talk about at the school?

全文訳 ★： ゴメス先生，明日，消防士が当校で生徒に話をすることになっています。

☆： 私もそれを聞きました。彼は空港で働いています。彼はそこの人々を助け

る自身の仕事について話します。旅行するときに安全でいるためにはどうすればいいかも話してくれるでしょう。

★： それはとても面白そうですね。

☆： ええ，そうなると思います。

Q：消防士が学校で話すことの１つは何か。

選択肢の訳 1 空港で仕事を見つけること。 2 消防士になること。
3 外国に旅行すること。 4 安全に旅行すること。

解説 明日学校で講演をする予定の消防士について，女性は He'll talk about ... と He'll also tell us ... の部分で話す内容を２つ述べている。後者の safe when we travel を手掛かりにして，**4** を選ぶ。

No.3 −解答 ① ⬩⬩⬩⬩⬩⬩⬩⬩⬩⬩⬩⬩⬩⬩⬩⬩⬩⬩⬩⬩⬩⬩⬩⬩⬩⬩⬩⬩⬩⬩⬩⬩⬩⬩⬩⬩⬩⬩ 正答率 ★75%以上

放送英文 ☆： John, I really liked the presentation you gave in class today.

★： Thanks. I spent a long time doing research on waterfalls. There was a lot of information to review.

☆： Yes, I saw you studying in the library last week on three different days.

★： Yes, I found a lot of information there. I hope I'll get a good grade.

Question: Why was the boy going to the library last week?

全文訳 ☆： ジョン，今日，クラスであなたが行ったプレゼンテーション，すごく良かった。

★： ありがとう。滝について調べるのに長い時間をかけたんだ。検討すべき情報がたくさんあった。

☆： ええ，先週異なる３日間にあなたが図書館で勉強しているのを見かけたわ。

★： うん，そこでたくさんの情報を見つけたんだ。良い成績が取れるといいな。

Q：先週，なぜ男の子は図書館に通っていたか。

選択肢の訳 1 プレゼンテーション用の調べものをするため。
2 女の子がより良い成績を取る手助けをするため。
3 そこのコンピューターを使うため。
4 研究グループに参加するため。

解説 冒頭から，今日，男の子がプレゼンテーションをしたこと，女の子の２番目の発言から，先週，男の子はよく図書館で勉強していたことがわかる。その理由は，男の子の「滝について調べるのに長い時間をかけた」「そこ（＝図書館）でたくさんの情報を見つけた」などの発言から，**1** が適切。do research「調べものをする，調査する」

No.4 −解答 ③ ⬩⬩

放送英文 ☆： Budget Bill's Computer Store.

★： Hello. I need some new equipment for the computer in my office.

18

Can you tell me which is the best web camera to buy?

☆: Well, I think that the NetFlash 5.0 is very good.

★: Is the camera easy to install? I'm not very good with computers.

☆: Yes, it's very simple to set it up. I can show you how to do it if you come to the store.

Question: What is the customer worried about?

全文訳 ☆: バジェット・ビルズ・コンピューター店です。

★: もしもし。僕のオフィスのコンピューターに新しい機器が必要なんです。どれが買うのに一番いいウェブカメラか教えてもらえますか。

☆: そうですね，NetFlash 5.0 はとてもいいと思います。

★: そのカメラは取り付けが簡単ですか。僕はコンピューターがあまり得意じゃなくて。

☆: ええ，設定はとても簡単です。ご来店くだされればやり方をお見せします。

Q：客は何について心配しているか。

選択肢の訳 **1** 彼は適切なコンピューターを持っていない。

2 彼はウェブカメラが何かを知らない。

3 彼はウェブカメラを設定するのに苦労するかもしれない。

4 彼は機器を運ぶのに手助けが必要かもしれない。

解説 電話での会話。ウェブカメラの購入を考えている男性（the customer）は，install は簡単かと尋ねた後，I'm not very good with computers. と言っているので，これが心配の理由。set up は install の言い換え。

No.**5** –解答 ③ ....

放送英文 ★: Hello.

☆: Honey, could you stop by the supermarket on your way home from work? I need you to pick up something.

★: Sure, no problem. What do you want me to get?

☆: Can you get a pack of tomatoes? I need them to make a pasta sauce for dinner, but I can't leave the apartment right now because I'm waiting for a delivery.

★: OK. If you think of anything else you need, just give me a call.

Question: What does the woman ask the man to do?

全文訳 ★: もしもし。

☆: ねえ，あなた，仕事から帰る途中にスーパーマーケットに寄ってもらえない？　買ってきてほしいものがあるの。

★: もちろん，いいよ。何を買ってきてほしいの？

☆: トマト1パックを買ってくれる？　夕食用にパスタソースを作るのにトマトが必要なんだけど，配達を待っているから今アパートを出られないの。

★: わかった。ほかに何か必要なものを思いついたら電話してね。

Q：女性は男性に何をするよう頼んでいるか。

選択肢の訳　**1** スーパーマーケットまで彼女を車で迎えに行く。
　　2 できるだけ急いで帰宅する。
　　3 スーパーマーケットで何かを買う。
　　4 家で配達を待つ。

解説　相手への頼み事は Could [Can] you ～? などの依頼表現や I need .... など話者の要望を表す表現に手掛かりがある。女性の最初の発言から，**3** が正解。stop by ～は「～に立ち寄る」。pick up はここでは buy の意味合いだが，選択肢 **1** の「（人）を（車で）迎えに行く」と「（預けている物）を受け取る」の意味も知っておこう。

No.6 –解答

放送英文　☆：Dave, are you free for lunch today? Some of us are going to Larry's Café.

★：Oh, that new place by City Hall? I'd like to go, Brenda, but I have lots of work to do.

☆：Well, would you like me to bring you back something?

★：A tuna sandwich on wheat bread would be great. Thanks for asking.

Question: What does the woman offer to do for the man?

全文訳　☆：デイブ，今日のランチは空いてる？　私たち何人かでラリーズ・カフェに行くんだけど。

★：ああ，市役所のそばのあの新しい店？　行きたいんだけどね，ブレンダ，やらなきゃいけない仕事がたくさんあるんだ。

☆：じゃあ，何かあなたに持って帰ろうか？

★：全粒粉入りのパンのツナサンドイッチがいいな。聞いてくれてありがとう。

Q：女性は男性のために何をすると申し出ているか。

選択肢の訳　**1** 彼にラリーズ・カフェへの行き方を教える。
　　2 彼にツナサンドイッチを作る。
　　3 彼に食べ物を買ってくる。
　　4 彼が仕事を終わらせるのを手伝う。

解説　質問の offer to *do* は「～することを申し出る」という意味で，女性の申し出 would you like me to *do*?「私に～してほしいですか，私が～しましょうか」が聞き取りのポイント。bring you back something はカフェに行けない男性のために何かを買って持ち帰るということ。

No.7 –解答

放送英文　☆：John, you said that you had to take some pictures on the weekend for your photography-class assignment. Did they turn out well?

★：Actually, almost all of them were too dark. I must have done something wrong.

☆： Oh, that's too bad.

★： Yeah, but my class isn't until Thursday. I'm going to try to take some more before then.

Question: What does John say about the pictures he took?

全文訳 ☆： ジョン，写真撮影の授業の課題で週末に何枚か写真を撮らないといけないと言ってたよね。写真はうまく撮れたの？

★： 実は，ほとんどの写真が暗過ぎたんだ。何か間違ったことをしたに違いない。

☆： あら，それは残念ね。

★： うん，でも僕の授業は木曜日までないんだ。そのときまでにあと何枚か撮ってみようと思ってる。

Q：ジョンは自分が撮った写真について何と言っているか。

選択肢の訳 1 そのほとんどがうまくいかなかった。

2 彼は木曜日にそれらを印刷した。

3 彼はそれらを期日通りに提出できなかった。

4 それらは今年彼が撮った最初のものだった。

解説 男の子は，自分が撮った写真について Did they turn out well? と聞かれ，almost all of them were too dark と答えている。turn out well は「（結果的に）うまくいく」という意味。この表現がよくわからなくても well「うまく，上手に」を手掛かりにして流れをつかもう。また，too「〜過ぎる」から，ネガティブな結果が推測できる。木曜日までにあと何枚か撮るという流れもヒントになる。

No.8 –解答 2

放送英文 ☆： I can't believe we can't find our gate. This airport is so confusing.

★： I know. I wish there were more signs. We'd better ask someone for help.

☆： Wait, is that it by the escalator? Yes, it's Gate 62. Finally! Now we have time to find some souvenirs.

★： Yeah. I think I'll look for some postcards.

Question: What will the man and woman probably do next?

全文訳 ☆： ゲートが見つからないなんて信じられない。この空港はすごく混乱するね。

★： そうだね。もっと表示があればいいのに。誰かに助けを求めた方が良さそうだ。

☆： 待って，エスカレーターのそばのあれがそうじゃない？ うん，62番ゲートだ。ついに見つけた！ さて，これでお土産を探す時間があるね。

★： うん。僕は絵はがきを探そうかな。

Q：男性と女性はおそらくこの次に何をするか。

選択肢の訳 1 自分たちのゲートを探す。　　2 店をいくつか見る。
3 誰かに道順を尋ねる。　　　4 飛行機に搭乗し始める。

解説 会話の前半から，空港でゲートが見つからない男女の様子をつかもう。ついにゲートを見つけた女性が Now we have time to find some souvenirs. と言っているので，この後2人は土産物を探しに店に入ると考えられる。男性の最後の postcards は souvenirs を具体的に表したもの。

No.**9** – 解答 ④ ‥‥‥‥‥‥‥‥‥‥‥‥‥‥‥‥‥‥‥‥‥‥

放送英文 ☆： Here's your menu, sir. Would you like a drink while you decide?

★： Sure. I'd like a glass of red wine. Are there any wines that you recommend?

☆： I recommend a wine called Vino Hill, because it's not too sweet, and it tastes good with many of the dishes on our menu. It's made in the southern part of Spain.

★： Great. I'll try that, then. I've always liked the taste of Spanish wines.

Question: What does the woman say about the wine called Vino Hill?

全文訳 ☆： メニューをどうぞ，お客様。お決めになっている間，飲み物はいかがですか。

★： ええ。赤ワインを1杯お願いします。何かお薦めのワインはありますか。

☆： ヴィノ・ヒルというワインをお薦めします。甘過ぎず，味が当店のメニューの多くの料理に合いますから。スペイン南部で作られています。

★： いいですね。では，それを試してみます。私は前々からずっとスペインワインの味が好きなんです。

Q：女性はヴィノ・ヒルというワインについて何と言っているか。

選択肢の訳 1 それはとても値段が高い。
2 それはとても甘い味がする。
3 それはスペインのレストランでしか売られていない。
4 それはレストランの食事と合う。

解説 女性のワインの説明の中の，it tastes good with many of the dishes on our menu を言い換えた **4** が正解。go well with ～「～と合う」

No.**10** 解答 ② ‥‥‥‥‥‥‥‥‥‥‥‥‥‥‥‥‥‥‥‥

放送英文 ☆： Honey, you're finally home. I was worried about you.

★： Sorry I'm so late. The train stopped at Jefferson Station because of an accident. It was already too late to get the bus, and there weren't any taxis, so I walked.

☆： From Jefferson Station! That's so far. Why didn't you call me to pick you up?

★： I would have, but I forgot my phone at the office.

Question: How did the man go home from Jefferson Station?

全文訳 ☆： あなた，やっと帰ってきたのね。あなたのこと，心配していたの。

★： こんなに遅くなってごめん。事故で列車がジェファーソン駅で止まったんだ。バスに乗るにはすでに遅過ぎたし，タクシーもなかったから，歩いたんだ。

☆： ジェファーソン駅から！　すごく遠いじゃない。どうして車で迎えに来るよう私に電話をしなかったの？

★： したかったんだけど，携帯電話を会社に忘れてしまったんだ。

Ｑ：男性はジェファーソン駅からどうやって帰宅したか。

選択肢の訳 1　彼はバスに乗った。　　　　2　彼は徒歩で帰った。

3　彼はタクシーを呼んだ。　　4　彼の妻が彼を車に乗せた。

解説 事前にざっと選択肢を見ると，交通手段が問われていることがわかる。ジェファーソン駅で列車が止まって男性はどうしたか。男性の最初の発言の so I walked が決め手。最後の発言は I would have called you if I had my phone「携帯電話があれば電話をしていただろう」という仮定法過去完了の called you 以降が省略されていると考える。

No.11 解答 ④

放送英文 ★： Honey, this plant is dying. What do you think is wrong?

☆： I'm not sure. It seems to be getting enough sunlight.

★： Yeah. And I think we're giving it enough water and plant food, too.

☆： Wait. Look! There are small white insects eating the leaves. I bet they're the problem.

Question: Why does the woman think the plant is dying?

全文訳 ★： ハニー，この植物，枯れかけているね。何が悪いんだと思う？

☆： わからないわ。日光は十分に浴びているようだけど。

★： うん。それに十分な水と肥料もあげていると思う。

☆： 待って。見て！　葉っぱを食べている小さな白い虫がいる。きっとこれらが問題なのよ。

Ｑ：女性はなぜ植物が枯れかけていると思っているか。

選択肢の訳 1　彼女はそれに水をやり過ぎているため。

2　彼女はそれに間違った肥料を与えたため。

3　それは十分な日光を浴びていないため。

4　それは虫に荒らされているため。

解説 話題は植物が枯れかけている原因。女性は最後に葉っぱを食べている虫を見つけて I bet they're the problem. と言っている。選択肢では虫に

葉っぱを食べられることを attacked と表している。

No.12 解答 ④ ··

放送英文 ☆： Excuse me. Could you tell me which floor the exhibition of Spanish artists is on? I just read a review about it in today's paper.

★： It's on the fourth floor. Just follow the signs. You can take the stairs or use the elevator.

☆： It seems very crowded today. Perhaps many people read that review, too.

★： Well, maybe, but our special exhibitions are always very popular.

Question: What does the woman want to do?

全文訳 ☆： すみません。スペインの画家の展示が何階にあるか教えていただけますか。今日の新聞でそれに関する批評を読んだところです。

★： 4階にあります。表示に従って進んでください。階段で行くか, エレベーターをご利用いただけます。

☆： 今日はとても混んでいるようですね。たぶん, 多くの人があの批評を読んだんでしょうね。

★： まあ, そうかもしれませんが, 当館の特別展はいつでも大人気ですよ。

Q：女性は何をしたいのか。

選択肢の訳　**1**　批評を読む。　　　　　**2**　エレベーターを修理する。
3　何人かの画家と話す。　　**4**　美術展を見る。

解説　女性と美術館の男性職員の会話。女性は冒頭でスペインの画家の展示の場所を尋ねているので, 女性がしたいことは **4** である。Could you ～? は話者の頼み事だけでなく要望も表す。

No.13 解答 ② ··

放送英文 ☆： You look tired, Jeff. Are you feeling OK?

★： I just got back from my vacation in Africa. I haven't adjusted to the time difference yet.

☆： Oh, I know the feeling. I was tired for three days after I came back from my trip to Indonesia.

★： Yeah. I love traveling, but sometimes it really makes you tired.

Question: What do we learn about the man?

全文訳 ☆： 疲れているようね, ジェフ。体調は大丈夫?

★： アフリカでの休暇から戻ったばかりなんだ。まだ時差に順応してない。

☆： ああ, その気持ちわかるよ。私はインドネシア旅行から帰った後, 3日間疲れていたわ。

★： うん。旅行は大好きだけど, 本当に疲れてしまうこともあるよね。

Q：男性について何がわかるか。

選択肢の訳 **1** 彼は旅行が好きではない。
2 彼は旅行をしたばかりだ。
3 彼はまもなくインドネシアに行く。
4 彼は3日間仕事を休んだ。

解説 質問は男性についてで，男性の最初の発言の，I just got back from my vacation in Africa. から，**2** が正解。**1** は男性の2番目の発言の，I love traveling と合わない。

No.14 解答 ①

放送英文 ☆： Let me show you around so you can feel more at home, Kentaro.

★： Thanks, Mrs. James. I was surprised by how big your garden is.

☆： Really? Don't people have big gardens in Tokyo, too?

★： No, actually. Gardens are usually small, and many people have no garden at all.

Question: What is the boy doing now?

全文訳 ☆： あなたがもっとくつろげるよう，家を案内させて，ケンタロウ。

★： ありがとう，ジェームズさん。お宅の庭がすごく大きいのに驚きました。

☆： そう？　東京でも人々は大きな庭を持っているんじゃないの？

★： いえ，実は持っていません。庭はたいてい狭いですし，庭を全く持っていない人が大勢います。

Q：男の子は今何をしているか。

選択肢の訳 **1** 女性の家を歩いて回っている。　**2** 女性の庭に水をやっている。
3 彼の庭を女性に見せている。　　**4** 女性の家の写真を見ている。

解説 会話冒頭の Let me show you around から，女性（ホームステイ先のホストマザーなど）が男の子に家を案内している場面を思い浮かべよう。〈show＋人＋around〉は「（人）を案内して回る」。正解は **1** で，walk around の around はここでは「～の周りを」ではなく「～のあちこちを」の意味。最後に男の子が日本の庭について説明しているが，自分の庭を女性に見せているわけではないので **3** を選ばないように注意。

No.15 解答 ②

放送英文 ★： How may I help you?

☆： Hi. I'd like to send this package to Germany.

★： OK. Could you please fill out this form while I weigh the package?

☆： Oh, and I'd like to send it by express mail. I want it to arrive there within a week.

Question: What does the woman want to do?

全文訳 ★： いらっしゃいませ。

☆： こんにちは。この荷物をドイツに送りたいのですが。

★： 承知しました。荷物の重さを量る間，この用紙にご記入いただけますか。

☆： あ，それと，速達で送りたいです。1週間以内にドイツに届くようにしたいんです。

Q：女性は何をしたいのか。

選択肢の訳 1 ドイツ語で用紙に記入する。

2 ドイツに荷物を送る。

3 後で荷物の重さを量る。

4 1週間以内にドイツに向けて出発する。

解説 郵便局での会話。女性の要望は I'd like to send this package to Germany. にある。fill out, form, weigh, within a week など会話中の語句を含むほかの選択肢を選ばないように注意。

一次試験・リスニング 第2部 問題編 p.43〜45 ▶MP3 ▶アプリ ▶CD 1 17〜32

No.16 解答 ④ · 正答率 ★75%以上

放送英文 It was Mother's Day yesterday, but Stuart had forgotten to get his mom a card. So he decided to make breakfast for her instead. He woke up early to prepare a traditional English breakfast of bacon, sausages, fried eggs, mushrooms, and toast. Stuart's mom was very pleased when she saw what he had made for her. The sausages were a little burned, but she said that everything tasted delicious.

Question: Why was Stuart's mother pleased?

全文訳 昨日は母の日だったが，スチュアートは母親にカードを買うのを忘れていた。そこで彼は代わりに母親に朝食を作ることにした。彼は，早起きして，ベーコン，ソーセージ，目玉焼き，マッシュルーム，トーストからなる伝統的な英国式朝食を作った。スチュアートの母親は，彼が自分のために作ってくれたものを見てとても喜んだ。ソーセージは少し焦げていたが，彼女はどれもとてもおいしいと言った。

Q：スチュアートの母親はなぜ喜んだか。

選択肢の訳 1 スチュアートが彼女にきれいなカードをあげたから。

2 スチュアートが彼女を，朝食を食べに連れ出したから。

3 スチュアートが自力で起きたから。

4 スチュアートが彼女のために朝食を作ったから。

解説 instead に注意して，スチュアートはカードをあげる代わりに朝食を作ったことを理解しよう。Stuart's mom was very pleased の後に手

26

掛かりがある。what he had made for her「彼が自分のために作って
くれたもの」は朝食のことなので，**4** が正解。

No.17 解答 ①

(放送英文) Good afternoon, students. Welcome to Introduction to
Psychology. I'm Professor Roberta Williams. I hope you've all
bought your textbooks. Every week, we will discuss a new topic
from the textbook. Notes for each class will be put on the class
website, where you can look at them if you like. The website
address is written on the blackboard.

Question: What does the professor say students can do online?

(全文訳) 生徒の皆さん，こんにちは。心理学入門へようこそ。私はロバータ・
ウィリアムズ教授です。皆さんはもう教科書を購入されたことと思いま
す。毎週，その教科書の新しいトピックについて話し合います。各授業
の覚書はクラスのウェブサイトに掲載されますので，よろしければそこ
でご覧ください。ウェブサイトのアドレスは黒板に書いてあります。

Q：教授は，生徒はオンライン上で何ができると言っているか。

(選択肢の訳) 1　授業の覚書を見る。
2　教科書を買う。
3　授業のトピックについて話し合う。
4　クラスメートにメッセージを送る。

(解説) 教授から学生への授業の説明である。第6文の Notes for each class
will be put on the class website, where you can look at them (＝
notes) から，生徒は，ウェブサイトで（＝質問文の online）授業の
notes を見ることができるとわかる。note(s) は「覚書，メモ，（講演の）
文案」でノート（notebook）ではないので注意。質問文の online を聞
き逃すと授業ですることとして **3** を選んでしまうかもしれないので，質
問文の聞き取りにも注意しよう。

No.18 解答 ② 　正答率 ★**75%以上**

(放送英文) Last year, Sylvia and her family moved to a new town. At first,
Sylvia was lonely and often wrote messages to friends from her
old high school. Her brother encouraged her to try to make new
friends, so Sylvia decided to join her school's drama club. She
made many new friends there. Now, even though she still misses
her old friends, she enjoys life at her new school.

Question: How did Sylvia make new friends?

(全文訳) 昨年，シルビアと彼女の家族は新しい町に引っ越した。最初，シルビア
は独りぼっちで，よく前の高校の友だちにメッセージを書いた。兄［弟］
が新しい友だちを作ってみるよう彼女を励まし，それでシルビアは学校

27

の演劇クラブに入ることにした。彼女はそこでたくさんの新しい友だちを作った。今では，まだ以前の友だちが恋しいものの，彼女は新しい学校での生活を楽しんでいる。

Q：シルビアはどうやって新しい友だちを作ったか。

選択肢の訳 **1** 彼女は新しい文通友だちを見つけた。
2 彼女は学校のクラブに参加した。
3 彼女はアルバイトを始めた。
4 彼女は兄［弟］の友だちと会った。

解説 「最初は～だったが，今では…」という話の展開がポイント。引っ越し当初は独りぼっちだった→兄［弟］が新しい友だちを作るよう励ました→演劇クラブに入った→たくさんの友だちができた，という流れから **2** が正解。

No.**19** 解答 ④

放送英文 Last weekend, there was a big storm in the city where Patricia lives, so she could not play outside with her friends. Next weekend will be a long weekend because Friday is a national holiday, and the weather will be sunny. However, Patricia has so much homework to do that she will not be able to meet her friends. As a result, she is not looking forward to the long weekend.

Question: Why is Patricia not looking forward to the long weekend?

全文訳 この前の週末は，パトリシアが住む都市に大嵐が来たため，彼女は友だちと外で遊ぶことができなかった。次の週末は金曜が祝日のため長い週末になり，また天気は晴れになりそうだ。しかし，パトリシアにはやるべき宿題がとてもたくさんあるので，友だちと会うことはできないだろう。そのため，彼女は長い週末を楽しみにしていない。

Q：パトリシアはなぜ長い週末を楽しみにしていないのか。

選択肢の訳 **1** 大嵐が来るから。
2 父親が彼女の部屋を掃除するよう頼んだから。
3 友だちが別の都市に引っ越すから。
4 彼女にはやるべき宿題がたくさんあるから。

解説 最終文と質問文の内容が一致する。週末が楽しみでない理由はその前の Patricia has so much homework to do にある。so ～ that S will not be able to *do*「とても～なので S は…できないだろう」の聞き取りを確認しよう。

No.**20** 解答 ② .... 正答率 ★**75%以上**

放送英文 Robert's uncle taught Robert how to make videos on his laptop computer. Robert uses the computer's camera. On Wednesday, he put the computer on a wall outside his school to make a video of himself. A strong wind blew the computer off the wall, and it fell to the ground and broke. Now, Robert has to use his smartphone to make videos until he can buy a new computer.

Question: What happened to Robert on Wednesday?

全文訳 ロバートのおじはロバートにノートパソコンで動画を作成する方法を教えた。ロバートはパソコンのカメラを使う。水曜日，彼は自撮り動画を作成するために学校の外壁にパソコンを設置した。強風でパソコンが壁から吹き飛ばされ，地面に落ちて壊れてしまった。今，ロバートは新しいパソコンが買えるまで，スマートフォンを使って動画を作成しなければならない。

Q：水曜日，ロバートに何があったか。

選択肢の訳 1 彼のカメラが学校の外で盗まれた。

2 彼のパソコンが落ちて壊れた。

3 彼のおじが彼に新しいおもちゃを買い与えた。

4 彼の先生が彼のスマートフォンを取り上げた。

解説 水曜日の出来事は On Wednesday 以下の過去時制の部分に手掛かりがある。自撮り動画を撮影するために学校の外壁にパソコンを設置→強風で地面に落ちて壊れた，というストーリーである。第4文後半の it fell to the ground and broke から **2** が正解。

No.21 解答

放送英文 Steven got a call from his sister this afternoon. She said that she had not seen her cat, Spotty, all day. Spotty usually comes into the kitchen for breakfast. Steven's sister asked Steven if he could help her to look for Spotty this evening after work. Steven said that he would be happy to do so.

Question: How will Steven spend this evening?

全文訳 今日の午後，スティーブンは姉［妹］から電話をもらった。彼女は，飼い猫のスポッティを一日中見ていないと言った。スポッティはいつも朝食を食べに台所にやって来る。スティーブンの姉［妹］はスティーブンに，今晩仕事の後，スポッティを探すのを手伝ってくれないかと頼んだ。スティーブンは喜んでそうすると言った。

Q：スティーブンは今晩どう過ごすか。

選択肢の訳 1 彼の姉［妹］を手伝う。 2 猫を買う。

3 新しい家を探す。 4 朝食の仕込みをする。

解説 前半から，スティーブンの姉［妹］が，猫がいないことを心配してスティーブンに電話をかけたという状況を把握しよう。今晩に関する情報

は，this evening を含む文にあり，スティーブンはこの姉［妹］のお願いを受け入れたので，**1** が正解。be happy to *do*「喜んで〜する」

No.22 解答 ③

放送英文 In the 19th century, there was a writer from the United States known as Nathaniel Hawthorne. His short stories and novels were works of fiction, but he often included real historical events in them. He was also friends with U.S. President Franklin Pierce. Today, Hawthorne's books are read and enjoyed all over the world.

Question: What is one thing we learn about Nathaniel Hawthorne?

全文訳 19世紀，ナサニエル・ホーソーンというアメリカ合衆国出身の作家がいた。彼の短編や小説はフィクションだったが，しばしば実際の歴史上の出来事を含んでいた。彼はまたフランクリン・ピアース米大統領と友人でもあった。今日，ホーソーンの本は世界中で読まれ，楽しまれている。

Q：ナサニエル・ホーソーンについてわかる1つのことは何か。

選択肢の訳
1 彼はアメリカ合衆国生まれではなかった。
2 彼は本を印刷する新しい方法を発明した。
3 彼はしばしば歴史上の出来事を用いてフィクションを書いた。
4 彼は自分の国の大統領が好きではなかった。

解説 ナサニエル・ホーソーンという作家に関する説明文。第2文の His short stories and novels were works of fiction, but he often included real historical events in them. を短く表した **3** が正解。**1** は a writer from the United States，**4** は friends with U.S. President と合わない。

No.23 解答 ④ 　　　　　　　　　　　正答率 ★75%以上

放送英文 Yumi's son and daughter have grown up and left home. Yumi still has her old family car, but she no longer needs such a big one. She will exchange it for a smaller car that will be delivered to her in July. It is a red sports car, and Yumi plans to drive it to the beach on the day that it arrives. She is really looking forward to the trip.

Question: What is Yumi going to do in July?

全文訳 ユミの息子と娘は成長して家を出た。ユミはまだ古い自家用車を持っているが，もはやそんな大きな車は必要ない。彼女はそれを7月に納車される小型車と交換する予定だ。それは赤いスポーツカーで，ユミはそれが届いた日にそれを運転してビーチへ行くつもりである。彼女はその旅

行をとても楽しみにしている。

Q：ユミは7月に何をするつもりか。

選択肢の訳 1 自分の古い車を娘にあげる。

2 自分の車を使って物品を配達する。

3 息子がスポーツカーを探すのを手伝う。

4 新しい車に乗ってドライブに出かける。

解説 ユミは家族向けの大型車を小型車に買い換えることにした。第3文の a smaller car that will be delivered to her in July から，7月に小型車が納車される。続く第4文にはその日に（on the day that it arrives）その車でビーチまでドライブするつもりだとあるので，**4**が正解。複数出てくる it が指すものを理解することがポイント。

No.24 解答

放送英文 Elvis Presley, who is widely known as the king of rock 'n' roll, bought a tour bus in 1976 for his band. The band was called The TCB Band, so Elvis named the bus TCB. Nine people could sleep comfortably inside it. The band's members used the bus to go to concerts around the United States. However, Elvis had difficulty turning the big bus around.

Question: What is one thing we learn about the bus that Elvis Presley bought?

全文訳 ロックンロールの王様として広く知られるエルビス・プレスリーは，1976年に自身のバンドのためにツアーバスを購入した。このバンドはTCBバンドと呼ばれていたので，エルビスはそのバスをTCBと名づけた。車内では9人が快適に寝ることができた。バンドのメンバーたちはこのバスを使ってアメリカ各地のコンサートに出かけた。しかし，エルビスはこの大きなバスを方向転換させるのに苦労した。

Q：エルビス・プレスリーが購入したバスについてわかる1つのことは何か。

選択肢の訳 1 彼にとってそれを方向転換させるのは難しかった。

2 それには両側に9つの窓があった。

3 彼と彼のバンドがそれを作るのに6年かかった。

4 車内にコンサートを開くのに十分なスペースがあった。

解説 エルビス・プレスリーに関する説明文。バスについて説明した中で，最終文の Elvis had difficulty turning the big bus around の部分と **1** が合う。〈人＋have difficulty *doing*〉「（人）は〜するのに苦労する」を選択肢では〈it is difficult for＋人＋to *do* 〉「（人）にとって〜するのは難しい」を使って表している。turn 〜 around はここでは車体を方向転換［Uターン］させること。

No.25 解答 ①

放送英文 Welcome to Price Shavers Supermarket. We would like to remind customers about our special offer. Simply show staff our store's discount code on the screen of your smartphone or tablet computer when you pay for your shopping. You can get 10 percent off all items. To receive the code, sign up on our store's website today.

Question: How can customers get a discount?

全文訳 プライス・シェーバーズ・スーパーマーケットへようこそ。お客様に当店の特別割引についてお知らせいたします。お買い物のお支払いの際に，スマートフォンまたはタブレット端末の画面上の当店の割引コードをスタッフに提示してください。全商品10パーセント引きになります。コードを受け取るには，本日当店のウェブサイト上で登録してください。

Q：客はどうすれば割引を得られるか。

選択肢の訳 1 画面上でコードを見せることで。
2 10個の質問に答えることで。
3 5つより多く商品を買うことで。
4 スタッフに声を掛けることで。

解説 Welcome to ... で始まるスーパーの店内放送。案内の目的は通常，最初の方にある。ここでは special offer の案内である。具体的には，会計時に画面上で割引コード（discount code）を提示すれば全商品10パーセント引きになる。

No.26 解答 ④

放送英文 Victoria loves sandwiches. Yesterday, she watched an online video by a professional chef. He used roast beef and grilled vegetables to make a sandwich. Victoria used the chef's recipe to make one, too. She showed a picture of her sandwich to a friend at work, and he was very impressed. Her friend recommended using brown bread instead of white bread. That way, Victoria could make healthier sandwiches.

Question: What advice did one of Victoria's friends at work give her?

全文訳 ビクトリアはサンドイッチが大好きだ。昨日，彼女はプロのシェフのオンライン動画を見た。彼はローストビーフとグリル野菜を使ってサンドイッチを作っていた。ビクトリアもシェフのレシピを使って1つ作った。彼女のサンドイッチの写真を職場の友人に見せたところ，彼はとても感心していた。彼女の友人は，白パンの代わりに茶色パンを使うことを勧めた。そうすれば，ビクトリアはより健康的なサンドイッチを作ること

ができるだろう。

Q：ビクトリアの職場の友人の1人は彼女にどんな助言をしたか。

選択肢の訳 1　人々に料理の仕方を見せる動画を作ること。

2　そんなに多くのローストビーフを食べるのをやめること。

3　プロのシェフになるのを検討すること。

4　サンドイッチを作るときに茶色パンを使うこと。

解説 話題はビクトリアのサンドイッチ作り。友人の助言は Her friend recommended 以降にある。white bread の代わりに brown bread を使うことを勧めたので，**4** が正解。brown bread「茶色パン，ブラウンブレッド」は，精製後の小麦粉を使用した白パンに対し，全粒粉を使用した茶色いパンのことだが，この違いを知らなくても，英語のまま「brown bread を使うことを勧めた」が聞き取れれば問題ない。

No.27 解答 ②

放送英文 Scientists in Southeast Asia found a small animal called a pygmy tarsier. The scientists were surprised because they believed that there were no pygmy tarsiers left. At first, the scientists thought it was a big mouse, but later, they confirmed that it was actually one of Indonesia's rarest wild animals.

Question: Why were scientists in Southeast Asia surprised?

全文訳 東南アジアの科学者たちがピグミーメガネザルと呼ばれる小動物を発見した。科学者たちはピグミーメガネザルはもう1匹も残っていないと信じていたので，驚いた。最初，科学者たちはそれを大きなネズミだと思ったが，後になって，実はインドネシアで最も珍しい野生動物の1つであることを確認した。

Q：なぜ東南アジアの科学者たちは驚いたのか。

選択肢の訳 1　彼らは異常に大きい植物を見たから。

2　彼らは非常に珍しい動物を見つけたから。

3　彼らは奇妙な動物の音を聞いたから。

4　彼らは地球上で最も大きなネズミを見つけたから。

解説 pygmy tarsier に関する説明文。a small animal called a pygmy tarsier から，これが小さい動物であることをイメージしよう。冒頭で科学者たちが pygmy tarsier を見つけたと述べた後，驚いた理由（The scientists were surprised because）として1匹も残っていないと信じていたからだとある。最終文の one of Indonesia's rarest wild animals も参考にして，**2** を選ぶ。大きなネズミではなかったので **4** は誤り。最終文は At first, ..., but ～「最初は…だったが，～」の展開を意識して聞き進めよう。

No.28 解答 ③

放送英文 We hope you are enjoying this year's town festival. The final show is about to begin, so please come to the stage at the north end of the park. Three flute players will perform some popular pieces of music. Please feel free to dance if you want to. We have also prepared some chairs for visitors who would prefer to sit down while they enjoy the performance.

Question: Why is this announcement being made?

全文訳 皆さんは今年の町祭りをお楽しみいただいていることと思います。そろそろ最後の見せ物が始まりますので，公園北端の舞台にお越しください。3人のフルート奏者が人気の曲を演奏します。踊りたい方はご自由に踊ってください。演奏を楽しむ間，座っていたい来場者の方のためにいすもご用意しています。

Q：なぜこのアナウンスは流されているのか。

選択肢の訳 1 人々に公園の規則に関する情報を伝えるため。

2 人々に祭りが終わったことを知らせるため。

3 人々に祭りの最後の見せ物について伝えるため。

4 演奏者たちに舞台に来るよう頼むため。

解説 放送文に we や you が出てきたらアナウンスの問題であることが多い。放送を聞く前にざっと選択肢を見ると，「人々に〜するため」とあるので，その点でもアナウンス問題と予測できるだろう。冒頭の We hope you ... festival. から，お祭り会場のアナウンスを想像しよう。アナウンスの目的は通常，始めの方で述べられる。第2文の The final show から，最後の見せ物の案内だとわかる。

No.29 解答 ①

放送英文 In the mountains of Bulgaria in Europe, there are some famous lakes known as the Seven Rila Lakes. Each lake has a name, and some of the names were chosen because of the shapes of the lakes. For example, one lake is sometimes called Eye Lake because its shape is similar to an eye. Every year, hikers from all over the world visit these mountains to see the Seven Rila Lakes.

Question: What is one thing we learn about some of the Seven Rila Lakes in Bulgaria?

全文訳 ヨーロッパのブルガリアの山間部には，リラ七湖として知られる有名な湖群がある。それぞれの湖には名前があり，その名前の中には，湖の形からつけられたものもある。例えば，ある湖は，その形が目に似ていることから，「瞳の湖」と呼ばれることがある。毎年，リラ七湖を見るた

めに世界中からハイカーがこの山々を訪れる。

Q：ブルガリアのリラ七湖のいくつかについてわかる１つのことは何か。

選択肢の訳 1 それらの名前はそれらの形と合うようつけられた。

2 それらの形は有名なデザイナーによって作られた。

3 それらは外国人ハイカーたちによって最近発見された。

4 それらは水質が良いことで有名である。

解説 the Seven Rila Lakes という湖群の説明文。その名称から，湖が７つあることが想像できる。その特徴を述べた第２文の some of the names were chosen because of the shapes of the lakes から，**1** が正解。この some と質問文の some はいずれも「７つある湖のうちのいくつか」という意味。続く第３文の形が目に似ている湖は Eye Lake と呼ばれるという具体例もヒントになる。

No.30 解答 4

放送英文 Rachel's cousin will be five years old soon, and Rachel has been thinking about what to do for his birthday. He likes animals, but he already has many toy animals, and he has been to the zoo many times. Rachel has decided to teach him how to play an easy song on the piano. If he likes doing it, she will buy him a music book and give him lessons.

Question: What is Rachel going to do for her cousin?

全文訳 レイチェルのいとこはもうすぐ５歳で，レイチェルは彼の誕生日に何をしようかとずっと考えている。彼は動物が好きだが，すでにたくさんの動物のおもちゃを持っているし，動物園にも何度も行っている。レイチェルは彼にピアノで簡単な曲の弾き方を教えることに決めた。もし彼がそれをするのが好きなら，彼女は彼に楽譜を買ってやり，レッスンをするつもりだ。

Q：レイチェルはいとこのために何をするつもりか。

選択肢の訳 1 彼に動物の描き方を教える。

2 彼に新しい漫画本を買う。

3 彼の誕生日に動物園に連れていく。

4 彼に曲の弾き方を教える。

解説 いとこの５歳の誕生日にすることとして，いくつか案が述べられるが，最終的に何に決めたかを聞き取ることがポイント。第３文の Rachel has decided to teach him how to play an easy song on the piano. を短く表した **4** が正解。〈teach ＋人＋ (how) to *do*〉「（人）に～の仕方を教える」

全文訳 **より良いコミュニケーション**

　　現在，日本人には外国人とビジネスを行う機会がしばしばある。このため，日本人が考え方の違いを理解するのは重要である。従業員にそのような違いについて学ばせている会社があり，このようにして彼らは従業員が誤解を避ける手助けをしている。世界がより強く結びつくようになるにつれ，将来，ますます多くの日本人がおそらく外国人と一緒に働くことになるだろう。

質問の訳 No. 1 文章によれば，会社はどのように彼らの従業員が誤解を避ける手助けをしていますか。

　　　　 No. 2 では，絵を見てその状況を説明してください。20 秒間，準備する時間があります。話はカードにある文で始めてください。
　　　　 〈20 秒後〉始めてください。

　　　　 では，〜さん（受験者の氏名），カードを裏返して置いてください。

　　　　 No. 3 もっと多くの会社が従業員にオンラインで会議を行うのを許可すべきであると言う人がいます。あなたはそれについてどう思いますか。

　　　　 No. 4 現在，多くの人々が公共の場所でスマートフォンを使っています。人々はスマートフォンを使っているときにマナーについて十分に注意を払っているとあなたは思いますか。
　　　　　　　 Yes. →なぜですか。　　　　　　No. →なぜですか。

No.1

解答例 By letting their employees learn about differences in ways of thinking.

解答例の訳 「従業員に考え方の違いを学ばせることによって」

解説 第 3 文に Some companies let their employees learn about such differences, and in this way they help their employees avoid misunderstandings. とあり，such differences「そのような違い」を学ばせることによって会社は従業員が誤解を避ける手助けをしていることがわかる。such differences とはその直前の文で differences in ways of thinking と説明されているので，such differences をその説明部分と入れ替える。質問は how「どのように」なので，By letting で始めて答えるとよい。

No.2

解答例 One afternoon, Jun and his mother were watching a television program about France. Jun said to his mother, "I want to learn more about France before my trip there." The next day at a bookstore, Jun found a book on the shelf. His mother was asking a clerk to get the book for him. On the morning before leaving, Jun was surprised to see there was a storm. His mother was worried that the flight would be canceled.

解答例の訳 「ある午後，ジュンと彼の母親はフランスについてのテレビ番組を見ていました。ジュンは彼の母親に『フランスへ旅行に行く前にフランスについてもっと学びたい』と言いました。次の日，本屋でジュンは1冊の本を本棚に見つけました。彼の母親は店員にその本を彼のために取ってくれるよう頼んでいました。出発前の朝に，ジュンは嵐が来ているのを見て驚きました。彼の母親は飛行機の便がキャンセルされることを心配していました」

解説 1コマ目は指示された文で説明を始め，その後にジュンのせりふを Jun said to his mother, の後に続ける。2コマ目は The next day at a bookstore, で始め，ジュンの動作を描写するとともに，吹き出しの中の母親の店員への依頼内容を説明する。3コマ目は On the morning before leaving, で始め，ジュンが窓の外を見て驚いている様子を描写し，次に吹き出しの中の母親の考えを説明する。

No.3

解答例 I agree. People can take part in the meetings from anywhere. Also, it's easy for employees to share information with each other.

解答例の訳 「私もそう思います。人々はどこからでも会議に参加することができます。また，従業員にとってお互いに情報を共有することが簡単です」

解答例 I disagree. It's difficult to understand each other in online meetings. For example, it can be hard to hear everybody's voice.

解答例の訳 「私はそうは思いません。オンラインの会議ではお互いを理解することは困難です。例えば，皆の声を聞くことが難しいことがあります」

解説 まず，冒頭で賛成か反対かを明確にし，その後にそれをサポートする理由や具体例を2文程度で述べるとよい。賛成の場合は解答例に加えて，地方にある支社の人たちも本社の会議に容易に参加でき，出張経費の削減につながること（People can local branches can easily participate in head office meetings, which can reduce the cost of business travel.）を具体的に指摘してもよいだろう。反対の場合は，通信状況が悪くなると会議が途中で中断してしまう可能性があること（Poor connections could interrupt the meetings.）を述べてもよいだろう。

No.4

解答例 （Yes. と答えた場合）

Most people don't talk loudly on their smartphones in public places. They try not to bother other people.

解答例の訳 「ほとんどの人は公共の場所ではスマートフォンで大きな声を出して話をしていません。彼らはほかの人々に迷惑をかけないようにしています」

解答例 (No. と答えた場合)

Some people use their smartphones in crowded places. They can cause accidents when looking at their smartphones.

解答例の訳 「混雑した場所でスマートフォンを使う人がいます。彼らはスマートフォンを見ているとき，事故を起こす可能性があります」

解説 ここでも Yes か No かの立場をまず初めに明確にし，その立場を支持する理由を 2 文程度で説明することが重要である。Yes の場合は解答例に加えて，映画館やコンサート会場などではほとんどの人がスマートフォンをマナーモードに切り替えていること (Most people set their smartphones to silent mode at movie theaters or concert halls.) を述べてもよいだろう。No の場合は，歩きながらスマートフォンを使う人が多く，事故やほかの人とのトラブルを引き起こす可能性がある (Many people use their smartphones while walking, which can cause accidents or trouble with others.) というような表現も可能だろう。

二次試験・面接 | 問題カード **B** 日程 | 問題編 p.48～49 | 🔊 | ▶MP3 ▶アプリ ▶CD 1 38～41

全文訳 **働く親を助ける**

　幼い子どもを持つ親が常勤で働くことは簡単ではない。結果として，親が働いている間に子どもを預けておける場所の重要性が増している。現在，そのような場所を提供している会社があり，このようにして彼らは幼い子どもがいる従業員がより働きやすくなるよう手助けしている。このような会社はおそらく将来ますます一般的になるだろう。

質問の訳 No. 1 文章によれば，会社はどのようにして幼い子どもがいる従業員がより働きやすくなるよう手助けしていますか。

No. 2 では，絵を見てその状況を説明してください。20 秒間，準備する時間があります。話はカードにある文で始めてください。
〈20 秒後〉始めてください。

では，～さん（受験者の氏名），カードを裏返して置いてください。

No. 3 現在の子どもたちはほかの子どもたちと一緒に遊ぶことに十分な時間を使っていないと言う人がいます。あなたはそれについてどう思いますか。

No. 4　現在，ほとんどの町と都市には図書館があります。将来，より多くの人たちが図書館を利用するだろうとあなたは思いますか。
　　　Yes. →なぜですか。　　　　　　　No. →なぜですか。

No.1

解答例　By offering places where parents can leave their children while working.

解答例の訳　「親が働いている間に子どもを預けておける場所を提供することによって」

解説　第3文に Now, some companies offer such places, and in this way they help employees with small children work more easily. とあり，such places「そのような場所」を提供することによって会社は幼い子どもがいる従業員が働きやすくなるよう手助けしていることがわかる。such places とはその直前の文で places where parents can leave their children while working と説明されているので，such places をその説明部分と入れ替える。質問は how「どのように」なので By offering で始めて答えるとよい。

No.2

解答例　One day, Koji and his mother were talking in their living room. Koji said to his mother, "Let's go hiking this weekend." Later at a shop, Koji was choosing a hat. His mother suggested that he try on one of them. That weekend, Koji was stretching. His mother was looking forward to having lunch with Koji.

解答例の訳　「ある日，コウジと彼の母親は居間で話をしていました。コウジは彼の母親に『今週末ハイキングに行こう』と言いました。その後ある店で，コウジは帽子を選んでいました。彼の母親は彼がそれらの1つを試着してみることを提案しました。その週末，コウジはストレッチをしていました。彼の母親はコウジと昼食を食べることを楽しみにしていました」

解説　1コマ目は指示された文で説明を始め，その後にコウジのせりふを Koji said to his mother, の後に続ける。2コマ目は Later at a shop, で始め，コウジの動作を過去進行形で描写するとともに，吹き出しの中の母親の提案を説明する。3コマ目は That weekend, で始め，コウジがストレッチをしている様子を描写し，次に吹き出しの中の母親の考えを説明する。

No.3

解答例　I agree. Many children are too busy to play with other children. For example, they have a lot of homework to do.

解答例の訳　「私もそう思います。多くの子どもたちは忙し過ぎてほかの子どもたちと遊ぶことができません。例えば，彼らにはやるべきたくさんの宿題が

あります」

解答例 I disagree. Children like to play together outside after school. Also, many children visit friends' homes.

解答例の訳 「私はそうは思いません。子どもたちは放課後，外で一緒に遊ぶのが好きです。また，多くの子どもたちが友だちの家を訪れます」

解説 賛成の場合は解答例に加えて，多くの子どもたちが受験勉強のために塾に行って勉強をしていること（Many children go to cram schools to study for entrance exams.）を具体的に指摘してもよいだろう。反対の場合は，スマートフォンを通して一緒にゲームをしている子どもたちがいること（Some children play games together through their smartphones.）を指摘してもよいだろう。

No.4

解答例 （Yes. と答えた場合）

Most libraries offer a variety of services. For example, many libraries have free Internet access.

解答例の訳 「ほとんどの図書館は多様なサービスを提供しています。例えば，多くの図書館は無料のインターネット接続を提供しています」

解答例 （No. と答えた場合）

People think it's more convenient to download books on their smartphones. Going to the library takes a lot of time.

解答例の訳 「人々は彼らのスマートフォンに本をダウンロードする方がより便利であると考えています。図書館に行くには多くの時間がかかります」

解説 Yes の場合は解答例に加えて，インターネット上の情報は不正確なものが多いため，図書館で調べものをする人は増えるだろう（More people will use libraries for research purposes because much of the information on the Internet is inaccurate.）ということを指摘してもよいだろう。No の場合は，図書館では貸出期間が決まっており，忙しい場合は借りた本を読み切れないかもしれないこと（The library has a fixed loan period, and if you are busy, you may not be able to finish reading the book you borrow.）を述べてもよいだろう。

2023-1

解 答 一 覧

1

(1)	3	(8)	1	(15)	1
(2)	4	(9)	3	(16)	3
(3)	4	(10)	3	(17)	2
(4)	3	(11)	4	(18)	2
(5)	1	(12)	4	(19)	2
(6)	4	(13)	3	(20)	4
(7)	4	(14)	1		

2 A

(21)	1
(22)	4
(23)	1

2 B

(24)	1
(25)	4
(26)	3

3 A

(27)	4
(28)	1
(29)	1

3 B

(30)	4
(31)	1
(32)	4
(33)	1

3 C

(34)	2	(36)	2	(38)	1
(35)	4	(37)	1		

4　　解答例は本文参照

第1部

No. 1	3	No. 6	2	No.11	4
No. 2	2	No. 7	1	No.12	3
No. 3	4	No. 8	1	No.13	2
No. 4	1	No. 9	3	No.14	1
No. 5	2	No.10	3	No.15	4

第2部

No.16	1	No.21	1	No.26	1
No.17	3	No.22	2	No.27	3
No.18	1	No.23	1	No.28	4
No.19	3	No.24	2	No.29	3
No.20	1	No.25	2	No.30	1

(1) ― 解答 ③ ・・・・・・・・・・・・・・・・・・・・・・・・・・・・・・・ 正答率 ★**75%以上**

訳 A：デイブが私に結婚の申し込みをしてきたわ。イエスというべきだと思う？

B：決断のためにはあなたは自分で判断しなければならないよ。ほかの誰もあなたの代わりにそれをすることはできないよ。

解説 デイブのプロポーズに対して，ほかの誰もあなたの代わりにそれをすることはできないと B は言っている。つまり，自分の judgment「判断」で決断しなければならないということ。income「収入」，convention「集会」，geography「地理学」

(2) ― 解答 ④ ・・

訳 A：ジル，私のエッセイについてどう思った？

B：そうね，あなたの説明のいくつかにはちょっとあいまいなところがあるわ。たぶん，そういった部分をもっと明快にするべきよ。

解説 エッセイの感想を聞かれた B は，もっと明快にするべき箇所がある，と助言を与えている。つまり，A のエッセイには vague「あいまいな」ところがあると考えるのが自然である。harmful「有害な」，previous「以前の」，certain「確信して」

(3) ― 解答 ④ ・・

訳 コリンは長い間，数学で悪い成績を取ってきたが，それについて彼は何もしてこなかった。ついに，彼はその問題に直面し，先生に助けを求めることにした。

解説 空所前ではコリンが数学の成績が悪いことについてこれまで何もしてこなかったことが，空所後ではついに先生に助けを求めることにしたことがそれぞれ述べられている。このことから，彼はその問題に confront「直面する」ことにしたと推測される。alter「〜を変える」，impress「〜に感銘を与える」，honor「〜に栄誉を与える」

(4) ― 解答 ③ ・・

訳 聖パトリックの祝日のパレードは 10 番街で始まり，ゆっくりと町の中心部へと進んでいった。

解説 パレードは 10 番街で始まったということから，その後それが町の中心部へと proceeded「進んでいった」と考えるのが自然。illustrate「〜を説明する」，remind「〜に思い出させる」，defend「〜を防御する」

(5) ― 解答 ① ・・

訳 自動車が登場する前，人々は長距離の旅行をするために馬に引かれた馬車をしばしば使った。

解説 自動車が登場する前，人々が長距離の旅行に使った乗り物は carriages「馬車」だと考えるのが最も自然。fantasy「空想」, puzzle「パズル」, luxury「ぜいたく品」

(6) ― 解答 **4**

訳 ジェーンは絹のハンカチを5枚買った。それぞれを異なる友人にあげるつもりだったので，彼女は店員にそれらを個別に包装してくれるよう頼んだ。

解説 空所前でジェーンは5枚のハンカチをそれぞれ異なる友人にあげるつもりであると述べられていることから，彼女は individually「個別に」包装を頼んだと考えられる。legally「合法的に」, financially「財政的に」, accidentally「偶然に」

(7) ― 解答 **4**

訳 最初の講義で，スミス教授は良いノートを取ることがいかに重要かを強調した。彼は3，4回それについて言及した。

解説 空所後にスミス教授は3，4回それについて言及した，とあることから，彼がそれを stressed「強調した」ことがわかる。stress には「ストレス，緊張」という名詞としての意味だけでなく，「～を強調する」という動詞としての意味もあることに注意。engage「～を従事させる」, divide「～を分割する」, bury「～を埋める」

(8) ― 解答 **1**　　正答率 ★75%以上

訳 昨日，ベンが住んでいる通り沿いの家で小さな火事があった。消防士がその火事に水を散布し，すぐにそれを消し止めた。

解説 火事に対して消防士が水を sprayed「散布した」と考えるのが最も自然である。demand「～を要求する」, award「～を授与する」, punish「～を罰する」

(9) ― 解答 **3**

訳 『侵略！』というゲームでは，それぞれのプレーヤーはほかの国を占領し，帝国を築こうとする。

解説 『侵略！』というゲームはほかの国を占領するゲームであることが述べられているので，empire「帝国」を築く，とすると自然。urgency「緊急（性）」, offspring「子孫」, impulse「衝動」

(10) ― 解答 **3**

訳 科学の授業で，ディクソン先生はろうそくに火をつけ，生徒たちに炎を見るように言った。彼女は彼らに最も熱い部分は青いところだと言った。

解説 空所前では先生がろうそくに火をつけたことが，空所後では最も熱い部分は青いところだと説明していることがそれぞれ述べられている。このことから，flame「炎」を選ぶのが自然。triumph「勝利」, religion「宗教」, luggage「手荷物」

(11)—解答 4　正答率 ★75%以上

訳　マーガレットの両親は，毎日彼女が練習することを約束した後，ついに彼女にピアノを買ってあげたのだが，彼女はたった２カ月後に演奏するのをやめた。彼らはとても彼女に失望した。

解説　空所前ではマーガレットがせっかく買ったピアノの練習をたった２カ月でやめてしまったことが述べられている。このことから両親がマーガレットに disappointed in「失望して」いることが推測される。be capable of「～ができる」，be inspired by「～に触発される」，be attracted to「～に引かれる」

(12)—解答 4

訳　A：家に帰るのが遅くなってごめんなさい。私抜きで夕食を食べた？
B：ええ。私たちはとてもお腹がすいていたの。でもあなたのためにいくらか料理を取り分けたの。今，それを温めてあげる。

解説　B は，自分たちは夕食を食べ終わったが，食べ物を温めてあげると言っている。つまり，B は夕食を set aside「取り分けた」ということである。cut down「～を切り倒す」，hang up「（電話）を切る」，take after「～に似ている」

(13)—解答 3

訳　ベイサイド通りの建設工事のために，その通り沿いの家への送電は２時間遮断されなければならなかった。

解説　建設工事の影響として最も考えられることは，送電が shut off「遮断される」ことである。hear of「～について聞く」，turn over「～をひっくり返す」，rule out「～を除外する」

(14)—解答 1

訳　タウ・エレクトロニクスは，来月新しいスマートフォンを売り出す予定だと認めた。その発売は技術的な問題のために数カ月延期されていた。

解説　空所後でそのスマートフォンの発売が数カ月延期されていたことが述べられており，会社が認めたことは来月それを bringing out「売り出す」予定であることだと推測される。fall for「～を好きになる」，pick on「～をいじめる」，give off「～を発する」

(15)—解答 1

訳　アンデス山脈において雪や雨として降ってくる水は，アマゾン川を数千キロ下り，最終的に大西洋に流れ込む。

解説　水の移動に関する英文であり，空所後には the Atlantic Ocean「大西洋」が続くので，flows into「～に流れ込む」が最も自然である。run across「～に偶然会う」，hand over「～を引き渡す」，dig up「～を掘り起こす」

(16)—解答 **3**

訳 スワンドン・フーズの仕事へ応募する者は, 本人が直接申し込まなければならない。彼らは応募用紙を郵送することは許可されていない。代わりに, 彼らはそれらを店長または彼の助手に持っていかなければならない。

解説 空所後で応募者は応募用紙を郵送せず, 直接店長またはその助手に持っていかなければならないと述べられている。言い換えれば, in person「本人が直接」応募しなければならないということ。at ease「気楽に」, at length「ついに」, in detail「詳細に」

(17)—解答 **2**

訳 ジェイソンのクラスの生徒たちは教室内のことに交代で気を配る。今週, ジェイソンは1日の終わりに床にゴミがないことを確認する担当である。

解説 空所前では生徒たちは教室内のことに交代で気を配ると述べられている。つまりそれぞれが何かの係を in charge of「担当して」いるということ。for fear of「～を恐れて」, on behalf of「～の代わりに」, by way of「～を経由して」

(18)—解答 **2**

訳 ジェニーは料理がとても上手である。彼女のスープとシチューはレストランで出されるどれにも劣っていない。

解説 as good as any で「どんな物とも同じくらい良い」つまり「どれにも劣っていない」という意味になる。それ以外の選択肢では意味を成すフレーズが作れない。

(19)—解答 **2**

訳 A：お母さん, 後で公園に行ってジミーと遊んでもいい？
B：まず宿題を終えたら, いいわよ。

解説 provided (that) ～で「もし～ならば」という意味。if よりも条件の意味が強く, only if に近い。

(20)—解答 **4**

訳 ミサワさんはとても裕福で大きな家に住んでいる。彼女のキッチンはほかの人のキッチンの4倍の大きさがある。

解説 〈倍数表現＋the size of ～〉で「～の…倍の大きさ」という意味。2倍は twice the size of ～, 3倍は three times the size of ～, 半分は half the size of ～となる。

一次試験・筆記 **2** 問題編 p.56～59

A 全文訳 **何か変化は？**

ずっと以前, 人間はお金を使っていなかった。必要なもの全てを作り出すことがそう

そうできたわけではなかったので，彼らはほかの人によって作られたものを自分たちのものの一部と交換した。次第に，彼らが交換したものは現金によって置き換えられた。物やサービスと交換することができる金属の硬貨と紙の紙幣は数百年間ずっと作られてきた。現金は持ち運びが簡単なので，多くの人々にとって便利である。けれど同時に，それはなくしたり盗まれたりする可能性がある。もう１つのデメリットは犯罪者が偽の硬貨や紙幣を作ることができたことである。

20世紀の半ばに，プラスチックのクレジットカードが導入された。それらは所有者以外の誰かに使われることを防ぐための安全機能を持っていた。最初，それらの使用は裕福な人々に限られていた。しかしながら時間がたつにつれて，それらはより広く使えるようになった。ここ数年で，クレジットカードと同様に使うことができるスマートフォン用のアプリもまた人気となった。このため，私たちは現金の終焉をまもなく目撃するかもしれないと示唆する人々もいる。

全ての支払いが電子的になされる「現金不要の」社会を支持する人々は，それはいくつかの利点を持つだろうと主張している。例えば，人々は彼らの財布を安全に保管することについて心配する必要がなくなるだろう。しかしながら，ソフトウェアの不具合やスマートフォンの故障のために，彼らが必要としているものの代金を支払うことができないかもしれないと心配する人々もいる。さらに，銀行口座やクレジットカードを持っていない人々もおり，それゆえに彼らの唯一の選択肢は硬貨と紙幣を使うことである。今のところ，社会は現金を使い続けるように思われる。

(21)— 解答 **1** ....

解説　空所前では現金のメリットが述べられており，空所のある文では though「けれど」という副詞が使われている。このことから空所には前文の内容とは反対のデメリットを表す語句が入るはずであり，それに当てはまるのは can be lost or stolen「なくしたり盗まれたりする可能性がある」である。タイトルの Any Change? は change「変化」に change「小銭，釣り銭」がかかっており「小銭ある？」とも読める。

(22)— 解答 **4** ....

解説　空所前では，クレジットカードの利用は最初，裕福な人々に限られていたことが述べられており，空所のある文では however「しかしながら」という逆接の副詞が使われている。このことから，空所には前の文の内容とは反対の内容が入ることが予想される。前の文の「限られていた」という事実と反対の内容を表す語句は more widely available「より広く使える」である。

(23)— 解答 **1** ....

解説　空所前では銀行口座やクレジットカードを持っていない人々がおり，彼らには現金が唯一の選択肢であることが，また空所後では現金は社会で使われ続けるように思われるということがそれぞれ述べられている。この２つの事柄を結びつけるのに最適な接続語句は For now「今のとこ

ろ」である。Until then「そのときまで」，With luck「運が良ければ」，By contrast「それに比べて」

B 全文訳 Mejk Swenekafew の話

　最近，多くの人々が，真実ではないニュースの報道，「フェイクニュース」について話している。しかしながら，そのような報道は長い間ずっと私たちの身の回りにあった。それらは時には，より多くの人々に新聞を読んでもらったり，テレビ番組を見てもらったり，オンラインのニュースサイトを訪れてもらったりするために使われている。また，自分の政治的または宗教的な信念を広めるためにフェイクニュースを使う人もいる。しかしながら，これらはフェイクニュースを発表する唯一の理由ではない。1903年，ウェストバージニア州のクラークスバーグにおいて，フェイクニュースは新聞社が本当に彼ら自身の記事を書いているかどうかを確かめるために使われた。

　その都市には，クラークスバーグ・デイリー・テレグラムとクラークスバーグ・デイリー・ニュースというライバル同士の2つの新聞社があった。デイリー・テレグラムの社員はデイリー・ニュースの新聞記者が彼らの記事を盗んでいると信じていた。デイリー・テレグラムはこれが起きているのかどうかを確かめることにした。デイリー・テレグラムは犬についての口論の後に撃たれた男に関するフェイクニュースの記事を発表した。その男の名前は Mejk Swenekafew であった。その後すぐに，全く同じニュースがデイリー・ニュースに載った。しかしながら，デイリー・ニュースの新聞記者は "Swenekafew" という名前が実は "we fake news（私たちはニュースをでっちあげる）" を逆から書いたものであることに気づかなかった。彼らはデイリー・テレグラムの記事を写したことを認めざるを得なかった。

　最近，もっと多くの読者，視聴者，そして閲覧者を得なければならないというこれまでにない大きなプレッシャーが新聞や，ニュース番組，ニュースサイトに課されている。それをするために，彼らはできるだけ素早く大きなニュースを報道する必要がある。結果として，彼らは自分たちが最新のニュースを手にしていることを確認するためにお互いを常に監視している。しかしながら，彼らはクラークスバーグ・デイリー・ニュースがしたことと同じことを行わないように注意する必要がある。

(24)— 解答 **1** ・・・・・・・・・・・・・・・・・・・・・・・・・・・・・・・・・・・・・

　解説 空所前ではフェイクニュースが使われる一般的な理由が，空所後ではそれらとは異なる使われ方がそれぞれ述べられている。つまり，these are not the only reasons for「これら（空所前で述べられた理由）は唯一の理由ではない」ということ。

(25)— 解答 **4** ・・・・・・・・・・・・・・・・・・・・・・・・・・・・・・・・・・・・・

　解説 空所後で，デイリー・ニュースの記者が，フェイクニュースと気づかずにデイリー・テレグラムの記事を写したことが述べられている。つまり，デイリー・テレグラムはデイリー・ニュースが stealing its stories「彼らの記事を盗んでいる」と信じており，それを確かめるためにフェイク

ニュースを発表したことがわかる。

(26)—解答 ③ ....

解説 空所前ではできるだけ素早く最新のニュースを報道する必要性が報道機関の間で高まっていることが，空所後ではそれを確かなものにするために彼らがお互いに監視し合っていることが，それぞれ述べられている。この2つの事柄を結びつける接続語句としては As a result「結果として」が最も適切である。Despite this「これにもかかわらず」，By chance「偶然に」，On the other hand「その一方で」

一次試験・筆記 **3** | 問題編 p.60〜66

A 全文訳

発信人：カレン・テイラー <taylor-k@speakezls.com>
宛先：トレイシー・ミッチェル <tracym_0617@ugotmail.com>
日付：6月4日
件名：Speak-EZ 語学学校
ミッチェル様

　Speak-EZ 語学学校のスペイン語レッスンについてお問い合わせいただき誠にありがとうございます。Speak-EZ 語学学校は30年以上にわたり質の高いレッスンを提供し，当校の教員は何千人もの生徒たちが彼らの目標を達成することを手助けしてまいりました。あなたがスペイン語を学びたい理由が，ビジネスのためであろうと，友だちとおしゃべりするためであろうと，試験に合格するためであろうと，あるいはただ学びの楽しみのためであろうと，私たちはあなたにぴったりのプログラムを提供することができます。

　あなたは高校でスペイン語を勉強したけれど，数年間それを使っていなかったので，どのレッスンを取るべきか確信が持てないとおっしゃいました。ご心配には及びません。私たちは無料の語学力テストを提供しております。Speak-EZ 語学学校へのご入学をお決めいただきましたら，そのテストを受けることができます。私たちの講師の1人がその結果を使って，あなたの能力と目標にぴったりのプログラムをあなたが選び出すことをお手伝いいたします。また，Speak-EZ 語学学校で使っている手法をつかんでもらうために20分の個人レッスンを無料で受けることもできます。

　私たちは個人レッスンとグループレッスンの両方を提供しております。グループレッスンは新しい友だちを作る素晴らしい方法になり得ます。しかしながら，それぞれのグループレッスンに参加できるのは8人までですので，定員は限られています。また，Speak-EZ チャットセッションをお試しになることもできます。これらは私たちの講師の1人によって主催され，全てのレベルの生徒たちに自由におしゃべりをする機会を提供します。Speak-EZ チャットセッションは平日の晩に毎日ご利用いただけます。

お返事をお待ちしております！

カレン・テイラー

Speak-EZ 語学学校

(27)—解答 ‥‥‥‥‥‥‥‥‥‥‥‥‥‥‥‥‥‥ 正答率 ★75%以上

質問の訳 Speak-EZ 語学学校についてカレン・テイラーが言っている1つのこ
とは何か。

選択肢の訳 1 それは30以上の異なる言語でレッスンを提供している。

2 それは新しいスペイン語の教員を雇うことを計画している。

3 そこの教員は世界中から来ている。

4 それはさまざまな種類のコースを提供している。

解説 第1段落第3文に，スペイン語を習いたい理由はさまざまかもしれない
が，Speak-EZ 語学学校はあなたにぴったりのプログラムを提供でき
る，と述べられている。つまりさまざまな種類のコースを提供している
ということ。

(28)—解答 1 ‥‥‥‥‥‥‥‥‥‥‥‥‥‥‥‥‥‥‥‥‥‥‥‥‥‥

質問の訳 ミッチェルさんが言ったことは，彼女は

選択肢の訳 1 どの授業に申し込んだらよいかわからないということだ。

2 かつてスペイン語を習ったことがないということだ。

3 教授法についてもっと情報が欲しいということだ。

4 講師の1人と一緒の高校に行っていたということだ。

解説 第2段落第1文から，彼女がどのレッスンを取るべきか確信が持ててい
ないことがわかる。

(29)—解答 1 ‥‥‥‥‥‥‥‥‥‥‥‥‥‥‥‥‥‥‥‥‥‥‥‥‥‥

質問の訳 Speak-EZ チャットセッションは

選択肢の訳 1 毎週月曜日から金曜日まで行われる。

2 セッションごとに限られた定員数となっている。

3 上級の生徒のみが利用できる。

4 友だちを作るために外国語を使うことを重視している。

解説 第3段落最終文から，チャットセッションは毎週平日，つまり月曜日か
ら金曜日に行われていることがわかる。限られた定員数なのはグループ
レッスンなので誤って2を選択しないように注意。

B 全文訳 **類まれな機械**

　先進国の人々が使う機械のほとんどは，過去200年の間に発明された。それらは人々
の仕事を容易にし，ほかの仕事と娯楽のための時間を人々により多く与えている。しか
しながら，これらの機械のどれが最も社会を変えただろうか。人々はテレビ，コン
ピューター，そしてスマートフォンにより多くの時間を割いているけれども，これらの
発明の影響は洗濯機のそれと比べると小さいと主張する歴史学者もいる。

洗濯機以前は，服やシーツは手で洗われた。歴史の大部分の期間，これには川や湖に洗濯物を運び，それを濡らし，汚れを落とすために岩，砂，石けんなどでこするという作業が含まれていた。そして洗濯物は再び水にひたされなければならず，乾燥をより容易にするために，余分な水はたいてい取り除かれた。たとえ家に水があったとしても，洗濯物をきれいにするために，それは特別な板にこすりつけられるか，または木片でたたかれなければならなかった。それは長い時間がかかる大変な作業であった。

最初の洗濯機は手動であり，依然として多くの大変な作業を必要とした。水と電気の組み合わせはとても危険なので，これらの機械を動かすためにどのように電気を使ったらよいのか見つけ出すことは難しい課題だった。しかしながら20世紀の前半に，洗濯に含まれる手順のほとんどを自動で行える電動の機械を発明家たちは作り出した。まもなく，これらの機械は世界のより裕福な地域にある家ではよく見られるものとなった。

自動洗濯機はほかのどの新しい技術よりも，ほかの活動のために使うより多くの時間とエネルギーを人々に与えた。彼らは勉強と子どもの教育にこの余分な時間とエネルギーのいくらかを使った。これは，次に，洗濯機が普通のものとなった場所に住む全ての人々の生活の質の向上につながった。今日でさえ，世界の多くの人々は依然として手で服を洗っている。これは，今後数十年にわたって，洗濯機はおそらく数十億の人々の生活に大きな影響を与え続けることを意味している。

(30)—解答 ④ ••••••••••••••••••••••••••••••••••

質問の訳 洗濯機の発明について一部の歴史学者たちは何と言っているか。

選択肢の訳
1 それは社会の重要な変化のために起きた。
2 それはテレビ，コンピューター，そしてスマートフォンの開発につながった。
3 それは自然環境へ大きな衝撃を与えた。
4 それは現代のほかの発明よりもより大きな影響力を社会に対して持った。

解説 第1段落最終文に歴史学者の主張としてテレビ，コンピューター，スマートフォンの影響は洗濯機のそれと比べたら小さいという記述がある。つまり洗濯機はほかの発明より大きな影響力を持っていたということ。

(31)—解答 ① ••••••••••••••••••••••••••••••••••

質問の訳 洗濯機を使わずに服やシーツを洗うことが大変な作業であった理由は

選択肢の訳
1 洗濯をする過程にはいくつかの異なる段階が含まれていたからだ。
2 洗濯物を洗うために使われる石けんは手作りされなければならなかったからだ。
3 人々は洗濯物を乾かすために長距離を移動しなければならなかったからだ。
4 それを行った人々は十分なお金を稼ぐために多くのものを洗わなければならなかったからだ。

解説 第2段落第2文から第4文にかけて，手で洗濯をする際にしなければ

ならない作業が列挙されており，洗濯にはさまざまな段階があることが
わかる。ゆえに正解は **1** となる。ほかの選択肢は英文の内容と一致しな
い，もしくは英文では言及されていない。

(32)— 解答 **4**

質問の訳 電動の洗濯機を発明しようとした人々が直面した1つの課題は何だった
か。

選択肢の訳 1 多くの人々は，それらが手で洗濯物を洗うことほど効果的ではない
と考えた。
2 電気の使用は，世界のより裕福な地域にあるほんの少しの家に限ら
れていた。
3 彼らは洗濯に含まれる全ての手順を行う機械をどのように作ったら
よいのか見つけ出すことができなかった。
4 電気と水の両方を使う機械を扱うのは，かなり危険な可能性がある。

解説 第3段落第2文から，電気と水の両方を組み合わせて使うことが危険で
あったことがわかる。

(33)— 解答 **1**

質問の訳 洗濯機によって人々ができるようになったことは

選択肢の訳 1 自分自身と自分たちの子どもの教育により多くの時間を割くことだ。
2 自分たちの地域社会のボランティア活動にエネルギーを使うことだ。
3 家での作業を行ってくれるほかの機械を発明することだ。
4 多くの川や湖がある世界の地域に住むことだ。

解説 第4段落第2文から，洗濯機によって浮いた時間を人々が自分の勉強と
子どもたちの教育に使ったことがわかる。

C **全文訳** **夢に生きる**

　平均して人々は人生のおよそ3分の1を寝て過ごし，寝ている時間のおよそ4分の1
の時間，夢を見る。夢を見ることに関係する人間の脳の部分について科学者たちは多く
を学んだけれども，夢の目的について依然彼らは確信を持てないでいる。この理由の1
つは人々が見る夢の多様性である。つまり，夢は楽しかったり，怖かったり，普通でな
かったり，とても普通であったりする。これに加えて，夢はしばしば意味を成さず，起
きるとすぐにほとんど忘れられてしまう。

　何千年もの間，人々はなぜ夢を見るのかについて説明しようとしてきた。古代の人々
は，夢は神々からのメッセージであると信じた。もっと最近では，夢は私たちの個性の
隠れた部分について私たちに語っている可能性があるということが提案された。近ごろ
では，ほとんどの心理学者は，夢を見ることの主要な機能の1つは記憶を見直し，強化
することであると信じている。よく学ぶために，私たちは新しい考えと技を獲得するだ
けでなく，定期的にそれらを思い出すこともしなければならないので，これは重要だ。

　最近の研究で，アメリカのファーマン大学のエリン・ワムズリーは48人の参加者た

ちに大学の特別な実験室で夜を過ごすように依頼した。その参加者たちは夜の間，数回起こされ，何の夢を見ていたのかを報告するように頼まれた。翌朝，参加者たちは彼らの夢の内容を彼らの生活の出来事と関連づけようと試みた。ワムズリーは，夢の半分以上が，経験の記憶に関連づけられることを発見した。これは，夢が学習において役割を果たすという考えを支持している。

しかしながら，ワムズリーはまた，夢のおよそ 25 パーセントが，もうすぐやって来るテストや旅行のような，参加者たちの生活の未来における特定の出来事と関連づけられることも発見した。これは，夢を見ることのもう 1 つの重要な役割が，人々にこれらの出来事の準備をする機会を与えることだという証拠であると彼女は考えている。さらに，ワムズリーはこれらの夢が夜遅くなってより頻繁になることに気づいた。彼女が提示している 1 つの説明は，私たちの脳は寝ている間でさえも時間を意識しているということである。新しい日の始まりに私たちが近づくと，私たちの注意は過去の出来事を振り返ることから未来の出来事について考えることに切り替わる。

(34)—解答 ② ·····················

質問の訳 人々がなぜ夢を見るのかについて科学者たちが確信を持てない 1 つの理由は何か。

選択肢の訳 1 人々の脳のいくつかの部分が夢を見ることに関連しているから。
2 夢はたいてい明確な意味を持っていないようだから。
3 人々はしばしば彼らの夢を正直に描写したがらないから。
4 異なる人々が時々全く同じ夢を見るから。

解説 第 1 段落最終文から，夢はしばしば意味を成さないということがわかる。do not make sense が選択肢では do not usually appear to have a clear meaning と言い換えられている。

(35)—解答 ④ ·····················

質問の訳 現代の心理学者たちが考えていることは

選択肢の訳 1 人々は何千年も前に夢を見る理由を発見したということだ。
2 人々の脳は夢を見ることで鍛えられ，より大きく成長できるということだ。
3 夢は人々が好きではない個性の一部を隠すことを可能にするということだ。
4 夢は人々に記憶を強化する機会を与えるということだ。

解説 第 2 段落第 4 文から，夢は人々の記憶を強化する機能を持つと心理学者たちが考えていることがわかる。strengthen them が選択肢では make their memories stronger と言い換えられている。

(36)—解答 ② ·····················

質問の訳 エリン・ワムズリーの研究の参加者たちがするように依頼された 1 つのことは何か。

選択肢の訳 1 彼らの夢の内容についてその研究に参加したほかの人たちと議論を

する。

2 彼らの夢の中で起きたことと彼らの生活で起きていたことを関連づける。

3 夢を見ていると気づいたらすぐに起きようとする。

4 彼ら自身の夢を人々がよく見る夢のリストと比較する。

解説 第3段落第3文から，研究の参加者たちは夢の内容と彼らの生活の出来事を関連づけるように促されていたことがわかる。

(37)— 解答 ①
質問の訳 未来の出来事に関する夢についてワムズリーが示唆していることは

選択肢の訳 **1** 私たちの脳はまもなく私たちが目覚めることを知っているので，そのような夢を見るということだ。

2 テストやほかの緊張を強いる出来事の後の方がより頻繁にそのような夢を見るということだ。

3 過去についての夢とちょうど同じくらいの頻度でそのような夢は経験されるということだ。

4 おそらくそのような夢はほかの夢よりも長く私たちの記憶の中にとどまるということだ。

解説 第4段落第3文から最終文にかけて，私たちの脳は眠っている間も時間を意識しており，未来に関する夢は朝が近づくと頻繁に見る傾向があるということが述べられている。ゆえに正解は**1**となる。

(38)— 解答 ①
質問の訳 以下の記述のうち正しいのはどれか。

選択肢の訳 **1** ずっと以前，人々は神々が夢を通して彼らに語りかけていると信じていた。

2 人々は寝ている時間の半分以上，夢を見る。

3 ワムズリーの研究の参加者たちは主に未来の出来事に関する夢を見た。

4 ワムズリーの研究の参加者たちは彼らの家で観察された。

解説 第2段落第2文に Ancient people believed that dreams were messages from gods. とあり，古代の人々は夢が神々からのメッセージであると信じていたということがわかる。dreams were messages from gods が選択肢では gods spoke to them through dreams と言い換えられている。

一次試験・筆記 **4** | 問題編 p.66

トピックの訳 今日，多くのビルが雨水を集め，そして植物に水を与えるといったようなさまざまな方法でそれを使っています。そのようなビルが将来より一

般的になるだろうとあなたは思いますか。

ポイントの訳 費用　緊急事態　技術

解答例 I think such buildings will become more common in the future. First, by making use of rainwater, a building owner can reduce the cost of water used from the water supply. For example, rainwater can be used for washing cars and for growing plants in gardens. Second, collecting rainwater can be useful in times of disaster. Due to damage to water pipes, supplies of water are sometimes limited. In such cases, rainwater will help until normal conditions return. Therefore, I think buildings that collect rainwater will become more common in the future.

解答例の訳 私はそのようなビルが将来より一般的になるだろうと思います。第1に，雨水を使うことによって，ビルの所有者は，上水道から使われる水の費用を削減することができます。例えば雨水を，車を洗ったり，庭の植物を育てたりするために使うことができます。第2に，雨水を集めることは災害時に役に立ち得ます。水道管の損傷のために，水の供給は時々制限されます。そのような場合に，雨水は正常な状態が戻るまで役に立ちます。それゆえに，雨水を集めるビルは将来より一般的になるだろうと私は思います。

解説 ライティングで大切なことはまず冒頭で自分の意見をはっきりと表明することである。この意見表明の文を主題文という。賛成を表明する際にはI think / I agree を，反対の場合にはI do not think / I disagree を使い，その後にTOPIC で使われている文をつなげると主題文を容易に作ることができる。次に自分の意見を支持する具体的な理由を2つ挙げていく。その際，First, Second といった標識になるつなぎ言葉を使うと論理構成が明確になる。そして最後はTherefore で始めて，もう一度自分の意見を結論として述べる。このような段落の構成が英語では一般的であり，わかりやすい文章とされる。

解答例ではCost「費用」とEmergency「緊急事態」の観点で同意する例が挙げられているが，同意しない場合にはTechnology「技術」とCost「費用」の観点から雨水を清潔に保管するのは難しく，高い費用がかかる場合があること（It is difficult to keep rainwater clean in a tank, which can be costly to do.）や，Cost「費用」の観点から雨水の活用はビルの所有者にとって必須ではなく，多くの所有者は余計な費用を払いたくないこと（Making use of rainwater is not mandatory, so many building owners do not want to pay an extra cost for that.）などを指摘してもよいだろう。

No.**1**−解答 ③ ・・・・・・・・・・・・・・・・・・・・・・・・・・・・・・ 正答率 ★**75%以上**

放送英文 ★： What's the best way to get to Silver City from here, Amanda? I'm going there this weekend.

☆： Well, it's too far to drive your car, and the bus takes too long. You could fly there, but that's so expensive. I recommend an express train. They go there every morning.

★： In the morning? That would probably work well with my schedule.

☆： Yeah, check the station's website for the departure time.
Question: How will the man probably get to Silver City?

全文訳 ★： アマンダ，ここからシルバーシティまで行くのに最も良い方法は何だろう？ 今週末にそこに行くことになっているんだ。

☆： そうねえ，車で行くには遠過ぎるし，バスでは時間がかかり過ぎるわね。飛行機で行くこともできるけどかなり高くつくし。急行列車をお薦めするわ。毎朝そこに行く列車が出ているの。

★： 朝に？ それはたぶん僕のスケジュールにうまく合いそうだな。

☆： そうね，出発時刻を駅のウェブサイトで確認してね。
Q：男性はおそらくどのようにしてシルバーシティに行くか。

選択肢の訳 **1** バスに乗って。
2 車を運転して。
3 電車に乗って。
4 飛行機に乗って。

解説 女性が毎朝出ている急行列車を薦めたのに対して，男性は，それは自分のスケジュールに合いそうだと答えている。ゆえに正解は **3** となる。

No.**2**−解答 ② ・・・

放送英文 ☆： Welcome to Bayview Furniture. How may I help you?

★： My wife and I are looking for a new sofa for our living room.

☆： OK. Would you like a large one or a small one? And do you want one that can pull out into a bed?

★： We want a large sofa that is big enough for three people to sit on comfortably. We don't need one that can change into a bed.
Question: What kind of sofa do the man and his wife want?

全文訳 ☆： ベイビュー家具店にようこそ。お手伝いできることはありますか。

★： 妻と私はリビングに置く新しいソファを探しているんです。

☆： かしこまりました。大きなものがよろしいでしょうか，それとも小さいも

のがよろしいでしょうか。また，引き出してベッドにできるものはいかがでしょうか。

★： 3人が快適に座れる十分な大きさの大きめのソファが欲しいんです。ベッドに変えられるものは必要ありません。

Q：男性と彼の妻はどんな種類のソファを求めているか。

選択肢の訳　1　ベッドルーム用のもの。
　　　　　　2　3人用のもの。
　　　　　　3　ベッドとして使えるもの。
　　　　　　4　彼らのリビングにあるようなもの。

解説　男性の2番目の発言に We want a large sofa that is big enough for three people to sit on comfortably. とあり，彼らは3人がゆったり座れる大きなソファを望んでいることがわかる。

No.3 － 解答　④

放送英文　★： Excuse me, ma'am, is this seat taken? There aren't any other seats available on the train tonight.

☆： No, it's not. You're welcome to sit here. I noticed the train was very crowded, too. I guess a lot of people are traveling for the holiday weekend.

★： That's what I'm doing, actually. I'm going to visit my parents in London this weekend.

☆： Really? I'm going there to see my family, too.

Question: What is one thing we learn about the man?

全文訳　★： すみません，この席は空いていますか。今夜，この列車のほかのどの席も埋まっているんです。

☆： 空いていますよ。どうぞここに座ってください。列車がとても混んでいると私も思っていました。たくさんの人たちが祝日と重なる週末に旅行しているんでしょうね。

★： 実は僕もそうしているんですよ。この週末にロンドンに住む両親を訪れるつもりなんです。

☆： 本当？　私も家族に会いにそこに行こうとしているんです。

Q：男性についてわかる1つのことは何か。

選択肢の訳　1　彼は祝日の間働いている。
　　　　　　2　彼はその女性の両親と会うだろう。
　　　　　　3　彼は女性を自分の席に座らせるだろう。
　　　　　　4　彼はロンドンに向かっている。

解説　男性の2番目の発言に I'm going to visit my parents in London this weekend. とあり，彼がロンドンに住む両親に会いに行こうとしていることがわかる。

No.**4** – 解答 ①

(放送英文) ★ : Abby, good job on getting a perfect score on our French test. I wish I could get good grades in French class like you do.

☆ : Thanks, James. I just prepare by studying for a few hours each week.

★ : Would you be my study partner? I'm having trouble with the lessons we're doing now.

☆ : Of course. Let's meet at the library after class and review them together.

Question: Why does the boy ask the girl for help?

(全文訳) ★ : アビー，フランス語のテストで満点を取るなんてすごいね。君のようにフランス語の授業で良い点が取れたらなあ。

☆ : ありがとう，ジェームズ。私はただ毎週，数時間勉強して準備をしているだけよ。

★ : 僕と一緒に勉強してくれないかな？　今やっている授業で苦労しているんだ。

☆ : もちろん。授業後に図書館で会って，一緒に復習をしましょう。

Q：男の子はなぜ女の子に助けを求めているのか。

(選択肢の訳) **1** 彼はフランス語の授業で苦労しているから。

2 彼はプロジェクトのトピックを選ぶ必要があるから。

3 彼は新しいフランス語の授業を始めようとしているから。

4 彼は図書館で本を見つけることができないから。

(解説) 男の子の2番目の発言に Would you be my study partner? I'm having trouble with the lessons we're doing now. とあり，この男の子がフランス語の授業で苦労しており，女の子に助けてほしいと思っていることがわかる。

No.**5** – 解答 ②

(放送英文) ☆ : That was a really nice barbecue at the Johnsons' house yesterday, wasn't it?

★ : Yeah, there was so much food, and the volleyball game was fun, too. We should thank them for inviting us.

☆ : I agree. How about sending them a card?

★ : Good idea. And we could send them some of the pictures we took.

Question: What is one thing the man and woman will do?

(全文訳) ☆ : 昨日のジョンソンズ家でのバーベキューは本当にとても良かったわよね。

★ : ああ，食べ物がとても多くて，バレーボールの試合も面白かったね。僕たちを招いてくれたことに感謝しなければならないね。

☆ : そうね。彼らにカードを贈るのはどうかしら？

★： いい考えだね。僕たちが撮った写真も何枚か送ることができるね。

Q：男性と女性がする１つのことは何か。

1 ジョンソンズさんの家の写真を撮る。

2 お礼のカードをジョンソンズ家に送る。

3 バレーボールの試合に参加する。

4 バーベキューパーティーを開く。

解説 女性がカードを送ってはどうかと提案したのに対して，男性はいい考えだ，と同意している。ゆえに正解は **2** となる。

No.**6** – 解答 ②

放送英文 ★： Mom, can you wash my blue jeans? I want to wear them to Bobby's party on Saturday.

☆： Why don't you wash them yourself?

★： But I don't know how, Mom. Please!

☆： You're going to college next year, Donnie, so you need to learn to do things for yourself. Come on, I'll show you how to use the washing machine.

Question: What does the woman tell her son?

全文訳 ★： お母さん，僕の青いジーンズを洗ってくれない？ 土曜日のボビーのパーティーにはいていきたいんだ。

☆： 自分で洗ったら？

★： でもやり方がわからないんだよ，お母さん。お願いだよ！

☆： ドニー，あなたは来年大学に行くんだから，自分のことは自分でやることを学ぶ必要があるわ。さあ，私が洗濯機の使い方を教えてあげるわ。

Q：女性は彼女の息子に何と言っているか。

選択肢の訳 1 彼はもっと近い大学を選ぶべきである。

2 彼は自分自身の世話をする必要がある。

3 彼は新しい青いジーンズを買うことができない。

4 彼はボビーのパーティーに行くことができない。

解説 女性の２番目の発言に you need to learn to do things for yourself とあり，この女性が息子に対して自分のことは自分でやることを学ばなければならないと言っていることがわかる。learn to do things for yourself が選択肢では，look after himself と言い換えられている。

No.**7** – 解答 ①

放送英文 ★： Honey, this store sells so many different kinds of computers.

☆： I know. I wonder what the differences are between them. Maybe we should go to a smaller store. There are just too many to choose from.

★： Well, let's see if one of the store clerks can help us. Maybe they can give us some information.

☆ : That's a good idea. Look, here comes one now.

Question: What did the man and woman decide to do?

全文訳 ★ : ハニー，この店はすごくいろいろな種類のコンピューターを売っているね。

☆ : そうね。それらの違いは何かしら。私たちはもっと小さな店に行くべきなのかな。あまりに多過ぎて選べない。

★ : そうだなあ，店員の1人が私たちの手助けをしてくれるかどうか確かめてみよう。彼らは私たちに何か情報を与えてくれるかもしれない。

☆ : それはいい考えね。見て，今まさに店員が1人やって来るわ。

Q：男性と女性は何をすることにしたのか。

選択肢の訳 **1** 店員に助けを求める。

2 違う店に行く。

3 オンラインで情報を探す。

4 古いコンピューターを使い続ける。

解説 店員がコンピューターを選ぶ手助けをしてくれるかどうか確かめてみようと男性が提案したのに対して，女性は，それはいい考えね，と同意している。このことから正解は **1** となる。

No.8 −解答 ①

放送英文 ☆ : Alex, have you seen the boss today?

★ : Yeah, Mr. Bigley is in his office. He's in a really bad mood.

☆ : Oh no. I was going to ask him about getting a pay raise.

★ : Hmm. I don't think that would be a very good idea. He's upset about losing the ABC Computer contract. You should wait until he calms down a little.

Question: What advice does the man give the woman?

全文訳 ☆ : アレックス，今日，私たちの上司を見かけた？

★ : ああ，ビグリーさんはオフィスにいるよ。彼は今，すごく不機嫌だよ。

☆ : ああ，なんてことかしら。私は彼に昇給を頼もうとしていたのよ。

★ : ふーむ。それはあまり良い考えだとは思わないな。彼はABCコンピューターとの契約を失ったことで気が動転しているんだ。彼が少し落ち着くまで待つべきだね。

Q：男性はどんな助言を女性に与えているか。

選択肢の訳 **1** 彼女は今，彼らの上司と話すべきではない。

2 彼女は彼らの上司に対して腹を立てるべきではない。

3 彼女は落ち着くように努めるべきである。

4 彼女は昇給してもらえるように努めるべきである。

解説 男性の2番目の発言に You should wait until he calms down a little. とあり，上司が落ち着くまで女性は待つべきであると男性が助言

している ことがわかる。つまり今，彼女は上司と話すべきではない，ということである。この発言の最後の部分にある calms down に引っ張られて **3** を選ばないように注意が必要である。

No.9 －解答 ③

(放送英文) ★： Hello. I saw the sign outside your restaurant, and I'm interested in working here.

☆： Well, I'm the manager. We are looking for another waiter. Do you have any experience?

★： Yes, actually. My dad owns a restaurant, and I used to work there every summer. I've also been a cook at a hamburger chain.

☆： Well, we want to hire someone with your experience. When could you start?

Question: What does the woman say to the man?

(全文訳) ★： こんにちは。レストランの外にある張り紙を見ました。ここで働くことに興味があります。

☆： そうですか，私が店長です。私たちはウェイターをもう1人探しています。何か経験はありますか。

★： はい，実際に働いた経験があります。私の父はレストランを所有しており，毎年夏に私はそこで働いていました。私はまた，ハンバーガーのチェーン店でずっと料理人もしています。

☆： そうですね，私たちはあなたのような経験を持った人を雇いたいのです。いつ仕事を始められますか。

Q：女性は男性に何と言っているか。

(選択肢の訳) 1 彼女は料理人を雇う必要がある。
2 彼女はすでに十分な数のウェイターを抱えている。
3 彼女は彼を雇うことに興味がある。
4 彼女は彼にはもっと経験が必要だと思っている。

(解説) 女性の2番目の発言に we want to hire someone with your experience. When could you start? とあり，女性が男性を雇いたいと思っていることがわかる。この文の中の experience に引っ張られて **4** を選ばないように注意。

No.10 解答 ③

(放送英文) ☆： John, are you going to eat lunch in the college cafeteria today?

★： I don't know. It's always so crowded. I went there yesterday, and I couldn't find a place to sit.

☆： Well, the weather is really nice today. Do you want to buy some sandwiches and eat outside?

★： Sure. I know a park with some picnic tables that's not too far from here.

Question: Why doesn't the man want to eat in the cafeteria?

全文訳 ☆： ジョン，今日大学のカフェテリアで昼食を食べるつもり？

★： わからないな。そこはいつもとても混んでいるよね。昨日そこに行ったんだけど，座る場所を見つけられなかったよ。

☆： そうねえ，今日は天気が本当にいいわね。サンドイッチを買って外で食べるのはどうかしら？

★： いいとも。僕はここからそれほど遠くないピクニック用のテーブルのある公園を知っているよ。

Q：なぜ男性はカフェテリアで食事をしたくないのか。

選択肢の訳
1 そこはあまりに遠過ぎるから。
2 そこのテーブルは汚いから。
3 そこは人が多過ぎるかもしれないから。
4 彼は家からサンドイッチを持ってきたから。

解説 男性の最初の発言に，そこはいつも混んでいて，昨日は座る場所を見つけられなかったとある。つまり今日もそこは混んでいる可能性が高く，それゆえにそこに行きたくないと男性は考えているのである。

No.11 解答 ④

放送英文 ☆： Welcome to Fran's Flowers. Can I help you?

★： I hope so. I'd like to get my girlfriend some flowers, but I don't know what kind to get. I've never bought flowers for anyone before. Her favorite color is red, though.

☆： Well, why don't you get her some roses? They're red, and they're also really popular.

★： Great. I'll take 12 roses, then.

Question: What is one thing the man says?

全文訳 ☆： フランズ・フラワーズにようこそ。お手伝いできることはありますか。

★： ええ，お願いします。私の彼女に花を買いたいんですけど，どんな種類のものを買えばいいかわからないんです。私は今までに誰かのために花を買ったことがないんです。彼女のお気に入りの色は赤なんですけど。

☆： それでしたら，バラを彼女に差し上げるのはどうでしょう？　それらは赤色ですし，またとても人気があります。

★： いいですね。それならバラを12本買います。

Q：男性が言っている1つのことは何か。

選択肢の訳
1 彼はたいていバラしか買わない。
2 彼は花について多くのことを知っている。
3 彼は彼の母親のために花を買おうとしている。
4 彼はこれまでに誰かに花を贈ったことはない。

男性の最初の発言に I've never bought flowers for anyone before. とあり，男性がこれまでに誰かのために花を買ったことがないということがわかる。bought flowers for が選択肢では given flowers to と言い換えられている。

No.12 解答 ③

(放送英文) ☆： Honey, did you see Alex's score on his math test? He did really well.

★： He's been reviewing his notes every night for the last several weeks, and he has spent a lot of time practicing different problems.

☆： Yes, he's been studying in the library after school instead of playing with friends.

★： I'm very proud of him. He has been trying really hard.

Question: What did Alex do to get a good score on his math test?

(全文訳) ☆： あなた，アレックスの数学のテストの得点を見た？　彼は本当に良くやったわ。

★： 彼はこれまでの数週間，ノートを毎晩見返していたし，さまざまな問題を解く練習をするのに多くの時間を使っていたよ。

☆： そうね，彼は友だちと遊ぶ代わりに放課後，図書館でずっと勉強していたわ。

★： 彼をとても誇りに思うよ。彼は本当に熱心に努めていたね。

Q：アレックスは数学のテストで良い点を取るために何をしたか。

(選択肢の訳) 1 彼は友だちの宿題を借りた。

2 彼は学校の前に図書館へ行った。

3 彼は数週間熱心に勉強した。

4 彼は両親に助けを求めた。

(解説) 男性はこれまでの数週間，アレックスがノートを見返したり問題を解いたりしていたことを，女性は彼が放課後遊ぶ代わりに図書館で勉強をしていたことを，それぞれ語っている。つまり，アレックスは数週間熱心に勉強した，ということであり，正解は **3** となる。

No.13 解答 ②

(放送英文) ★： Amy, my cell phone is somewhere in the house, but the battery is dead, so I can't call it. Please help me find it!

☆： Think about the last time you used it. Did you have it with you when you were doing your homework?

★： Yeah. I was using the calculator for my math assignment. Oh! Here it is—it was under my notebook the whole time. Thanks for your help!

☆ : No problem.

Question: What was the boy's problem?

全文訳 ★ : エイミー，僕の携帯電話は家のどこかにあるんだけれど，バッテリーが切れているから，電話を鳴らすことができないんだ。どうか見つけるのを手伝って！

☆ : 最後にあなたがそれを使ったときを考えて。宿題をやっているときにそれを持っていた？

★ : そうだね。数学の課題のために計算機を使っていたな。あっ！　ここにあった。ずっと僕のノートの下にあったんだ。助けてくれてありがとう！

☆ : どういたしまして。

Q：男の子の問題は何だったのか。

選択肢の訳　**1**　彼は宿題を終わらせなかった。

2　彼は彼の携帯電話を見つけられなかった。

3　彼は学校に課題を置いてきた。

4　彼は姉［妹］の電話番号を忘れた。

解説　男の子の最初の発言に my cell phone is somewhere in the house, but the battery is dead, so I can't call it. Please help me find it! とあり，男の子が自分の携帯電話を見失っていることがわかる。

No.14 解答 ①

放送英文 ☆ : Hello.

★ : Sarah, this is Keith Carter from work. Why aren't you at the office?

☆ : What do you mean, Mr. Carter? It's Saturday.

★ : Don't you remember what I said at the meeting? I asked everyone to be here at 10 a.m. today. We need to finish preparing for the presentation on Monday.

☆ : Oh, you're right! I'm so sorry. I'll be there right away!

Question: What is the woman's problem?

全文訳 ☆ : もしもし。

★ : サラ，職場のキース・カーターだ。君はなぜオフィスにいないんだい？

☆ : どういう意味ですか，カーターさん。今日は土曜日ですよ。

★ : 私がミーティングで言ったことを覚えていないのかい？　私は今日午前10時にここにいるように皆に頼んだはずだよ。私たちは月曜日のプレゼンテーションの準備を終わらせる必要があるんだ。

☆ : あっ，その通りです！　大変申し訳ございません。すぐに参ります！

Q：女性の問題は何か。

1 彼女は仕事に行かなければならなかったことを忘れた。

2 彼女はその日が土曜日であることを忘れた。

3 彼女は自分のプレゼンテーションを行わなかった。

4 彼女はカーターさんに電話をしなかった。

解説 男性が土曜日の午前 10 時にオフィスに来るように皆に頼んだことを覚えていないのか，と女性に聞いたところ，女性は，大変申し訳ない，すぐに行く，と答えている。つまり，女性は仕事に行かなければならなかったことを忘れていたのである。

No.**15** 解答 ④

放送英文 ★： Hello. Angel Lake Ranger Station.

☆： Hello. We're thinking of hiking around the lake today. How are the trail conditions?

★： Actually, ma'am, most of the trails and campsites around Angel Lake are closed today. We've had three days of heavy rain and many trails have become dangerous.

☆： Oh, I see. Well, I'm glad I called first, then.

Question: Why did the woman call the ranger station?

全文訳 ★： もしもし。エンジェルレイク・レンジャーステーションです。

☆： もしもし。今日,私たちは湖の周りをハイキングすることを考えているんです。ハイキングコースの状態はどうですか。

★： 実は,お客様,エンジェルレイク周辺のハイキングコースとキャンプ場のほとんどは本日お休みとなっております。3 日間の豪雨があり,多くのハイキングコースが危険な状態となっています。

☆： ああ,わかりました。まあ,それなら最初に電話をしてよかったです。

Q：なぜ女性はレンジャーステーションに電話をしたのか。

選択肢の訳 **1** 彼女は雨の中をハイキングしていてけがをしたから。

2 彼女はそこのボランティアになりたいから。

3 キャンプ場の予約をするため。

4 ハイキング（コース）の状態を知るため。

解説 女性の最初の発言に We're thinking of hiking around the lake today. How are the trail conditions? とあり，女性がハイキングコースの状態を聞くために電話をしたことがわかる。

一次試験・リスニング	第**2**部	問題編 p.69〜71	🔊	▶MP3 ▶アプリ CD 1 58〜73

No.**16** 解答 ①

放送英文 Pete has worked at the same company for three years. When he first started, he worked as a sales assistant. Now, he is in charge of hiring new employees. He works with new people every week. Sometimes, he misses working in sales, but he really enjoys helping new employees get used to the company.

Question: What is true about Pete?

全文訳 ピートは同じ会社で3年間働いている。彼は最初に働き始めたとき，販売アシスタントとして働いた。今，彼は新しい従業員を雇用することを担当している。彼は毎週新しい人たちと働く。時々彼は販売部門で働けないことを寂しく思うが，新しい従業員が会社に慣れることを手助けすることを本当に楽しんでいる。

Q：ピートについて正しいことは何か。

選択肢の訳
1　彼はもう販売部門で働いていない。
2　彼は自分の仕事を楽しんでいない。
3　彼は新しい会社で働くだろう。
4　彼はアシスタントが欲しい。

解説 第3文にピートは今新しい従業員の雇用を担当していることが，そして最終文に彼は販売部門で働けないのを寂しく思っていることが，それぞれ述べられているので，正解は1となる。放送文中の new employees や new people に引っ張られて3を選ばないように注意。

No.17 解答

放送英文 Jenna's class has been learning about recycling. Her teacher split the class into groups and asked each group to prepare a presentation. The members of Jenna's group will make a short movie about how paper is recycled. They visited a recycling company to find out more about the way that newspapers, pamphlets, and other paper products are recycled.

Question: What will Jenna's group do in their presentation?

全文訳 ジェナのクラスはリサイクルについて学んできた。彼女の先生はクラスをグループに分け，それぞれのグループに発表の準備をするように言った。ジェナのグループのメンバーは紙がどのようにリサイクルされているのかについての短い動画を作るつもりである。新聞，パンフレット，そしてほかの紙製品がリサイクルされている方法についてもっと知るために彼女たちはリサイクル会社を訪ねた。

Q：ジェナのグループは彼女たちの発表で何をするか。

選択肢の訳
1　彼女たちはゲストを招いて話をしてもらうだろう。
2　彼女たちはパンフレットを読み上げるだろう。
3　彼女たちは短い動画を見せるだろう。
4　彼女たちはリサイクル用紙を配布するだろう。

解説 第3文に The members of Jenna's group will make a short movie about how paper is recycled. とあり，彼女たちが短い動画を作ろうとしていることがわかる。

No.18 解答 ①

放送英文 Radio waves are vital for communication. For example, televisions and smartphones use radio waves to send and receive information. In 1917, radio waves were extremely important to the government of the United States. It wanted to use them to send important signals during World War I, so it stopped people from talking freely over radios.

Question: Why did the U.S. government stop people from talking freely over radios?

全文訳 電波は情報伝達にとって極めて重要である。例えば，テレビやスマートフォンは情報をやりとりするために電波を使っている。1917年，電波はアメリカ政府にとって非常に重要であった。第1次世界大戦の間，アメリカ政府は重要な信号を送るために電波を使いたかったので，人々が電波を使って自由に話すことを禁止した。

Q：なぜアメリカ政府は人々が電波を使って自由に話すことを禁止したか。

選択肢の訳 1　戦争の間，アメリカ政府は信号を送りたかったから。
2　言われたことを信じない人がいたから。
3　子どもたちはその情報を理解できなかったから。
4　アナウンサーは聞き手をあまりに長く起きたままにさせたから。

解説 最終文に It wanted to use them to send important signals during World War I, so it stopped people from talking freely over radios. とあり，アメリカ政府は戦争の間重要な信号を電波で送りたかったので，人々が電波を使って自由に話すことを禁止したとわかる。

No.19 解答 ③

放送英文 Tara won four tickets to an amusement park. The amusement park has many exciting rides and shows, as well as places selling delicious things to eat and drink. She was not sure if she should go there next weekend or wait until her birthday in July. She found out that it might rain next weekend, so she has decided to ask her best friend to go with her in July.

Question: Why has Tara decided to go to the amusement park in July?

全文訳 タラは遊園地のチケットを4枚獲得した。その遊園地には，おいしい食べ物や飲み物を売る場所だけでなく，たくさんのわくわくさせる乗り物

やショーもある。彼女は次の週末にそこに行くべきか，または7月の彼女の誕生日まで待つべきか，迷っていた。次の週末には雨が降るかもしれないとわかったので，彼女の親友に7月に一緒に行ってくれるように頼むことにした。

Q：タラはなぜ7月にその遊園地に行くことにしたか。

選択肢の訳 1 彼女はチケットを買うためにお金を節約する必要があるから。
2 彼女の親友の誕生日が7月だから。
3 次の週末は天気が悪いかもしれないから。
4 そのときにその遊園地で特別なイベントがあるだろうから。

解説 最終文に it might rain next weekend, so she has decided to ask her best friend to go with her in July とあり，次の週末は天気が悪いかもしれないので，タラは7月に親友を誘っていくことにしたとわかる。7月に誕生日があるのはタラであって，彼女の親友ではないので，**2** を選ばないように注意が必要である。

No.20 解答

放送英文 This is an announcement for the owner of a red car with license plate number 4050. The car is parked on the first floor of the parking garage. The alarm started sounding five minutes ago. Could the owner please return to the car and turn the alarm off? If the alarm is not turned off soon, the vehicle will be removed.

Question: What is the owner of the car asked to do?

全文訳 ナンバープレートの番号が4050の赤いお車の所有者の方にご連絡いたします。そのお車は立体駐車場の1階に駐車されています。5分前に（そのお車の）警報が鳴り始めました。所有者の方は，どうかお車にお戻りになって警報を止めていただけますでしょうか。もし警報をすぐに止めていただけない場合，お車は移動されます。

Q：その車の所有者は何をすることを依頼されているか。

選択肢の訳 1 車の警報が騒音を立てているのを止める。
2 駐車場の違う場所に駐車する。
3 時間制限を超えて駐車しているために追加料金を払う。
4 車に戻り，ライトを消す。

解説 第4文に Could the owner please return to the car and turn the alarm off? とあるので，その車の所有者が警報を止めることを依頼されていることがわかる。放送文と似た選択肢 **4** を選ばないように注意が必要である。

No.21 解答

放送英文 Kai likes to write poems. Recently, he decided to enter a poetry contest at his local library. There was a cash prize for the best poem. Kai wrote a poem about the beauty of wildlife. His poem won, and Kai was invited to read it in front of an audience at the library. When he had finished, everyone clapped. The congratulations Kai received meant more to him than the prize money.

Question: What was most important to Kai?

全文訳 カイは詩を書くのが好きである。最近，彼は地域の図書館で行われる詩のコンテストに出場することにした。最も良い詩には賞金があった。カイは野生生物の美しさについての詩を書いた。彼の詩は優勝を勝ち取り，そしてカイは図書館で聴衆を前にしてそれを朗読するように依頼された。彼が読み終わったとき，皆が拍手をした。カイが受けたお祝いの言葉は彼にとって賞金よりも大きな意味を持った。

Ｑ：カイにとって最も重要だったことは何か。

選択肢の訳 **1** 彼の詩に対してお祝いの言葉を受けること。

2 コンテストで賞金を勝ち取ること。

3 彼の地域の図書館で野生生物について学ぶこと。

4 野生生物についての詩の本を見つけること。

解説 最終文に The congratulations Kai received meant more to him than the prize money. とあり，賞金よりも彼が受けたお祝いの言葉の方が彼にとって意味があったことがわかる。

No.22 解答 ②

放送英文 Sir Francis Drake was a famous pirate who lived in the 16th century. The Queen of England gave him permission to attack Spanish ships and take any treasure he could find. He was the first English captain to sail around the world. Although he set out on this journey with five ships, only one succeeded, but it was full of gold, silver, jewels, and spices.

Question: What is one thing we learn about Sir Francis Drake?

全文訳 フランシス・ドレイク卿は 16 世紀に生きた有名な海賊だった。イングランド女王は，彼にスペインの船を攻撃し見つけることができたどんな宝も取ってよいという許可を与えた。彼は世界一周の航海をした最初のイングランド人の船長だった。彼はこの航海に 5 隻の船で乗り出したが，たった 1 隻のみが成功を収めた。しかしその船は金，銀，宝石そして香辛料でいっぱいだった。

Ｑ：フランシス・ドレイク卿についてわかる 1 つのことは何か。

選択肢の訳 **1** 彼はイングランドの船によって攻撃された。

2 彼は世界一周することに成功した。

3 彼はイングランド女王から宝石を盗んだ。

4 彼は旅の後，5隻の船とともに帰還した。

解説 第3文に He was the first English captain to sail around the world. とあり，彼が船で世界一周をしたことがわかる。

No.23 解答 ①

放送英文 When Kate went to meet her friend Yumi at a restaurant, she was surprised because there was a man with Yumi who Kate did not know. His name was John. At first, Kate was unhappy because Yumi had not told her about John. However, after talking to him, she started to feel comfortable because they were interested in some of the same things.

Question: Why was Kate unhappy at first?

全文訳 ケイトが友だちのユミに会いにレストランへ行ったとき，ケイトの知らない男性がユミと一緒にいたので驚いた。彼の名前はジョンだった。最初，ケイトはユミがジョンについて彼女に話していなかったので不満だった。しかし，彼と話をすると，彼らはいくつか同じことに興味を持っていたので，彼女は心地良く感じ始めた。

Q：なぜケイトは最初不満だったのか。

選択肢の訳 **1** 彼女の友だちが彼女の知らない人を連れてきたから。
2 ジョンは彼女と同じことに興味を持っていなかったから。
3 ユミはケイトに最初に尋ねることなく食事を選んだから。
4 レストランのいすは心地良くなかったから。

解説 第3文に At first, Kate was unhappy because Yumi had not told her about John. とあり，ユミがジョンのことを前もってケイトに話していなかったので，最初ケイトは不満であったことがわかる。

No.24 解答 ②

放送英文 Thanks to everyone in the audience for joining us at TV Best One today for the *Pamela Talk Show*. We will be recording this show, and it will be shown on TV next Wednesday. We would like to remind you to turn off your cell phones and to be quiet until you see the signs asking you to laugh or clap. Now, let's all enjoy the show!

Question: What does the woman ask the audience to do?

全文訳 観客の皆さん，本日は『パメラ・トークショー』のためにテレビ・ベスト・ワンにお越しいただきありがとうございます。私たちはこのショーを収録し，次の水曜日にテレビで放映いたします。携帯電話の電源はお切りいただき，笑うか拍手をすることを促す合図が出るまで静かにしていただけますように再度お願いいたします。さあ，皆でショーを楽しみましょう！

Q：女性は観客に何をするようにお願いしているか。

選択肢の訳 1　次の水曜日にスタジオに戻ってくる。
2　何か合図が出るまで静かにしている。
3　パメラにどの質問をするかを決める。
4　彼らの携帯電話でショーを録画する。

解説　第3文に We would like to remind you to turn off your cell phones and to be quiet until you see the signs とあるので，観客は携帯電話を切り，合図があるまで静かにしているようにお願いされていることがわかる。

No.25 解答 ②

放送英文　Leo is a science student at a local college. He recently started babysitting his nine-year-old nephew to make some extra cash. He thought it would be boring, but he was wrong. His nephew was curious about the things Leo was learning, and they started doing experiments together with things they found in the kitchen. They have become good friends.

Question: What did Leo expect babysitting to be like?

全文訳　レオは地域の大学で科学を専攻する学生である。彼は最近，小遣いを稼ぐために9歳の甥の子守りをし始めた。それは退屈だろうと彼は思っていたが，間違いだった。レオの甥は彼が学んでいることについて興味を持っており，彼らは台所で見つけたものを使って一緒に実験をし始めた。彼らは良い友だちになった。

Q：レオは子守りをすることがどのようなものであると予想していたか。

選択肢の訳　1　それは彼に勉強するための時間をもっと与えるだろう。
2　それはお金を稼ぐには退屈な方法だろう。
3　それは子どもについて学ぶ良い方法だろう。
4　それは彼に新しい友だちを作る機会を与えるだろう。

解説　第3文に He thought it would be boring とあるので，彼は甥の子守りは退屈なものであると最初思っていたことがわかる。最終文の become good friends に引っ張られて 4 を選ばないように注意が必要である。

No.26 解答 ①

放送英文　Most people hate mosquitoes because mosquito bites can be painful and can even make people sick. However, it is female mosquitoes that bite people and drink their blood. Male mosquitoes drink nectar from flowers and other plants, and they help some types of plants to grow. As a result, male mosquitoes are good for the environment.

Question: What is one thing we learn about male mosquitoes?

全文訳 蚊に刺されは痛みを伴うこともあり，それは人々を病気にさせることさえあるので，ほとんどの人は蚊を嫌っている。しかし，人々を刺し血液を吸うのはメスの蚊である。オスの蚊は花やほかの植物の蜜を吸い，いくつかの種類の植物が成長するのを助ける。結果として，オスの蚊は環境にとって良い。

Q：オスの蚊についてわかる1つのことは何か。

選択肢の訳 1　彼らはいくつかの種類の植物が成長するのを助ける。
2　彼らはほかの動物の血液だけを吸う。
3　彼らの体は薬を作るために使われ得る。
4　彼らに刺されるとメスよりも痛みがある。

解説 第3文に they help some types of plants to grow とあるので，オスの蚊はいくつかの種類の植物の成長を助けていることがわかる。

No.27 解答 ③

放送英文 Good morning, everyone. We hope you have a great time at this year's conference. All speakers, please go to the rooms where you will be speaking at least 10 minutes early. When you get there, please first make sure that the projectors, microphones, and speakers can be used. If there are any problems, please call our technical support team.

Question: Why does the man ask speakers to arrive early?

全文訳 おはようございます，皆様。今年度の大会で皆様が素晴らしい時間をお過ごしになることを心より願っております。全ての発表者の方は，少なくとも10分前に，発表をすることになっている部屋に向かってください。そこに着きましたら，最初にプロジェクター，マイク，スピーカーが使用可能であることをご確認ください。もし何か問題がございましたら，私たちの技術支援チームをお呼びください。

Q：なぜ男性は発表者に早く着くよう頼んでいるのか。

選択肢の訳 1　出口の場所を確認するため。
2　聴衆にメモを配布するため。
3　設備が機能していることを確認するため。
4　彼らの発表についての必要事項を用紙に記入するため。

解説 第4文に please first make sure that the projectors, microphones, and speakers can be used とあり，男性が，その部屋の設備が使える状況にあるかどうかを確かめてほしいと依頼していることがわかる。the projectors, microphones, and speakers が選択肢では the equipment と言い換えられていることに注意。

No.28 解答 ④

放送英文 Petra is studying to become a hairdresser. She has to give 10 successful haircuts to get a certificate from the beauty college. She put an advertisement for free haircuts on a social networking site, and many people signed up right away. Petra cut their hair and asked them to complete a questionnaire about her skills. Everyone thought she was very good.

Question: Why did Petra give free haircuts?

全文訳 ペトラは美容師になるために勉強をしている。彼女は美容専門学校から修了証書を得るために 10 人の髪をうまく切らなければならない。彼女が SNS に無料のヘアカットの広告を載せると，多くの人がすぐに申し込んだ。ペトラは彼らの髪を切り，彼女の技術についてのアンケートに答えてくれるように頼んだ。皆が彼女はとてもうまいと思った。

Q：なぜペトラは無料のヘアカットを行ったのか。

選択肢の訳 1 競技会の準備をするため。
2 彼女の新しいビジネスの宣伝をするため。
3 人々がしてくれた援助に感謝するため。
4 専門学校の修了証書を手に入れるため。

解説 第 2 文には，美容専門学校から修了証書を得るためにペトラが 10 人の髪をうまく切らなければならないことが，そして第 3 文にはそれを実現するために無料のヘアカットの広告を彼女が SNS に載せたことがそれぞれ述べられている。ゆえに正解は **4** である。放送文中のadvertisement に引っ張られて **2** を選ばないように注意。

No.29 解答 ③

放送英文 When humans find something funny, they laugh. Interestingly, babies often laugh in their sleep. However, the laughter of a baby does not only show the baby is happy. Laughing while sleeping can also show that the baby is thinking about information and trying to remember it. This is important because babies need to process information to learn.

Question: What is one reason babies laugh while they are sleeping?

全文訳 人間は何か面白いことを見つけると笑う。興味深いことに，赤ん坊は眠っている間にしばしば笑う。しかしながら，赤ん坊の笑いは彼らが幸せであるということを示すだけではない。眠っている間の笑いは赤ん坊が情報について考え，それを覚えようとしているということを示している可能性もある。赤ん坊が学ぶには情報を処理する必要があるので，これは重要である。

Q：赤ん坊が眠っている間に笑う１つの理由は何か。

選択肢の訳　**1**　それは彼らがもっと容易に呼吸をすることを助けるから。

2　彼らはとてもリラックスしているから。

3　彼らは物事を覚えようとしているので。

4　彼らは遊ぶために起きようとしているので。

解説　第４文に Laughing while sleeping can also show that the baby is thinking about information and trying to remember it. とあり，赤ん坊が眠りながら笑う理由の１つは物事を覚えるためであることがわかる。

No.30 解答

放送英文　Zoe's favorite album is called *Shores of Paradiso*. It was recorded live at a big music festival last year. The music is peaceful, and it makes Zoe feel like she is in a dream. When she was younger, she did not like this kind of music, but she has recently started to enjoy it. She could listen to it all day long.

Question: What is one thing we learn about Zoe?

全文訳　ゾーイのお気に入りのアルバムは『天国の海岸』というタイトルである。それは昨年大きな音楽祭において生で録音された。その音楽は穏やかであり，ゾーイにまるで夢の中にいるように感じさせてくれる。もっと若かったとき，彼女はこの種の音楽を好きではなかったが，最近彼女はそれを楽しむようになった。彼女は一日中それを聞いていられる。

Q：ゾーイについてわかる１つのことは何か。

選択肢の訳　**1**　彼女は異なる種類の音楽を楽しむようになった。

2　彼女は２年前，大きな音楽のコンサートに行った。

3　彼女は音楽が録音されているスタジオで働いている。

4　彼女はしばしば人々が音楽について話すのを聞いている。

解説　第４文に When she was younger, she did not like this kind of music, but she has recently started to enjoy it. とあり，ゾーイが若いころ好きではなかった音楽を最近楽しむようになったということがわかる。つまり異なる種類の音楽を楽しむようになったということであり，正解は**1**となる。

全文訳 **中古のコンピューター**

　　最近，中古のコンピューターを売っている店の数が増加している。これらのコンピューターは新しいコンピューターよりもかなり安いので魅力的に思われる。しかしながら，中古のコンピューターはうまく動かないという危険性がある。この危険性を心配している消費者がおり，結果として彼らは中古のコンピューターを買うことを避ける。中古の製品を購入する前に人々は注意深く考えるべきである。

質問の訳 No. 1 文章によれば，なぜ中古のコンピューターを買うことを避ける消費者がいるのですか。

　　　　No. 2 では，絵を見てその状況を説明してください。20秒間，準備する時間があります。話はカードにある文で始めてください。

　　　　　〈20秒後〉始めてください。

　　　　では，〜さん（受験者の氏名），カードを裏返して置いてください。

　　　　No. 3 コンピューターのせいで，人々はあまりに多くの時間を1人で過ごしていると言う人がいます。あなたはそれについてどう思いますか。

　　　　No. 4 今日，ビタミンやミネラルといった多くの種類のサプリメントが店で売られています。そのようなサプリメントを摂取することは人々にとって良い考えだとあなたは思いますか。

　　　　　Yes. →なぜですか。　　　　　　No. →なぜですか。

No.1

解答例 Because they are concerned about the danger that used computers will not work properly.

解答例の訳 「中古のコンピューターがうまく動かないという危険性について彼らは心配しているからです」

解説 第4文に Some consumers are concerned about this danger, and as a result they avoid buying used computers. とあり，this danger「このような危険性」について彼らは心配しているので，中古のコンピューターを買うことを避けているということがわかる。this danger とは，その直前の文で the danger that used computers will not work properly と説明されているので，this danger をその説明部分と入れ替える。質問は why「なぜ」なので，Because で始めて答えよう。

No.2

解答例 One day, Mr. and Mrs. Takeda were talking about going shopping. Mr. Takeda said to his wife, "Let's go to the secondhand clothing store." The next day at the store, Mr. Takeda was putting a hat into a shopping basket. Mrs. Takeda was trying on a coat. A few weeks later, Mrs. Takeda was surprised to see that there was a hole in the coat. Mr. Takeda told her that he would repair it for her.

解答例の訳　「ある日タケダ夫妻は買い物に行くことについて話をしていました。タケダさんは彼の妻に『古着店に行こう』と言いました。次の日，店でタケダさんは買い物かごに帽子を入れていました。タケダさんの妻はコートを試着していました。数週間後，タケダさんの妻はコートに穴が開いていることを見つけ驚きました。タケダさんは彼女に彼がそれを修繕してあげると言いました」

解説　1コマ目は指示された文で説明を始め，その後にタケダさんのせりふを Mr. Takeda said to his wife, の後に続ける。2コマ目は The next day at the store, で始め，タケダさんが帽子を買い物かごに入れる様子とタケダさんの妻がコートを試着する様子を過去進行形で描写する。3コマ目は A few weeks later, で始め，タケダさんの妻がコートの穴を見つけて驚く様子と吹き出しの中のタケダさんの考えを説明する。

No.3

解答例　I agree. People usually don't talk to others while using computers. They need more face-to-face communication.

解答例の訳　「私もそう思います。コンピューターを使っている間，人々はたいてい他人と話をしません。彼らには対面のコミュニケーションがもっと必要です」

解答例　I disagree. Computers help us connect with more people. Most people use online chats and social media.

解答例の訳　「私はそうは思いません。コンピューターは私たちがより多くの人々とつながることを手助けします。ほとんどの人はオンラインチャットやソーシャルメディアを使います」

解説　賛成の場合は解答例に加えて，子どもたちは容易にコンピューターゲームに依存してしまい，外で友だちと遊ばなくなる場合があること（Children can easily get addicted to computer games. If this happens, they don't play outside with their friends.）を，反対の場合は，ウェブ会議で遠隔地の人々とコミュニケーションを取れること（Computers enable us to talk to people in remote areas through online meetings.）を述べてもよいだろう。

No.4

解答例 （Yes. と答えた場合）

We can use supplements to have a healthier diet. Many people are too busy to cook a balanced meal every day.

解答例の訳 「より健康的な食事をとるために私たちはサプリメントを使うことができます。多くの人々はあまりに忙しくバランスの取れた食事を毎日作れません」

解答例 （No. と答えた場合）

It costs a lot of money to buy supplements. Also, some people think it's better to eat a variety of foods.

解答例の訳 「サプリメントを買うためには多くの費用がかかります。また，多様な食品をとることがより良いと考えている人々もいます」

解説 Yes の場合は，私たちは専門家ではないので，バランスの取れた食事を毎日自分で作るのは非常に難しいこと（Since we are not experts in nutrition, it is very difficult to prepare balanced meals every day.）を，No の場合は，サプリメントは適切に摂取しないと副作用が出る危険性があること（You might have serious side effects if you take supplements improperly.）を説明してもよいだろう。

二次試験・面接 問題カード **B** 日程 問題編 p.74〜75 ▶MP3 ▶アプリ ▶CD 1 79〜82

全文訳 **災害とペット**

　ペットは家族の重要なメンバーとしてたいていみなされている。しかしながら，自然災害が起きると，人々とペットが一緒に滞在できる場所を見つけることは難しいことがある。これらの場所を提供しているいくつかの地方自治体があり，このようにして彼らは緊急事態の間，人々が彼らのペットの世話をすることを可能にしている。そのような場所は将来ますます一般的になっていきそうである。

質問の訳 No. 1 文章によれば，いくつかの地方自治体はどのようにして緊急事態の間，人々が彼らのペットの世話をすることを可能にしていますか。

No. 2 では，絵を見てその状況を説明してください。20秒間，準備する時間があります。話はカードにある文で始めてください。
〈20秒後〉始めてください。

では，〜さん（受験者の氏名），カードを裏返して置いてください。

No. 3 人々が動物と遊ぶことを可能にするペットカフェの数は将来増加するだろうと言う人がいます。あなたはそれについてどう思いますか。

76

No. 4 最近，多くの人々が彼らの日常生活についての情報をオンライン
で共有しています。自分たちの個人情報をインターネット上に載
せることについて人々は十分に注意深いとあなたは思いますか。
Yes. →なぜですか。　　　　　No. →なぜですか。

No.1

解答例 By providing places where people and pets can stay together.

解答例の訳 「人々とペットが一緒に滞在できる場所を提供することによって」

解説 第3文に Some local governments provide these places, and in
this way they allow people to look after their pets during
emergencies. とあり，these places「これらの場所」を提供すること
で，地方自治体は緊急事態の間，人々が彼らのペットの世話をすること
を可能にしているということがわかる。these places とは，その直前の
文で places where people and pets can stay together と説明されて
いるので，these places をその説明部分と入れ替える。質問は how「ど
のようにして」なので，By providing で始めて答えるとよい。

No.2

解答例 One day, Mr. and Mrs. Mori were on vacation near the beach.
Mr. Mori said to his wife, "Let's take a boat tour tomorrow."
The next morning on the boat, Mr. Mori was taking pictures of
seabirds. Mrs. Mori was worried that he would drop the camera
into the sea. That night at home, Mrs. Mori was sleeping in the
bedroom. Mr. Mori was thinking of turning off the light.

解答例の訳 「ある日，モリ夫妻は海岸の近くで休暇を取っていました。モリさんは
彼の妻に『明日ボートツアーに参加しよう』と言いました。次の日の朝，
ボートの上で，モリさんは海鳥の写真を撮っていました。モリさんの妻
は彼がカメラを海に落とすことを心配していました。その夜家で，モリ
さんの妻は寝室で寝ていました。モリさんは電気を消すことを考えてい
ました」

解説 1コマ目は指示された文で説明を始め，その後にモリさんのせりふを
Mr. Mori said to his wife, の後に続ける。2コマ目は The next
morning on the boat, で始め，モリさんが海鳥の写真を撮っている様
子と吹き出しの中のモリさんの妻の考えを描写する。3コマ目は That
night at home, で始め，モリさんの妻が寝室で寝ている様子と吹き出
しの中のモリさんの考えを説明する。

No.3

解答例 I agree. More people want to relax with animals at these cafés.
Also, some people can't keep pets in their homes.

解答例の訳 「私もそう思います。より多くの人々がこれらのカフェで動物たちと一

緒にリラックスしたいと思っています。また，家でペットを飼えない人々もいます」

解答例 I disagree. Many animals at these cafés often feel stress. Also, it's very expensive for pet cafés to keep those pets.

解答例の訳 「私はそうは思いません。これらのカフェの多くの動物はしばしばストレスを感じています。また，ペットカフェがペットを飼うことにはとても費用がかかります」

解説 賛成の場合は，ペットカフェは子どもたちに動物と触れ合う貴重な機会を与えてくれるので特に子どもたちにとって良く，それは子どもたちの情操教育に良いこと（Pet cafés are especially good for children because they can spend precious time with animals. This is good for their emotional development.）を主張してもよいだろう。反対の場合は解答例と同じ飼育環境と費用の問題を，オーナーにとって，ペットカフェの維持は多くのお金がかかることであり，カフェが動物にとって良い環境を整えていないと感じる客もいるかもしれない（For owners, maintaining pet cafés costs a lot, and some customers may feel that they don't have good conditions for animals.）と述べることもできる。

No.4

解答例 （Yes. と答えた場合）

Most people already know that sharing information is dangerous. They have learned this through newspapers and TV programs.

解答例の訳 「ほとんどの人々は情報を共有することが危険であるとすでに知っています。彼らは新聞やテレビ番組を通してこれを学んでいます」

解答例 （No. と答えた場合）

Many people put their pictures on social media. This can cause problems for them later.

解答例の訳 「多くの人々は自分たちの写真をソーシャルメディア上に載せています。これは後に彼らに問題を引き起こす可能性があります」

解説 Yes の場合は解答例に加えて，ソーシャルメディアの危険性について教えている学校もあり，人々は個人情報をオンラインで守ることが上手になってきていること（Some schools teach students how dangerous social media is. Therefore, people are getting better at protecting their personal information online.）を指摘してもよいだろう。No の場合は，中学生や高校生が精神的に未熟で，安易に個人情報をソーシャルメディアに載せてしまいがちである（Junior and senior high school students are still immature mentally, so they tend to put their personal information on social media without thinking carefully.）と主張してもよいだろう。

2022-3

解 答 一 覧

一次試験・筆記

1

(1)	3	(8)	3	(15)	1
(2)	1	(9)	2	(16)	4
(3)	3	(10)	2	(17)	3
(4)	1	(11)	1	(18)	1
(5)	1	(12)	2	(19)	3
(6)	4	(13)	3	(20)	3
(7)	4	(14)	1		

2 A

(21)	3
(22)	4
(23)	2

2 B

(24)	3
(25)	1
(26)	3

3 A

(27)	1
(28)	1
(29)	3

3 B

(30)	4
(31)	1
(32)	2
(33)	4

3 C

| (34) | 1 | (36) | 1 | (38) | 2 |
| (35) | 3 | (37) | 3 | | |

4　解答例は本文参照

一次試験・リスニング

第1部

No. 1	2	No. 6	1	No.11	4
No. 2	4	No. 7	2	No.12	3
No. 3	2	No. 8	1	No.13	2
No. 4	2	No. 9	2	No.14	3
No. 5	3	No.10	1	No.15	4

第2部

No.16	4	No.21	1	No.26	3
No.17	1	No.22	4	No.27	1
No.18	2	No.23	1	No.28	4
No.19	3	No.24	2	No.29	2
No.20	4	No.25	1	No.30	2

(1) 解答 ③ 正答率 ★75%以上

訳 ジュンは彼の娘に牛乳，クリーム，砂糖，メイプルシロップを使って家でアイスクリームを作る簡単な方法を教えた。

解説 空所前の「彼の娘に教えた」や空所後の「アイスクリームを作ること」といった表現から，method「方法」を選ぶのが最も自然である。cure「治療」，register「登録」，slice「一切れ」

(2) 解答 ①

訳 近ごろの会社は信じられないくらい小さなカメラを作っている。シャツのボタンよりもさらに小さいものもある。

解説 第2文に「シャツのボタンよりもさらに小さい」という説明があることから，そのカメラは incredibly「信じられないくらい」小さいということが推測できる。partially「部分的に」，eagerly「熱心に」，consequently「その結果として」

(3) 解答 ③

訳 シルバーシティの北側の地域にはほとんど家がない。それは工場と倉庫でいっぱいの工業地帯である。

解説 第1文の「ほとんど家がない」という記述から，そこは industrial「工業の」地帯であることがわかる。emergency「緊急の」，instant「即時の」，environmental「環境の」

(4) 解答 ① 正答率 ★75%以上

訳 A：テツヤ，明日は雨が降ると思う？
B：そうは思わないな。雨季は終わっているし，今週はずっと晴れているしね。

解説 明日は雨が降ると思うかどうかを聞かれて，「雨季は終わっているし，今週はずっと晴れている」，と答えていることから，テツヤは雨が降ることを doubt「疑っている」ことがわかる。I doubt it. で，「そうは思わない，それはどうかな」という意味になる。blame「〜を非難する」，pardon「〜を許す」，affect「〜に影響を及ぼす」

(5) 解答 ①

訳 A：最近，オフィスがとても静かなのはなぜなの？
B：エイミーとベンが口論をして以来，彼らの間にかなりの緊張が続いているんだ。

解説 エイミーとベンが口論をしたということから，2人の間に tension「緊張した状態」が起きていることが推測できる。survival「生き延びること」，privacy「プライバシー」，justice「正義」

(6) — 解答 ④

訳 ジュリーの先生は生徒全員に新しい教科書を配るよう彼女に頼んだ。彼女は教室内のそれぞれの机に 1 冊ずつ置かなければならなかった。

解説 第 2 文に教科書をそれぞれの机に 1 冊ずつ置くという記述があることから，distribute「～を配る」が自然である。respond「答える」，negotiate「交渉する」，collapse「崩れる」

(7) — 解答 ④

訳 A：君の先生は君の科学のプロジェクトのアイデアを承認したの？
B：いいや。危険な化学物質を含むことは何もしてはいけないと先生は言うんだ。僕は何かほかのことを考えなければならないよ。

解説 B が「何かほかのことを考えなければならない」と言っていることから，先生がプロジェクトのアイデアを認めなかったことが推察できる。ゆえに approve「～を承認する」が正解。confine「～を制限する」，compare「～を比較する」，abandon「～を見捨てる」

(8) — 解答 ③

訳 A：それは君がさっき探していた文書かい？
B：ああ，そうだよ。僕の机の上の書類の山の下に埋もれていたんだ。僕は本当にもっときちんとする必要があるね。

解説 A の発言から，B が文書を探していたことがわかる。B は「もっときちんとする必要がある」と言っているので，その文書は書類の山の下に buried「埋もれていた」と考えるのが妥当。dye「～を染める」，peel「～をむく」，honor「～に栄誉を授ける」

(9) — 解答 ②

訳 多くの SF 作家が光の速度で進むという概念について書いてきた。将来の技術の発展で，この考えは現実となる可能性がある。

解説 多くの SF 作家が執筆するものとして最も適切なのは notion「概念」であり，これは空所後の「光の速度で進むこと」という意味にも合う。edition「（刊行物などの）版」，contact「接触」，instinct「本能」。本文中の authors「作家たち」に引っ張られて edition を選ばないように注意。

(10) — 解答 ②

訳 ヘイリーが彼女の先祖についていくらか調査したとき，彼女の曽祖父の 1 人がロンドンの有名な劇場で働いていたことを彼女は発見した。

解説 彼女が発見したのは曾祖父がロンドンの有名な劇場で働いていたことであるという事実から，彼女が自分の ancestors「先祖」について調査をしたことがわかる。angel「天使」，employee「従業員」，enemy「敵」

(11) — 解答 ①　　　　正答率 ★75%以上

訳 その大きな嵐はその都市の多くの家屋に甚大な損傷を引き起こした。全

ての損傷を修復するための費用は総計 7,000 万ドル以上に達した。

解説 嵐が家屋に甚大な損傷を引き起こしたということから，その修復の費用が相当の額に amounted to「総計で〜に達した」と考えられる。aim at「〜を狙う」，calm down「落ち着く」，check with「〜に相談する」

(12)─解答 ②

訳 A：ティナ，ヘレンの結婚式に着ていくものを選んだ？

B：ええ。私は素敵なドレスをかなり多く持っているけど，新年のセールで買ったピンクのドレスを着ていくつもり。

解説 A と B のやりとりから，2 人が結婚式に着ていくドレスについて話していることがわかる。空所後の「ヘレンの結婚式に着ていくもの」という意味に合うのは，picked out「〜を選んだ」である。call up「電話をかける」，occur to「〜の心に浮かぶ」，dispose of「〜を処分する」

(13)─解答 ③

訳 バクスターズ・ボックスィズの現在の社長はマイク・バクスターである。彼のビジネスは，彼の父親，ピーターから受け継がれ，父親は 15 年前に引退した。

解説 「彼のビジネス」「彼の父親」という 2 つの語句を結びつける動詞としては，was inherited from「〜から受け継がれた」が最も自然である。be balanced on「〜の上でバランスが取られている」，be opposed to「〜に反対している」，be prohibited by「〜により禁じられている」

(14)─解答 ①
正答率 ★75%以上

訳 ニールは彼の仕事を私生活から切り離しておこうとしている。彼はそれらを混在させたくないので，仕事を家に持ち帰ったり，同僚と家族のことについて話したりすることは決してない。

解説 第 2 文にニールは仕事と私生活を混在させたくないという記述があることから，ニールがそれらを separate from「〜から切り離して」おきたいと考えていることがわかる。familiar with「〜に慣れ親しんで」，anxious for「〜を切望して」，equal to「〜に等しい」

(15)─解答 ①

訳 激しい雨の中，その船の乗組員は天候に翻弄されていた。彼らはエンジンを安全に始動できるようになるまで，その嵐が通り過ぎるのを待たなければならなかった。

解説 「乗組員はエンジンを安全に始動できるようになるまで嵐が通り過ぎるのを待たなければならなかった」ということから，彼らは天候に at the mercy of「翻弄されて」いたことが推察される。on the point of「今にも〜しそうで」，in the hope of「〜を希望して」，off the record「非公開で」

(16)—解答 **4** ･･･････････････････････････････････

訳 イギリスのテレビドラマ『コロネーション・ストリート』は1960年に初めて放送された。それ以来ずっと人気を保ち，2020年に1万話目が放送された。

解説 第2文にそのドラマは人気で2020年に1万話目が放送されたとある。ゆえに1960年に初めて went on the air「放送された」とするのが自然。in a bit「すぐに」，for a change「気分転換に」，at the rate「割合で」

(17)—解答 **3** ･･･････････････････････････････････

訳 A：すみません。キッチンに置く電気ヒーターを探しているんです。

B：奥様，これをお薦めいたします。小さいですが，たくさんの熱を発します。ほんの数分でキッチンを暖めるでしょう。

解説 「ほんの数分でキッチンを暖める」という記述から，そのヒーターがたくさんの熱を gives off「発する」ということがわかる。drop out「脱落する」，run out「使い果たす」，keep off「離れている」

(18)—解答 **1** ･･･････････････････････････････････

訳 A：これらのピーナツを食べずにはいられないんだよ。それらはとてもおいしいんだ！

B：わかるよ。一度食べ始めると，やめるのがとてもとても難しいよね。

解説 BがAに同意して，これらのピーナツは一度食べ始めるとやめるのがとても難しいと言っていることから，Aがそれらを can't help eating「食べずにはいられない」ことがわかる。can't help *doing*「～せずにはいられない」

(19)—解答 **3** ･･･････････････････････････････････

訳 A：あなたは動物の形をしたこれらのカップをどう思う？

B：それらはとてもかわいいわ！　私は姉［妹］の誕生日のプレゼントを買う必要があるんだけど，それらのカップの1つがまさにそれにふさわしいものだわ。

解説 Bは姉［妹］の誕生日のプレゼントを買う必要があり，動物の形のカップがかわいいと言っていることから，そのカップが誕生日プレゼントにまさにふさわしいと考えていることがわかる。the very は「まさにふさわしい」という強調の語句で名詞の前につく。ever「今までに」，much「多くの」，so「とても」

(20)—解答 **3** ･･･････････････････････････････････

訳 ロックハマーというバンドのメンバーたちは新しいギタリストと一緒に演奏するのを楽しみにしていた。しかしながら，彼女はコンサートが終わってようやく到着した。

解説 not ～ until … で「…してようやく（初めて）～である」という意味を

表す定型表現。ほかの選択肢の unless「もし～しなければ」，whether
「～かどうか」，yet「しかし」は文脈に合わない。

一次試験・筆記 **2** 問題編 p.82～85

A 全文訳 ジョニー・アップルシード

　ジョニー・アップルシードの話は１つのアメリカの伝説である。その話によると，
アップルシードの夢は皆がたくさん食べるのに十分なリンゴを育てることであった。彼
はアメリカ中を旅し，その道すがらリンゴの木を植えた。この話の多くはフィクション
である。しかしながら，ジョニー・アップルシードは実在の人物に基づいていた。それ
はジョン・チャップマンと呼ばれる男性で，彼は 1774 年に北東部のマサチューセッツ
州で生まれた。

　その当時，アメリカ東部の多くの人たちは安い土地を見つけるために西部へと移動し
ていた。チャップマンはこれをお金を稼ぐチャンスととらえた。リンゴから作られるア
ルコール飲料であるサイダーの生産者から，彼は無料で袋に入ったリンゴの種をもらっ
ていた。彼は旅をしながら，土地を買い，将来町になりそうな場所にリンゴの木を植え
た。後に，彼はこれらの場所に戻り，彼のリンゴの木を点検してそれらを売ったもの
だった。時々彼はそこに定着したいと思っている人々に彼の土地を売ったりもした。

　チャップマンは彼が旅で訪ねた人々の間で人気になった。彼は遠方からの情報を彼ら
にもたらしたり，彼の興味深い人生の話を彼らにしたりしたものだった。また，彼は親
切な人物であったようだ。もし誰かが彼のリンゴの木の代金として衣服で支払ったなら
ば，彼は彼よりもそれらを必要としている人々にこれらの衣服を与えた。彼は古い布袋
から作られた上着を喜んで着ていて，冬でさえもめったに靴を履かなかった。ジョ
ニー・アップルシードの話は主に伝説である。しかし，少なくとも，それはチャップマ
ンの人生から取られた数粒の真実の種を含んでいる。

(21)—解答 **3** ･････････････････････････････ 正答率 ★**75%以上**

　解説 空所を含む文の前に「この話の多くはフィクションである」とあり，空
　　　所を含む文の冒頭には逆接を表す However「しかしながら」がある。
　　　また，空所後にジョン・チャップマンという実在の人物のことが述べら
　　　れていることから，空所には was based on a real person「実在の人
　　　物に基づいていた」を入れるのが最も自然である。

(22)—解答 **4** ･････････････････････････････ 正答率 ★**75%以上**

　解説 空所後には，チャップマンが旅をしながらリンゴの木を植え，それらを
　　　売っていたことが具体的に記述されているので，空所に chance to
　　　make money「お金を稼ぐチャンス」を入れると文脈に合う。

(23)—解答 **2** ･････････････････････････････

　解説 空所前では「アップルシードの話は主に伝説である」ことが，空所後で

84

は，それは真実を含んでいるということがそれぞれ述べられている。この２つの内容を結びつけるのに最も自然な表現は At least「少なくとも」である。In response「それに応じて」，On average「平均で」，With luck「幸運にも」

B　全文訳　シー・シャンティ

大きな帆船上の生活は厳しいものだった。船乗りたちは数か月，あるいは数年間も彼らの家と家族から離れていることもあった。彼らが食べなければならなかった食べ物はしばしば乾燥していて状態が悪かった。船の上で船乗りたちがしなければならなかった仕事はたいてい退屈で肉体的に疲れるものだった。さらに悪いことに，特に嵐の間，海はそれ自体とても危険な場所で，事故はよくあることだった。陽気でいるために船乗りたちが彼ら自身の歌を作り，歌い始めたのは驚くべきことではない。

これらの歌は「シー・シャンティ」と呼ばれ，２種類に分類される。「キャプスタン・シャンティ」は，船の錨を上げるような，止まることなしに一定のペースを必要とした仕事のために使われた。「プリング・シャンティ」は船乗りが帆を上げるためにロープを引っ張る際に使われた。彼らは数秒間共に作業をし，一息つくために止まり，そして再び作業を始めるようなときにこれらのシャンティを歌った。これらのシャンティの間，「シャンティマン」として知られる船乗りの１人が，歌の１節を大声で歌った。ほかの船乗りたちはみんな一緒に次の１節を歌った。このことが，彼らが安定したリズムを保つのを助けた。

蒸気船の発明の後，船乗りたちはもはやチームで一緒に働く必要がなくなった。船のエンジンが全ての難しい仕事をこなした。そうであっても，シー・シャンティは依然として人気だった。１つの理由は，それらの言葉がしばしばおかしな話に基づいているからだ。一緒になってこれらの愉快な歌を歌うグループが世界中に存在している。新しいものを書いている人たちさえいる。過去のシー・シャンティのように，新しいものもまた，たいていたくさんのユーモアを含んでいる。

(24)― 解答　3

解説　空所前では船乗りの仕事が退屈で疲れるものであることが，空所後では海が危険であることや事故が頻繁に起きることが述べられている。これらの否定的な内容を結ぶ語句としては，To make matters worse「さらに悪いことに」が最も適切である。After a while「しばらくして」，In exchange「引き換えに」，For this reason「この理由から」

(25)― 解答　1

解説　空所を含む文の前にシャンティマンが歌の１節を大声で歌い，その後にほかの船乗りたちが次の１節を歌ったという記述がある。ゆえにこのことが keep a steady rhythm「安定したリズムを保つ」ことを助けたと考えられる。

(26)—解答 **3** ・・・

> 解説　空所を含む文の前に，「シー・シャンティの言葉がしばしばおかしな話
> に基づいている」という記述がある。また，空所を含む文の冒頭には，
> 「過去のシー・シャンティのように」という記述がある。これらのこと
> から，新しいシー・シャンティも usually contain a lot of humor「た
> いていたくさんのユーモアを含んでいる」と考えられる。

一次試験・筆記　**3**　問題編 p.86〜92

A 全文訳

発信人：グラベルトン・コミック・ショー <info@graveltoncomicshow.com>
宛先：アリス・サリバン <alisulli321@friendlymail.com>
日付：1月22日
件名：お申し込みいただきましてありがとうございます

アリス様

　第8回年次グラベルトン・コミック・ショーにオンラインでお申し込みいただきありがとうございます。今年のショーは2月18日の土曜日にグラベルトンにある会議場において開催される予定であり，これまでで最大のものとなります。Tシャツやポスター，あなたのお気に入りのコミックブックに関連したグッズだけでなく，地元の制作者による稀少な商品やコミックブックなどを含む，数千冊のコミックブックが売り出される予定です。それらを制作したアーティストや著者の何人かと会って話をする機会もございます。

　例年通り，来場者のための衣装コンテストを行う予定です。1つは12歳以下の子ども向けのコンテストで，もう1つはそれ以外の皆さん向けのコンテストです。参加したい場合は，正午までに受付にてお申し込みください。衣装はご自身で作ったものでなければならないことをご留意ください。店で購入された衣装を着ている人はコンテストに参加することが認められません。どうか創造的になってください。そうすれば，素晴らしい賞品を勝ち取れるかもしれません。

　来場する全ての方々に，お互いに敬意を払っていただけますようお願い申し上げます。先に許可を得ることなくほかの方の衣装に触ったり，写真を撮ったりすることはおやめください。また，会議場のメインホールでは飲食ができないことを覚えておいてください。会議場のカフェテリアに加えて，会議場の外の広場にスナックや飲み物を販売する移動式の屋台もございます。

　それではショーでお会いできることを楽しみにしております！

グラベルトン・コミック・ショーのスタッフ一同

(27)—解答 **1** ・・・・・・・・・・・・・・・・・・・・・・・・・・・・・・・・・・・・・・・

> 質問の訳　グラベルトン・コミック・ショーで，アリスができることは

選択肢の訳 1　グラベルトン地域の人々によって作られたコミックブックを購入すること。

2　彼女のお気に入りのコミックブックに基づいた映画を見ること。

3　彼女自身のコミックブックの作り方に関するレッスンを受けること。

4　彼女が描いた有名なコミックブックの登場人物の絵を展示すること。

解説 第1段落第3文に There will be thousands of comic books on sale, including rare items and comic books by local creators とある。この local creators が選択肢では people from the Gravelton area と言い換えられている。よって正解は **1**。

(28)— 解答 ①

質問の訳 衣装コンテストの参加者がする必要がある1つのことは何か。

選択肢の訳 1　自分で衣装を作る。

2　ショーに来る前に申し込む。

3　受付で入場料を支払う。

4　なぜその衣装を選んだのかを説明する。

解説 第2段落第4文に Please note that your costume must have been made by you. とあり，衣装コンテストでは自分で衣装を作らなければならないことがわかる。

(29)— 解答 ③

質問の訳 グラベルトン・コミック・ショーの来場者が尋ねて許可を取らなければならないことは

選択肢の訳 1　会議場のメインホールで食事をすること。

2　会議場の外の広場にある駐車場を使うこと。

3　ほかの来場者の衣装の写真を撮ること。

4　自分のスナックや飲み物をショーに持ち込むこと。

解説 第3段落第2文に許可なくほかの人の衣装の写真を撮ってはならないという記述があることから，正解は **3**。

B **全文訳** **王の小道**

何千年もの間，グアダロルセ川はスペイン南部の山々の間を流れてきた。長い年月をかけて，その川はある場所では川からの高さが300メートルにもなる高い岩壁を持つ印象的な峡谷を作り出した。20世紀初頭，その流れの速い川は電気を作り出すために使われるダムの建設にとって良い場所であると技術者たちは結論付けた。人々が近くの町からそのダムへ行くために，1メートルの幅のコンクリートの歩道が，峡谷の壁の高い場所に作られた。

最初は，その歩道は発電所の労働者と山の反対側に行きたいと思う地元の人々によって使われるだけであった。すぐに，その歩道の素晴らしい眺めの情報が広がり，それはハイカーたちの間で人気となった。技術者たちはその歩道が旅行者たちにとってより魅

力的になるようにそれを改良することにし，そして1921年にそれはスペインのアルフォンソ13世国王によって正式に開通された。式典の後，国王は8キロの道を歩き，そしてそれは，「王の小道」を意味するエル・カミニート・デル・レイとして知られるようになった。

その人気にもかかわらず，その歩道は適切に維持管理されなかった。コンクリートが損傷した場所に穴が開いてしまったのだ。当初は，人々が落下するのを防ぐために歩道の片側には金属製の柵があったが，これは壊れてしまい，峡谷の底に落ちてしまった。エル・カミニート・デル・レイは世界で最も危険なハイキングの道として有名となり，それに沿って歩く興奮を味わうために多くの国から人々がやって来た。しかしながら，2年間で4人の死者が出た後，政府は2001年にその歩道を閉鎖することにした。

エル・カミニート・デル・レイへの人々の関心は衰えず，木材と鋼鉄でその歩道を再建するために220万ユーロが費やされた。新しい歩道は2015年に開通し，それは古いものよりも安全であるけれども，それが怖いと思う人々も依然として存在している。このことにもかかわらず，その劇的な景色が多くの訪問者を魅了する。エル・カミニート・デル・レイをできるだけ長く良い状態に保つために，今ハイカーたちはそれを利用するためにチケットを買わなければならないし，毎年わずか30万枚のチケットしか販売されない。

(30)— 解答 ④

質問の訳 歩道がグアダロルセ峡谷の壁の高い位置に作られたのは

選択肢の訳
1 その川があまりにも危険で船で航行することができなかったからだ。
2 より低い位置の歩道が突然の洪水で破壊されてしまっていたからだ。
3 その峡谷には歩行を困難にする岩があったからだ。
4 人々が新たに建設されたダムに行くためにそれを必要としたからだ。

解説 第1段落最終文にA one-meter-wide concrete walkway was built high up on the walls of the valley for people to reach the dam from a nearby town.とあり，歩道が作られたのは人々が近くの町からダムに行くためであったことがわかる。

(31)— 解答 ①

質問の訳 その歩道はなぜエル・カミニート・デル・レイと呼ばれたのか。

選択肢の訳
1 スペインの国王がその道を開通させた後に，そこを歩いたからだ。
2 それを作った技術者たちによって着用された制服のためだ。
3 そこから見られる素晴らしい景色のためだ。
4 その道が旅行者にとって魅力的であってほしいと地元の人々が望んだからだ。

解説 第2段落最終文に，国王がその歩道を開通させ，式典の後にそこを歩いたことから，それがエル・カミニート・デル・レイ（王の小道）として知られるようになったという記述があるので，正解は1。

(32)—解答 ②

質問の訳 その歩道を閉鎖する決定がなされたのは

選択肢の訳
1 コンクリートに穴が発見された後だ。
2 人が亡くなった事故の後だ。
3 金属製の柵がその道の上に落下した後だ。
4 維持管理費が高騰した後だ。

解説 第3段落最終文に after four deaths in two years, the government decided to close the walkway という記述があることから，4人の死者が出た後，歩道を閉鎖する決定がなされたことがわかる。

(33)—解答 ④

質問の訳 その新しい歩道を保護する1つの方法は何か。

選択肢の訳
1 人々は歩道を使うとき，特別なハイキング用のブーツを履かなければならない。
2 雨による損傷を防ぐために屋根が付け加えられた。
3 その歩道の表面は新しい材料で作られている。
4 そこをハイキングできる人々の数は制限されている。

解説 第4段落最終文にその歩道を利用するためにハイカーはチケットを買わなければならず，その数が毎年30万枚に限定されていることが説明されている。つまり，その歩道をハイキングできる人々の数が制限されているということであり，正解は**4**。

C **全文訳** 笑いの進化

　笑いは，何かが面白いと感じる私たちの感情を表現する方法であるだけでなく，私たちの健康にとって有益なものでもある。短期的に見れば，それは筋肉を緩ませ，血流を改善するのを助けることができるし，そして長期的に見れば，それは私たちの体が病気とよりうまく闘うことを可能にする。研究者たちは，同様の行動をほかの動物の中に探すことで，どのようにして笑いが人間の中で進化してきたのかを調査している。カリフォルニア大学ロサンゼルス校で行われた研究は，60以上の種に笑いと類似した行動があるという証拠を明らかにした。

　その笑い声は人間と少し異なるけれども，チンパンジーが笑うということは長く知られてきた。ほとんどの人間は笑うとき，息を吐き出す際に笑い声を出すだけであるが，チンパンジーが笑うときは，息を吐き出すときと息を吸うときの両方で笑い声を立てる。チンパンジーは人間と非常に関係が深いので，チンパンジー，ゴリラ，オランウータンが笑うことはさほど驚くべきことではない。しかしながら，これらの動物は冗談を言うのに必要な複雑な言語を持たないので，研究者たちは何が彼らを笑わせるのかを明らかにすることに興味を抱いていた。

　研究者たちは，チンパンジーがお互いに乱暴に遊んでいる際にこれらの笑いの声を出すことを発見した。笑いは，自分が本当に相手を傷つけようとしているのではないとい

うことを相手に知らせるためのチンパンジーの方法であると彼らは考えている。遊びによって，チンパンジーやほかの動物は，自分の所属するグループのほかのメンバーとより強い関係を築くだけでなく，戦いや狩りの技術を発達させることもできるようになる。

　遊び行動の間，ほかの動物たちによって発せられる音に耳を傾けることによって，研究者たちは広範囲の動物たちの中に「笑い」を見いだすことができた。例えば，犬は遊ぶ際に大きな音を立てて息をするし，イルカは特別なカチッという音を発する。ネズミの場合，優しく触れられる際に彼らが発する笑いに似た音はあまりに高く，人間には聞くことができない。しかしながらその音は特別な装置で検出することができる。研究者たちは，笑いは彼らがリラックスして楽しめるということを他者に示す合図として進化し始めたと結論付けた。もちろん，人間はさまざまな理由で笑うので，研究者たちにはこの行動がどのようにして進化したのかについて学ぶべきことが依然としてたくさんある。

(34)—解答 ① ·· 正答率 ★75%以上

質問の訳 研究者たちはどのようにして人間の笑いの発達について知ろうとしているのか。

選択肢の訳 1 ほかの種の笑いのように思われる行動を探すことによって。
2 人々がどのような種類のことを面白いと考えるかを分析することによって。
3 生まれたときから人間の赤ん坊の反応を研究することによって。
4 人が笑う際に使われる筋肉を調査することによって。

解説 第1段落第3文に Researchers have been investigating how laughter evolved in humans by looking for similar behavior in other animals. とあり，ほかの動物の中に笑いと同様の行動を探すことで研究者たちが人間の笑いの進化について調査していることがわかる。

(35)—解答 ③ ··

質問の訳 チンパンジーの笑いはほとんどの人間の笑いとどのように異なっているか。

選択肢の訳 1 チンパンジーは驚いたとき人間と同じ音を出す。
2 鼻で呼吸することによってチンパンジーは音を出す。
3 チンパンジーは息を吐き出すときだけに音を出すわけではない。
4 チンパンジーは笑うとき人間が呼吸するときほどゆっくりとは呼吸しない。

解説 第2段落第2文に人間は息を吐く際に笑い声を出すが，チンパンジーは息を吐き出すときと吸うときの両方で笑い声を出すという説明がある。つまり，チンパンジーは息を吐き出すときだけに笑い声を出すのではないということであり，正解は **3**。

(36)—解答 ① ··

質問の訳 研究者たちが考えているチンパンジーが笑いを利用する目的は

選択肢の訳 1 彼らの行動が本気ではないことを示すためである。

2 新しいメンバーを彼らのグループに迎えるためである。

3 彼らが狩りに行く前に筋肉を温めるためである。

4 ほかのチンパンジーを追い払うことによって戦いを避けるためである。

解説 第3段落第2文にチンパンジーは本当に相手を傷つけようとしているわけではないということを相手に知らせる方法として笑いを使っているという記述がある。つまり，笑いは彼らの行動が本気ではないということを相手に伝えるための方法であるということであり，正解は**1**。

(37)— 解答 ③

質問の訳 特別な装置が使われる目的は

選択肢の訳 **1** 人間が笑う際に脳の中の信号を測定するためである。

2 イルカによって出される異なった音を識別するためである。

3 ある種の動物の笑いに似た音を観察するためである。

4 人間が笑う正確な理由を特定するためである。

解説 第4段落第3文と第4文に，ネズミの発する笑いに似た音は高過ぎて人間には聞こえないが，特別な装置によってそれを検出することができるという説明がある。ゆえに正解は**3**。

(38)— 解答 ②

質問の訳 以下の記述のうち正しいのはどれか。

選択肢の訳 **1** 動物の遊びの目的は，彼らのグループのほかのメンバーを笑わせることである。

2 専門家たちには，どのようにして人間の笑いが発達してきたのかについて学ぶべきことがまだある。

3 笑いの効用の1つは，人々が強い筋肉を発達させるのにそれが役立つということである。

4 研究者たちはチンパンジーが実際互いに冗談を言い合っているという証拠を発見した。

解説 第4段落最終文に humans laugh for a variety of reasons, so researchers still have much to learn about how this behavior evolved とあり，笑いの進化については依然として学ぶべきことがたくさんあるとわかる。

一次試験・筆記 4 | 問題編 p.92

トピックの訳 人々が選挙で投票するために日本はインターネットを使うべきだと言う人がいます。あなたはこの意見に同意しますか。

ポイントの訳 便利さ　費用　安全

解答例 I think Japan should use the Internet for people to vote in elections. First, people who find it difficult to go to voting places will be able to vote from almost anywhere. For example, Japanese people who are working or traveling in foreign countries can easily participate in elections. Second, the results will be known more quickly. Now, it takes time to count all the votes, but by using the Internet, accurate results can be shown to the public immediately. Therefore, I think it would be good for Japan to use the Internet for people to vote in elections.

解答例の訳 人々が選挙で投票するために日本はインターネットを使うべきだと私は思います。第1に，投票所に行くのが難しいと思う人々がほとんどどこからでも投票することができるようになります。例えば，外国で働いたり，外国を旅行したりしている日本人が簡単に選挙に参加することができます。第2に，結果がより速くわかるようになります。現在，全ての票を数えるのに時間がかかっていますが，インターネットを使うことで，正確な結果をただちに一般の人々に示すことができます。それゆえに，日本は人々が選挙で投票するためにインターネットを使うのが良いだろうと私は思います。

解説 まず冒頭で与えられたトピックに関して，自分が同意するか否かをはっきりと明示することが大切である。その際，I think / I don't think で始め，その後にトピックで使われている表現をつなげて書くと容易にトピックセンテンスを作ることができる。次に自分の意見を支持する理由を2つ，具体例とともに列挙する。その際，First, Second といった標識になるようなつなぎ言葉を使うと論理展開が明確になる。そのほかにも to begin with「まず始めに」，in addition「加えて」，moreover「さらに」などの表現も有効である。そして最後にまとめの文としてもう一度自分の意見を繰り返す。その際，in conclusion「結論として」，for these reasons「これらの理由から」，therefore「それゆえに」などの表現を使うと効果的である。

解答例では Convenience「便利さ」の観点で同意する例が挙げられているが，同意しない場合には，Security「安全」の観点で，インターネット投票ではハッカーによる選挙妨害や結果の改ざんが起きる可能性があること（There is a possibility that computer hackers can interfere with the voting systems and falsify the results.）や，機械の不具合でデータが失われる危険性があること（There is a danger that the database system might break down and we might lose all the data.）などを書いてもよい。

No.1−解答 **2** ・・・・・・・・・・・・・・・・・・・・・・・・・・・・・・ 正答率 ★**75%以上**

放送英文 ★： Excuse me. I wanted to order the salmon pasta, but I didn't see it anywhere on the menu.

☆： Sorry, but we only serve salmon pasta on Wednesdays. Today's special is clam chowder.

★： That's too bad. My friend recommended that I order the salmon pasta here. I was really hoping to try it.

☆： My apologies, sir.

Question: Why is the man disappointed?

全文訳 ★： すみません。サーモンパスタを注文したかったのですが，メニューのどこにもそれが見当たらないんです。

☆： 申し訳ございませんが，サーモンパスタは水曜日のみにご提供しております。本日のおすすめはクラムチャウダーでございます。

★： それは残念です。私の友だちがここではサーモンパスタを注文するべきだと勧めてくれたんです。本当にそれを食べてみたいと思っていました。

☆： 申し訳ございません，お客様。

Q：なぜ男性はがっかりしているのか。

選択肢の訳 **1** 彼の友だちが昼食時に彼に会うことができないから。

2 彼は彼が望んだものを注文できないから。

3 クラムチャウダーがもうないから。

4 サーモンパスタがあまりおいしくないから。

解説 サーモンパスタを注文したいと言う男性に対して，それは水曜日のみに提供していると女性は答えている。それを受けて男性は That's too bad. と言っていることから，彼が望んだものを注文できないことに対してがっかりしていることがわかる。

No.2−解答 **4** ・・・

放送英文 ☆： Dillon, now that your parents are retired, what are they going to do?

★： They want to travel around the world. Actually, they're going to Kenya soon to see African wild animals on safari.

☆： That sounds like fun. I'd love to see elephants and zebras in the wild. I hope your parents take lots of photographs.

★： I'm sure they will. I'll ask them to show you some when they get back.

Question: What is one thing we learn about the man's parents?

93

☆： ディロン，あなたの両親は退職した今，何をするつもりなのかしら。

★： 彼らは世界中を旅することを望んでいるよ。実際，彼らはサファリでアフリカの野生動物を見るためにまもなくケニアに行く予定だよ。

☆： それは面白そうね。私は野生のゾウやシマウマが見たいわ。あなたの両親がたくさん写真を撮ってきてくれるといいな。

★： きっと撮ってくると思うよ。彼らが帰ってきたら，写真をいくつか君に見せるように頼んでみるよ。

Q：男性の両親に関して私たちがわかる1つのことは何か。

1 彼らはしばしばアフリカに旅行に行く。

2 彼らはケニアで生まれた。

3 彼らは写真を見ることを楽しむ。

4 彼らはもはや働いていない。

女性の最初の発言に now that your parents are retired とあり，男性の両親は退職していることがわかる。この部分が選択肢では，They are no longer working. と言い換えられている。よって正解は**4**。男性の両親はケニアに行く予定であるが，しばしばアフリカに旅行に行くとは述べられていないので，**1**は不適切。

No.**3** – 解答 ·· 正答率 ★**75%以上**

☆： Hello.

★： Hi, Betty! It's Martin. I'm calling to ask if you've decided what you want to do for your birthday.

☆： Actually, I haven't really thought about it. Hmm. What about eating at that fancy new Thai restaurant that opened downtown?

★： Great! Can you tell me the name of the place? I'll make a reservation.

☆： It's called Diva's Dish. It's on Beach Avenue.

Question: Why did the man call the woman?

☆： もしもし。

★： やあ，ベティ！　マーティンだ。君の誕生日にやりたいことを決めたかどうか尋ねたくて電話をしているんだ。

☆： 実はまだそれについてあまり考えていないのよ。そうねえ。中心街に開店したあの高級な新しいタイ料理のレストランで食事するのはどうかしら。

★： いいね！　その場所の名前を教えてくれないかい？　僕が予約を取るよ。

☆： ディーバズ・ディッシュと呼ばれているわ。ビーチ・アベニューにあるの。

Q：なぜ男性は女性に電話をかけたのか。

1 彼女に新しいレストランについて話すため。

2 彼女の誕生日に何をするべきかを尋ねるため。

3 彼女が予約をすることを提案するため。

4 彼女がどこで夕食を食べたかを尋ねるため。

解説 男性の最初の発言に I'm calling to ask if you've decided what you want to do for your birthday. とあり，女性の誕生日に彼女が何をしたいのかを尋ねるために男性は電話をしていることがわかる。

No.4 −解答 ②

放送英文 ★： Welcome to the Ababa Café. We have a variety of coffee drinks, both hot and cold. Can I take your order?

☆： Oh, an iced coffee would be fantastic in this weather. It's too hot for a warm drink.

★： Well, we have regular, vanilla, or chocolate iced coffees. Which would you like?

☆： Hmm. I'll take a vanilla iced coffee, please.

Question: Why does the woman order iced coffee?

全文訳 ★： アババ・カフェにようこそ。さまざまな種類のコーヒーを，ホットとコールドの両方でご用意しております。ご注文はお決まりでしょうか。

☆： ああ，アイスコーヒーがこの天候ではいいわね。温かい飲み物を飲むには暑過ぎるわ。

★： えーっと，当店ではレギュラー，バニラ，チョコレートのアイスコーヒーをご用意しております。どれにいたしましょうか。

☆： そうねえ。バニラアイスコーヒーをお願いするわ。

Ｑ：なぜ女性はアイスコーヒーを注文しているのか。

選択肢の訳 **1** そのカフェではそれが有名であるから。

2 今日は屋外が暑いから。

3 友だちがそれを薦めたから。

4 彼女はあまりお腹がすいていないから。

解説 女性の最初の発言に Oh, an iced coffee would be fantastic in this weather. It's too hot for a warm drink. とあり，温かい飲み物を飲むには暑過ぎると彼女が感じていることがわかる。

No.5 −解答 ③

放送英文 ☆： Dave, um, I have something to tell you. Do you remember that book that you let me borrow?

★： Sure. *The Young Ones*, by Bryce Chambers. How do you like it?

☆： Well, it seemed pretty good. The problem is I can't find it. I must have left it on the train yesterday. Should I buy you a new one?

★： No, don't worry about it. I've read it twice already.

Question: What is one thing the girl says to the boy?

全文訳 ☆：デイブ，ええと，あなたに話したいことがあるの。私に貸してくれたあの本を覚えている？

★：もちろん。ブライス・チェンバーズの『ザ・ヤング・ワンズ』だね。どうだった？

☆：そうね，かなり良かったと思うわ。問題は，その本が見つからないことなの。昨日，電車に置き忘れたに違いないわ。あなたに新しいものを買うべきかしら。

★：いや，心配はいらないよ。もう僕は2回それを読んでいるからね。

Q：女の子が男の子に言っている1つのことは何か。

選択肢の訳 **1** 彼女は『ザ・ヤング・ワンズ』という本を書いている。

2 彼女は昨日間違った電車に乗った。

3 彼女は彼の本をなくしたと思っている。

4 彼女は彼に電車の切符を買ってあげた。

解説 女の子の2番目の発言に The problem is I can't find it. I must have left it on the train yesterday. とあり，女の子は男の子の本を電車に置き忘れてきてしまったと思っていることがわかる。選択肢ではこれが She thinks she lost his book. と言い換えられている。

No.6 – 解答 ①

放送英文 ☆：Thanks for taking me to the Statue of Liberty, Jim. I wish my camera hadn't broken, though.

★：Well, I'll send you the photos I took. Oh, don't you feel tired? We had to stand and wait for a long time to get in.

☆：No, not at all. I feel fine, and the view from the top was great.

★：That's good. Well, let's think about what to do next.

Question: What happened to the man and woman at the Statue of Liberty?

全文訳 ☆：ジム，私を自由の女神像に連れて行ってくれてありがとう。でも，私のカメラが壊れなかったらよかったのに。

★：じゃあ，僕が撮った写真を君に送るよ。あっ，疲れていないかい？　中に入るのに長い時間立って待たなければならなかったからね。

☆：いいえ，全然疲れていないわ。私は大丈夫だし，頂上からの眺めは素晴らしかったわ。

★：それは良かった。それじゃあ，次に何をするか考えよう。

Q：自由の女神像で男性と女性に何が起きたのか。

選択肢の訳 **1** 彼らは長い時間待たなければならなかった。

2 彼らは非常に疲れを感じ始めた。

3 彼らは出口を間違えた。

4 彼らは中に入れなかった。

解説 男性は最初の発言で，中に入るのに長い時間立って待たなければならな
かったから疲れていないか，と女性を気遣っている。このことから正解
は **1** となる。

No.7 −解答 ②

放送英文 ☆： Dad, can we go to the mountains this weekend? I want to collect some leaves for a school art project.

★： Why do you need to go to the mountains for that?

☆： Most of my classmates are going to get some around town, but I want to find different ones.

★： You're right—there are more kinds of trees in the mountains. OK, let's go on Saturday.

Question: Why does the girl want to go to the mountains?

全文訳 ☆： お父さん，今週末，一緒に山に行ってくれる？　学校の美術のプロジェクトに使う葉っぱを何枚か集めたいの。

★： なぜそのために山に行く必要があるんだい？

☆： 私のクラスメートのほとんどは街の周辺で何枚か集めるつもりなの。でも私は違うものを見つけたいの。

★： もっともだね。山にはよりたくさんの種類の木があるからね。わかった，土曜日に行こう。

Q：なぜ女の子は山に行きたいのか。

選択肢の訳 **1**　クラスメートに会うため。

2　美術のプロジェクトのために葉っぱを手に入れるため。

3　木を植えるため。

4　学校のために写真を撮るため。

解説 女の子は最初の発言で，美術のプロジェクトに使う葉っぱを集めたいと
言い，今週末に一緒に山に行ってくれないかと父親に尋ねている。ゆえ
に正解は **2** となる。

No.8 −解答 ①

放送英文 ★： Ann, have you finished writing the presentation for our business trip next week? I'd like to check it before we go.

☆： I'm still waiting on some research data from the sales department. I can't finish the presentation without it.

★： I see. Well, I'll go ask them to hurry up. Once you have the data, how long will it take?

☆： Probably only an hour or two.

Question: What is the problem with the woman's presentation?

全文訳 ★： アン，来週の出張で使うプレゼンテーションを書くのはもう終わったかい？　出張に行く前に点検したいんだ。

☆： 営業部からの調査データが来るのをまだ待っているんです。それなしでは
プレゼンテーションを書き終えることができません。

★： わかった。それでは，私が行って彼らに急ぐように伝えよう。データが手
に入ったら，終えるのにどれくらいかかる？

☆： たぶんほんの1，2時間です。

Q： 女性のプレゼンテーションに関しての問題は何か。

選択肢の訳　**1** 彼女はさらなる情報を必要としている。
2 彼女は営業部に電話をするのを忘れた。
3 彼女はそれの書き方を知らない。
4 彼女はそれをする時間がない。

解説　女性は最初の発言で，営業部からの調査データを待っていて，それなし
ではプレゼンテーションが書き終わらないと言っている。つまり彼女は
さらなる情報を必要としているということであり，正解は**1**となる。男
性の2番目の発言にある hurry up に引っ張られて，**4**を選ばないよう
に注意。

No.**9** – 解答 ②

放送英文　☆： Hello, sir. I'm with the *Silverton Daily News*. Would you mind
answering a few questions about the Fox Theater?

★： I'd love to. It's my favorite theater in the city.

☆： Then you must be upset by the news that it will be shut down
next year.

★： Yeah. I think it's a shame. It's one of the most famous buildings
in Silverton.

Question: What is one thing we learn about the Fox Theater?

全文訳　☆： こんにちは。私はシルバートン・デイリー・ニュースの者です。フォック
ス劇場についていくつか質問に答えていただいてもよろしいでしょう
か。

★： 喜んで。それはこの街で私の一番のお気に入りの劇場なんです。

☆： それならば，来年その劇場が閉館するというニュースに動揺されているこ
とでしょう。

★： ええ。残念だと思いますよ。それはシルバートンで最も有名な建物の1つ
ですからね。

Q： フォックス劇場について私たちがわかる1つのことは何か。

選択肢の訳　**1** それは最近建てられた。
2 それは閉館する予定だ。
3 それは修繕中である。
4 それは多くのお金を稼いでいる。

解説　女性の2番目の発言に it will be shut down next year とあり，フォッ

クス劇場が来年閉館するということがわかる。この部分が選択肢では It will be closing. と言い換えられている。

No.10 解答 ①

（放送英文）★： Ms. Carter, do you think it might be possible for me to transfer to another department?

☆： Why, Albert? Don't you like working here in the Sales Department?

★： Of course I do. But I can't work such long hours anymore. I need to get home earlier for my kids.

☆： I see. In that case, let's discuss reducing your responsibilities. I'd really like to keep you here.

Question: What does the man want to do?

（全文訳）★： カーターさん，私がほかの部署に移ることは可能だと思いますか。

☆： なぜなの，アルバート？ ここ営業部で働くのが好きではないの？

★： もちろん好きです。しかしもうそんなに長時間働けないのです。子どもたちのためにもっと早く帰宅する必要があるのです。

☆： わかったわ。それなら，あなたの業務を軽減することについて話し合いましょう。私はあなたに本当にここにいてほしいの。

Q：男性は何をしたいのか。

（選択肢の訳）1 もっと多くの時間を家で過ごす。

2 会社を辞める。

3 彼のオフィスの近くに引っ越す。

4 新しいベビーシッターを見つける。

（解説）男性は2番目の発言で，子どもたちのために早く帰宅する必要があると言っている。つまり彼は家でもっと多くの時間を過ごしたいと思っているということであり，正解は1となる。

No.11 解答 ④

（放送英文）☆： Bob, can I ask a favor? My son will be in a play at school next week, and I need to make a costume for him. Could I use your family's sewing machine?

★： Sure, Anna. No problem.

☆： Great. Can I pick it up later today?

★： That would be fine. I'll be home in the evening. I have a meeting this afternoon, but I should be home by six.

Question: What does the woman want to do?

（全文訳）☆： ボブ，お願いしてもいいかしら。私の息子が来週学校の演劇に出るので，彼のために衣装を作る必要があるの。あなたの家族のミシンを使ってもいいかしら。

★： もちろん，アンナ。問題ないよ。

☆： よかった。今日，この後取りに行ってもいいかしら？

★： いいよ。夕方僕は家にいるよ。今日の午後は会議があるけど6時までには帰宅するはずだよ。

Q：女性は何をしたいのか。

選択肢の訳 1 今晩，劇に参加する。

2 彼女の息子の学校に連絡を取る。

3 男性の衣装をデザインする。

4 ミシンを借りる。

解説 女性の最初の発言に Could I use your family's sewing machine? とあり，彼女がミシンを借りたいと思っていることがわかる。

No.12 解答 ③

放送英文 ☆： Hello. Orange Computers. How can I help you?

★： My name is Mitch Sibley. May I speak to Ms. Fouts, please?

☆： I'm afraid Ms. Fouts is in Boston on business. She won't be back until Thursday.

★： Oh, I see. I'll try again after she gets back.

Question: Why wasn't Ms. Fouts able to take the call?

全文訳 ☆： もしもし。オレンジ・コンピューターズです。ご用件をお伺いいたします。

★： 私の名前はミッチ・シブリーです。ファウツさんはいらっしゃいますか。

☆： あいにくファウツはボストンに出張中です。木曜日まで戻りません。

★： ああ，わかりました。彼女が戻ったらもう一度かけ直します。

Q：ファウツさんはなぜ電話に出ることができなかったのか。

選択肢の訳 1 彼女は忙し過ぎて電話口まで来ることができなかったから。

2 彼女は今違う会社で働いているから。

3 彼女はオフィスにはいなかったから。

4 昼食に出かけていたから。

解説 女性の2番目の発言に Ms. Fouts is in Boston on business とあり，ファウツさんがボストンに出張中であることがわかる。この表現が選択肢では She was away from the office. と言い換えられている。

No.13 解答 ②

放送英文 ★： Have you read any good science-fiction books lately, Hannah? I can't find any that I like.

☆： Yes. I just finished reading one about space travel and a plan to go to Mars. It was so exciting that I stayed up all night reading it.

★： That sounds really interesting. Would you let me borrow it for a few days?

☆： Sure. I have it in my bag right here.

Question: What is the boy asking Hannah?

全文訳 ★： ハンナ，最近サイエンス・フィクションの良い本を何か読んだ？　僕の好みに合うものを全然見つけられないんだ。

☆： ええ。宇宙旅行と火星へ行く計画についてのものをちょうど読み終わったところよ。それはとてもわくわくさせるものだったので，一晩中寝ないで読んじゃったわ。

★： それは本当に面白そうだね。数日間それを僕に貸してくれないか。

☆： もちろん。ちょうどこのバッグの中にあるわ。

Ｑ：男の子はハンナに何を尋ねているか。

選択肢の訳 1　彼女が火星の位置を知っているかどうか。

2　彼女が良い本を知っているかどうか。

3　彼女が宇宙旅行をしたいかどうか。

4　彼女が彼と図書館に行くことができるかどうか。

解説 男の子の最初の発言に Have you read any good science-fiction books lately とあり，男の子がハンナにサイエンス・フィクションの本で何か良いものを知らないかどうかを尋ねていることがわかる。

No.**14** 解答 ③

放送英文 ☆： Do you want to go to a rock concert with me on Saturday? A new rock band is playing. They're called the Battle Hawks, and they're really, really good.

★： That sounds like fun. Have you seen them play before?

☆： No. I've only heard them on the radio. I think they'll be famous soon, though.

★： Well, I can't wait to hear them play.

Question: What did the woman hear on the radio?

全文訳 ☆： 土曜日に私とロックコンサートに行かない？　新しいロックバンドが演奏するの。彼らはバトル・ホークスと呼ばれ，とてもとても素晴らしいの。

★： 面白そうだね。彼らが演奏するのを以前に見たことがあるの？

☆： いいえ。ラジオで聞いただけよ。でも彼らはすぐに有名になると思うわ。

★： そうか，彼らの演奏を聞くのを待ちきれないよ。

Ｑ：女性はラジオで何を聞いたか。

選択肢の訳 1　有名人についてのニュース。

2　バンドとのインタビュー。

3　新しいロックバンドの音楽。

4　楽器店の宣伝。

解説 男性がその新しいロックバンドの演奏を見たことがあるかと女性に尋ねたところ，女性はラジオで聞いただけだと答えている。このことから正

解は **3** となる。

No.15 解答 ④ •••

放送英文 ☆： It feels like winter. This weather is really cold for April.

★： Yeah. I heard the temperature might drop below zero tonight.

☆： Really? I hope not. I've just put some new plants in my garden. If it gets too cold, they'll freeze and die.

★： Well, let's hope it doesn't get that cold.

Question: What is the woman worried about?

全文訳 ☆： 冬みたいな天気ね。4月にしては本当に寒いわ。

★： ああ。気温が今夜は氷点下まで下がるかもしれないと聞いたよ。

☆： 本当に？　そうならないといいのだけど。庭に新しい植物をちょうど植えたところなの。寒くなり過ぎると凍って枯れちゃうわ。

★： それなら，そんなに寒くならないことを祈ろう。

Q：女性は何を心配しているのか。

選択肢の訳 **1** 雪が激しく降るかもしれない。

2 彼女の庭に植物を植えるのには遅過ぎるかもしれない。

3 男性のガーデン・パーティーが中止されるかもしれない。

4 彼女の植物が凍ってしまうかもしれない。

解説 女性の2番目の発言に I've just put some new plants in my garden. If it gets too cold, they'll freeze and die. とあり，女性は彼女の植物が凍って枯れてしまうことを心配しているとわかる。

一次試験・リスニング	第2部	問題編 p.95〜97	🔊	▶MP3 ▶アプリ ▶CD 2 **17**〜**32**

No.16 解答 ④ ••

放送英文 Tommy is going on a trip to Ireland. It is his first time, and he is excited about visiting some of the famous buildings there. He will have to travel on an airplane for a long time, and he is worried about not having enough to do on the plane. Tommy's aunt often flies long distances for work, so he will ask for her advice.

Question: What is Tommy worried about?

全文訳 トミーはアイルランドへ旅行に行く予定である。それは彼にとって初めてのことであり，そこで有名な建物をいくつか訪れることを楽しみにしている。彼は長時間飛行機で旅行しなければならず，機内でやることが十分にないことを心配している。トミーのおばは，しばしば仕事で長距離を飛ぶので，彼は彼女に助言を求めるだろう。

Q：トミーは何を心配しているか。

選択肢の訳 1　有名な建物を訪れることができるかどうか。

2　ほかの国で働くこと。

3　彼のおばの忙しい旅行の予定。

4　長距離フライトでどのように時間を過ごすべきか。

解説　第3文に飛行機内でやることが十分にないことをトミーが心配している という記述があることから，正解は **4** となる。

No.17 解答

放送英文　Walking is a good way to exercise, and it can also improve a person's mood and reduce stress. There is also a popular Olympic sport called race walking. Some say the sport began long ago in England, when competitions were held to see which servants could walk the fastest. These competitions were very exciting and soon began to attract large crowds.

Question: What is one thing we learn about servants in England long ago?

全文訳　ウォーキングは良い運動の方法であり，それは人の気分を改善し，ストレスを軽減することもできる。競歩と呼ばれる人気のオリンピックの種目のスポーツもある。そのスポーツは，ずっと昔，イギリスで始まったと言う人がいる。そのとき，どの召使いが最も速く歩けるかを見るために競技会が行われていた。これらの競技はとてもわくわくするもので，すぐに多くの人たちを引きつけ始めた。

Q：ずっと昔のイギリスの召使いについて私たちがわかる1つのことは何か。

選択肢の訳　1　彼らは特別な競技会で速く歩いた。

2　彼らはオリンピックを見ることができなかった。

3　競歩は彼らの子どもたちに多くのストレスを感じさせた。

4　彼らが加入できるスポーツクラブはなかった。

解説　第3文にどの召使いが最も速く歩けるかを見るための競技会がずっと昔 のイギリスで行われていたという説明があることから，正解は **1** となる。

No.18 解答

放送英文　Sam's mother loves to go hiking, and she often takes Sam with her. However, Sam prefers to stay home and play video games with his friends. To make exercising more fun for Sam, his mother started asking him about games while they were hiking. She asked Sam to describe his favorite game. Sam had so much fun talking about it that he did not realize he was exercising.

Question: What did Sam's mother do to make exercising more fun for him?

全文訳 サムの母親はハイキングに行くのが大好きで，しばしばサムを一緒に連れて行く。しかしながら，サムは家にいて友だちとテレビゲームをする方を好む。サムにとって運動をもっと面白いものとするために，彼の母親はハイキングをしながら，彼にゲームについて尋ね始めた。彼女はサムに彼のお気に入りのゲームを説明するよう頼んだ。サムはそれについて話すことがとても面白かったので，自分が運動をしていることに気づかなかった。

Q：サムの母親は彼にとって運動をもっと面白いものにするために何をしたか。

選択肢の訳 1　彼女は彼にハイキングについてのテレビゲームを買った。
2　彼女は彼に彼のお気に入りのゲームについて尋ねた。
3　彼女は彼と彼の友だちをジムに連れて行った。
4　彼女はハイキングをしながらするゲームを作った。

解説 第 3 文に To make exercising more fun for Sam, his mother started asking him about games while they were hiking. とあり，母親はハイキングをしながらサムにゲームについて尋ねるようにしたことがわかる。母親はハイキングについてのテレビゲームを買ったわけではないので，**1** は不適切。

No.19 解答

放送英文 Michael works at a bank. He really enjoys helping his customers, but recently, he realized that many of them do not know how to manage their money. He wants to offer classes to teach customers basic financial planning. Michael thinks the classes will be useful, but he must first get permission from his boss.

Question: Why does Michael want to offer classes to customers?

全文訳 マイケルは銀行で働いている。彼は彼の顧客を助けることを本当に楽しんでいるが，最近，彼は彼らの多くがどのようにしてお金を管理するかを知らないことに気づいた。彼は顧客に基本的なファイナンシャル・プランニングについて教える授業を提供したいと思っている。マイケルはその授業は役に立つと思っているが，彼はまず上司からの許可を得なければならない。

Q：なぜマイケルは顧客に授業を提供したいのか。

選択肢の訳 1　彼の上司が不平を言うのを止めるため。
2　彼自身のために余分なお金を作るため。
3　彼らが自分のお金を管理することについて学ぶ手助けをするため。
4　銀行で働くことに彼らの興味を引くため。

解説 第3文に He wants to offer classes to teach customers basic financial planning. とあり，マイケルがファイナンシャル・プランニングについて顧客に教える授業を提供したいと考えていることがわかる。

No.20 解答 ④

放送英文 Spinach is a dark green vegetable that was first grown in Persia. It is very healthy, so it is often called a superfood. Spinach became a popular vegetable in the United States because of a cartoon character named Popeye. This character eats spinach to become strong. Thanks to this superfood, Popeye can save his girlfriend when she is in dangerous situations.

Question: Why did spinach become a popular vegetable in the United States?

全文訳 ホウレンソウは初めにペルシャで栽培された濃い緑色の野菜である。それはとても健康に良いため，しばしばスーパーフードと呼ばれる。ホウレンソウは，ポパイという名の漫画のキャラクターのおかげで，アメリカで人気の野菜となった。このキャラクターは強くなるためにホウレンソウを食べる。このスーパーフードのおかげで，ポパイは彼のガールフレンドが危険な状況にあるときに彼女を救うことができる。

Q：なぜホウレンソウはアメリカで人気の野菜となったのか。

選択肢の訳 1　ペルシャからの男性たちがそこへ旅行し始めたから。
2　船乗りがそこでそれを安く買うことができたから。
3　そこにいる若い女の子たちが健康的な食べ物を必要としたから。
4　漫画のキャラクターがそれを食べるのを人々が見たから。

解説 第3文，第4文に，強くなるためにホウレンソウを食べる漫画のキャラクターのおかげでホウレンソウがアメリカで人気になったという説明がある。

No.21 解答 ① 正答率 ★75%以上

放送英文 Kyle loves playing sports. He plays soccer, basketball, tennis, and baseball. This year, however, he must study for his high school entrance exams, so he only has time to play one sport. He is not sure which one to choose. He asked his mother, and she suggested that he make a list of the things he loves about each sport to help him decide.

Question: What does Kyle need to do?

全文訳 カイルはスポーツをすることが大好きである。彼はサッカー，バスケットボール，テニス，そして野球をする。しかしながら今年，彼は高校の入学試験のために勉強しなければならないので，1つのスポーツをする時間しかない。どれを選ぶべきか彼は決めかねている。彼が母親に尋ね

ると，彼女は彼が決めるのを手助けするために，それぞれのスポーツについて彼が大好きなことのリストを作るべきだと提案した。

Q：カイルは何をする必要があるのか。

選択肢の訳 　**1** するべきスポーツを1つ選ぶ。

2 入学試験を再び受ける。

3 彼の先生に授業の予定表を求める。

4 彼の母親の家事を手伝う。

解説 　第3文に he must study for his high school entrance exams, so he only has time to play one sport とあり，カイルは高校の入学試験のために1つのスポーツをする時間しかないことがわかる。この表現が選択肢では Choose a sport to play. と言い換えられている。

No.22 解答 ··

放送英文 You are listening to Radio Blastline FM. It's time for a message from our sponsors. Are you searching for an exciting adventure for the whole family? Come to Amazing Animals Petting Zoo and touch some of the cutest animals around. Admission for children is half-price on Sundays. You can also watch our new tiger cubs play with their mother, and you can join in our penguin parade. See you at Amazing Animals Petting Zoo.

Question: What is one thing families with children can do at Amazing Animals Petting Zoo on Sundays?

全文訳 ラジオ・ブラストライン FM をお聞きいただいております。スポンサーからのメッセージの時間です。家族全員がわくわくするような冒険をお探しですか。それならアメージング・アニマル・ペッティング動物園へお越しいただき，最もかわいい動物たちと触れ合ってみてください。子どもの入場料は日曜日には半額になります。また，生まれたてのトラの子が母親と遊ぶ姿もご覧いただけますし，ペンギン・パレードに参加することもできます。アメージング・アニマル・ペッティング動物園でお会いしましょう。

Q：子どものいる家族がアメージング・アニマル・ペッティング動物園で日曜日にできる1つのことは何か。

選択肢の訳 　**1** 半額でペットを買う。

2 有名なラジオタレントと会う。

3 トラにエサをあげるのを手伝う。

4 より安い入場料で入場する。

解説 　第5文に Admission for children is half-price on Sundays. とあり，日曜日には子どもの入場料が半額になることがわかる。つまりより安い入場料で入場することができるということであり，正解は **4**。この

動物園では動物たちと触れ合えるが，トラにエサをあげるのを手伝うことができるとは述べられていないので，**3**は不適切。

No.23 解答

放送英文 Madison was very excited when Josh, a boy in her class, asked her to go ice-skating with him. Madison had never been ice-skating before, so she went to an ice rink to practice a week before her date with Josh. She enjoyed it so much that she decided to buy a pair of ice skates. They cost a lot of money, but she plans to go ice-skating often in the future.

Question: What did Madison do before she went ice-skating with Josh?

全文訳 マディソンは，ジョシュという同じクラスの男の子が一緒にアイススケートに行こうと誘ってくれたとき，とても胸が高鳴った。マディソンはこれまでにアイススケートをやったことがなかったので，ジョシュとのデートの1週間前に練習のためにアイスリンクに行った。彼女はとても楽しんだので，1組のアイススケート靴を買うことにした。それは値段が高かったが，彼女は将来頻繁にアイススケートに行くつもりである。
Q：ジョシュとアイススケートに行く前にマディソンは何をしたか。

選択肢の訳 1 彼女は1人でアイススケートの練習をした。
2 彼女は新しいイヤリングを買った。
3 彼女は彼に彼の趣味について聞いた。
4 彼女は2週間アイススケートのレッスンを受けた。

解説 第2文の後半に she went to an ice rink to practice a week before her date with Josh とあり，彼女がデートの前に1人でアイススケートの練習をしたことがわかる。

No.24 解答 　　　　　　　　　　　　　　　 正答率 ★75%以上

放送英文 Melinda could not sleep well last night. She woke up several times because she heard some strange noises. She opened her window and looked outside to find out what was making them. She saw that a branch of a tree was being blown against the wall of her house. Melinda decided to go and sleep in her living room and take a look at the tree branch in the morning.

Question: Why did Melinda have trouble sleeping?

全文訳 メリンダは昨晩よく眠れなかった。彼女は何か奇妙な音を聞いたので何度か目を覚ました。彼女は窓を開けて，何がその音を発しているのかを確かめるために外を見た。木の枝が彼女の家の壁に吹きつけられているのが見えた。メリンダはリビングに行って眠り，朝にその木の枝を見てみることにした。

Q：なぜメリンダは眠れなかったのか。

選択肢の訳 **1** 彼女の部屋が暖か過ぎたから。

2 彼女は外で何か音がしているのを聞いたから。

3 風が壁の穴を通して吹き込んでいたから。

4 窓を通して光が差し込んでいたから。

解説 第1文と第2文にメリンダは奇妙な音を聞いて何度か目を覚ましたために昨晩はよく眠れなかったという説明がある。このことから正解は**2**となる。

No.25 解答

放送英文 Too many things in a space are called clutter. By removing clutter from their homes, people can live more relaxed lives. However, it is often hard to decide which things to throw away. There are professionals who can help people to do this. One such professional, Vicky Silverthorn, made a lot of money by telling people how to remove clutter from their homes on the Internet.

Question: How did Vicky Silverthorn make a lot of money?

全文訳 あまりにも多くの物が1つの場所にあるとそれはがらくたの山と呼ばれる。家からがらくたの山を取り除くことによって、人々はもっとリラックスした生活を送ることができる。しかしながら、どれを捨てるべきかを決めることはしばしば難しい。人々がこれをするのを助けてくれるプロがいる。そのようなプロの1人、ビッキー・シルバーソーンは、家からがらくたの山をどのように取り除くかをインターネット上で人々に教えることによって多くのお金を稼いだ。

Q：ビッキー・シルバーソーンはどのようにして多くのお金を稼いだのか。

選択肢の訳 **1** 彼女は人々にどのようにして物を処分するかを教えた。

2 彼女は人々が家を売る手助けをした。

3 彼女はプロの人たちのためにインターネットの問題を修復した。

4 彼女はより強い家を建てる方法を教えた。

解説 最終文でがらくたの山をどのように取り除くかをインターネット上で教えることでビッキーは多くのお金を稼いだと述べられているので、正解は**1**。how to remove clutter が選択肢では how to get rid of things と言い換えられている。ビッキーはインターネット上で教えたのであって、インターネットの問題を修復したわけではないので、**3**は不適切。

No.26 解答 ● 正答率 ★75%以上

放送英文 Today is Serena's first day at a new high school. She is nervous because she is shy and has difficulty making new friends.

Serena's father told her to introduce herself to the students sitting next to her in her class. After that, he told her she should get to know them by asking them about their interests.

Question: Why is Serena nervous?

全文訳　今日はセリーナにとって新しい高校での最初の日である。彼女は内気で新しい友だちを作るのが苦手なので，緊張している。セリーナの父親は彼女に，クラスで隣に座っている生徒たちに自己紹介をするように言った。その後，彼は彼女に，彼らに関心事について尋ねることで彼らのことを知るようにすべきであると話した。

Q：なぜセリーナは緊張しているのか。

選択肢の訳　**1**　彼女は学校へどのように歩いていけばよいかを知らないから。
2　彼女は父親の助言を思い出すことができないから。
3　彼女は新しい友だちを作ることが苦手だから。
4　彼女は彼女の教室を見つけることができないかもしれないから。

解説　第2文に She is nervous because she is shy and has difficulty making new friends. とあり，セリーナは新しい友だちを作るのが苦手であることがわかる。

No.27 解答 ①

放送英文　Most brides and grooms wear special clothing on their wedding day. The things a bride and groom wear depend on where in the world they live. In Scotland, brides and grooms traditionally gave each other pieces of cloth. These pieces of cloth had their families' historical colors on them. In this way, people could see that the bride was joining her husband's family.

Question: What is one thing we learn about traditional weddings in Scotland?

全文訳　ほとんどの新郎新婦は結婚式の日に特別な服を着る。新郎新婦が着るものは彼らが世界のどこに住んでいるかによる。スコットランドでは伝統的に，新郎新婦はお互いに布切れを贈り合った。これらの布切れには彼らの家族が受け継いできた歴史的な色が付いていた。このようにして，新婦が彼女の夫の家族に入ることを人々は知ることができた。

Q：スコットランドの伝統的な結婚式についてわかる1つのことは何か。

選択肢の訳　**1**　新郎新婦はお互いに布切れを贈り合った。
2　新婦は新郎が着用する色鮮やかな帽子を作らなければならなかった。
3　そこでの結婚ダンスは世界中で有名であった。
4　結婚式はほかの国よりも多くの費用がかかった。

解説　第3文に In Scotland, brides and grooms traditionally gave each other pieces of cloth. とあり，スコットランドでは伝統的に新郎新婦

がお互いに布切れを贈り合ったということがわかる。

No.28 解答 4

（放送英文）Good evening, ladies and gentlemen. Thank you for choosing Speedy Airlines. The pilot has just turned off the seatbelt sign. Feel free to use the restrooms at the front or at the back of the airplane. During the flight, please keep your seatbelt on while you are in your seat. We will be serving some coffee, tea, and cookies shortly.

Question: What will probably happen next?

（全文訳）ご搭乗の皆様，こんばんは。スピーディー・エアラインズをご利用いただきありがとうございます。機長はシートベルト・サインを消灯いたしました。当機の前方または後方にございます化粧室をご自由にお使いください。飛行中，着席している際はどうぞシートベルトをお締めください。まもなくコーヒー，お茶，クッキーをご提供いたします。

Q：おそらく次に何が起きるだろうか。

（選択肢の訳）
1　皆が飛行機への搭乗を始める。
2　飛行機が離陸する。
3　特別な食べ物が売り出される。
4　乗客は飲み物と軽食を楽しむ。

（解説）最終文に We will be serving some coffee, tea, and cookies shortly. とあり，まもなく飲み物と軽食の提供が始まることがわかる。

No.29 解答 2

（放送英文）Misaki often gets headaches when she works on her computer. She got a brighter light bulb for her desk lamp. She also bought a new chair to support her back better. However, neither of these changes helped. When she told her father about her headaches, he suggested she get her eyes tested. She went to an eye doctor, and he told her that she needed glasses.

Question: Why was Misaki often getting headaches?

（全文訳）ミサキはコンピューターで仕事をするとしばしば頭痛がする。彼女は卓上照明のためにより明るい電球を買った。彼女はまた背中をより良く支えてくれる新しいいすを購入した。しかしながら，これらの変更のいずれも役に立たなかった。彼女が頭痛のことを父親に話すと，彼は目を検査してもらうことを提案した。彼女が眼科医に行くと，医者は彼女には眼鏡が必要だと言った。

Q：なぜミサキはしばしば頭痛を経験していたのか。

（選択肢の訳）
1　彼女は薬を飲むことを忘れ続けていたから。
2　彼女は目に問題があったから。

110

3 彼女のいすは彼女にとって間違ったサイズだったから。

4 彼女の卓上照明は明る過ぎたから。

解説 第5文と第6文に父親の助言でミサキは眼科医に行き，医者から眼鏡が必要だと言われたことが述べられている。つまり彼女の目に問題があったということであり，正解は**2**となる。

No.30 解答 ②

放送英文 Welcome to Beautiful Bay Beach! Come and watch the surfing contest at noon. Many famous surfers will take part. We would like to ask all visitors not to play loud music and to watch children carefully while they are playing in the waves. Please listen to the lifeguards. They will tell you where it is safe to swim. Also, please do not forget to take your trash home with you. Thank you!

Question: What will happen at noon today?

全文訳 ビューティフル・ベイ・ビーチへようこそ！　正午のサーフィン大会をぜひ見に来てください。多くの有名なサーファーが参加いたします。ご来場の皆様には，大音量で音楽をかけないことと，お子様が波打ち際で遊んでいる際はお子様から目を離さないことをお願いいたします。ライフガードの話をどうぞお聞きください。彼らはどこで泳ぐのが安全かを皆様にお伝えいたします。また，ゴミは必ずご自宅に持ち帰るのを忘れないでください。どうぞよろしくお願い申し上げます！

Q：本日正午に何が起きるだろうか。

選択肢の訳 **1** 子供用のサーフボードが売り出される。

2 サーフィンの競技会がある。

3 大音量の音楽をかけてダンスパーティーが始まる。

4 どんなゴミでも回収するためにトラックが来る。

解説 第2文に Come and watch the surfing contest at noon. とあり，正午にサーフィンの競技会があるのがわかる。

全文訳 **フェイクニュース**

　　写真は，人々がニュースの内容をより良く理解するのに役立つので，マスコミによって使われる。しかしながら，最近，偽りの情報を含む写真が現代の技術を使って簡単に作られる。そのような写真をインターネット上に載せる人々がおり，そうすることで彼らはほかの人たちに真実ではない話を信じさせようとする。技術が良くも悪くも使われるということを人々は知っておくべきである。

質問の訳 No. 1 文章によれば，ある人々はどのようにしてほかの人たちに真実ではない話を信じさせようとするのか。

　　　　　No. 2 では，絵を見てその状況を説明してください。20秒間，準備する時間があります。話はカードにある文で始めてください。

　　　　　〈20秒後〉始めてください。

　　　　　では，〜さん（受験生の氏名），カードを裏返して置いてください。

　　　　　No. 3 ロボットのために，将来多くの人々が仕事を失うだろうと言う人がいます。あなたはそれについてどう思いますか。

　　　　　No. 4 近ごろ，日本の多くの家族がペットを飼っています。ペットを飼うことは子どもたちに良いとあなたは思いますか。

　　　　　Yes. →なぜですか。　　　　　No. →なぜですか。

No.1

解答例 By putting photographs that contain false information on the Internet.

解答例の訳 「偽りの情報を含んだ写真をインターネット上に載せることによって」

解説 第3文に Some people put such photographs on the Internet, and by doing so they try to make others believe untrue stories. とあり，such photographs「そのような写真」をインターネット上に載せることで彼らは真実ではない話をほかの人たちに信じさせようとしていることがわかる。such photographs とは，その直前の文で photographs that contain false information と説明されているので，such photographs をその説明部分と入れ替える。質問は how「どのようにして」なので，By putting で始めて答えるとよい。

No.2

解答例 One day, Ken and Sakura were talking about their favorite sea animals. Ken said to her, "Let's go to the aquarium to see the dolphins." That weekend at the aquarium, Ken saw a sign that said taking pictures was not allowed. Sakura suggested that he put the camera into his backpack. Later that day, Sakura was enjoying watching a dolphin show. Ken was worried that they would get wet.

解答例の訳 「ある日，ケンとサクラはお気に入りの海洋生物について話していました。ケンは彼女に『イルカを見るために水族館に行こう』と言いました。その週末，水族館でケンは，写真撮影は禁止だという看板を見ました。カメラをバックパックにしまうことをサクラは彼に提案しました。その日の後になって，サクラはイルカショーを見ることを楽しんでいました。ケンは彼らが濡れるのではないかと心配していました」

解説 1コマ目は指示された文で説明を始め，その後にケンのせりふを Ken said to her, の後に続ける。2コマ目は That weekend at the aquarium, で始め，ケンが写真撮影禁止の看板を見ている様子を過去形で描写し，次に吹き出しの中に描かれているサクラの考えを説明する。3コマ目は Later that day, で始め，サクラがイルカショーを楽しんでいる様子を説明し，次に吹き出しの中に描かれているケンの考えを描写する。

No.3

解答例 I agree. Robots can do more and more types of jobs. Also, they can work more efficiently than people.

解答例の訳 「私もそう思います。ロボットはますます多くの種類の仕事をすることができます。また，彼らは人々よりも効率的に働くことができます」

解答例 I disagree. There are many jobs that only humans can do. For example, taking care of children needs to be done by humans.

解答例の訳 「私はそうは思いません。人間だけができる仕事がたくさんあります。例えば，子どもを世話することは人間によってなされる必要があります」

解説 賛成の場合には解答例に加えて，ロボットは疲れないので長時間働くことができること（Robots never get tired, so they can work much longer than humans.）を指摘してもよいだろう。反対の場合は，教師は生徒や親と関わるのでロボットでは代替できないこと（Teachers need to interact with students and their parents, so they cannot be replaced by robots.）を述べてもよい。

No.4

解答例 （Yes. と答えた場合）
Taking care of pets teaches children to be responsible. They have to give food to their pets every day.

解答例の訳 「ペットを世話することは子どもたちに責任感を持つことを教えてくれます。彼らは毎日ペットにエサをあげなければなりません」

解答例 （No. と答えた場合）
It's difficult for children to look after pets. Also, I've heard that

some pets suddenly attack children.

解答例の訳 「子どもたちがペットを世話することは難しいです。また，突然子どもたちを攻撃するペットがいると私は聞いたことがあります」

解説 Yes の場合は，解答例に加えて，ペットと関わることは子どもの心の発達に良いこと（Having interactions with pets is good for children's emotional development.）を書いてもよいだろう。No の場合は，ペットの毛にアレルギーがある子どもがいること（Some children have allergies to animal hair.）を指摘してもよい。

二次試験・面接 問題カード **B** 日程 | 問題編 p.100～101 | 🔊 ▶MP3 ▶アプリ ▶CD 2 38～41

全文訳 **動物保護施設**

　　最近，捨てられたペットの世話をする動物保護施設がたくさんある。これらの動物たちはしばしば人を怖がる。今，ペットが人とうまくやっていくのを手助けする訓練が注目を集めている。そのような訓練を提供している動物保護施設があり，このようにすることで，動物保護施設は捨てられたペットが新しい飼い主を見つけることをより容易にしている。動物保護施設はおそらく社会で重要な役割を果たし続けるだろう。

質問の訳 No. 1 文章によれば，どのようにして動物保護施設は捨てられたペットが新しい飼い主を見つけることをより容易にしているのか。

No. 2 では，絵を見てその状況を説明してください。20秒間，準備する時間があります。話はカードにある文で始めてください。
〈20秒後〉始めてください。

では，～さん（受験生の氏名），カードを裏返して置いてください。

No. 3 動物は動物園で飼われるべきではないと言う人がいます。あなたはそれについてどう思いますか。

No. 4 今日，多くの人たちが現金ではなく，クレジットカードで物を買います。これは良い考えだとあなたは思いますか。
Yes. →なぜですか。　　　　　No. →なぜですか。

No.1

解答例 By offering training that helps pets get along with people.

解答例の訳 「ペットが人とうまくやっていくのを手助けする訓練を提供することによって」

解説 第4文 に Some animal shelters offer such training, and in this way they make it easier for abandoned pets to find new owners. とあり，such training「そのような訓練」を提供することで動物保護施設は捨てられたペットが新しい飼い主を見つけることをより容易にし

ているということがわかる。such training とはその前文の training that helps pets get along with people を指すので，such training とその説明部分を入れ替える。質問は how「どのようにして」なので，By offering で始めて答えるとよい。

No.2

解答例 <u>One day, Mr. and Mrs. Sano were talking at a hotel in Thailand.</u> Mrs. Sano said to her husband, "I want to go to the zoo tomorrow." The next day at the zoo entrance, Mr. Sano was buying tickets. Mrs. Sano was asking a man to take a picture of her and her husband. An hour later, Mrs. Sano was feeding an elephant. Mr. Sano was looking forward to having dinner at a restaurant with her.

解答例の訳 「<u>ある日，サノ夫妻はタイのホテルで話をしていました。</u>サノさんは彼女の夫に『明日は，私は動物園へ行きたい』と言いました。次の日，動物園の入り口で，サノさんの夫はチケットを買っていました。サノさんは男性に彼女と夫の写真を撮るように頼んでいました。1時間後，サノさんはゾウにエサをあげていました。サノさんの夫は彼女とレストランで夕食を食べることを楽しみにしていました」

解説 1コマ目は指示された英文で説明を始め，その後にサノさんのせりふを Mrs. Sano said to her husband, の後に続ける。2コマ目は The next day at the zoo entrance, で始め，サノさんの夫の行動と吹き出しの中のサノさんの考えを過去進行形で説明する。3コマ目は An hour later, で始め，まずサノさんがゾウにエサをあげている動作を説明し，次に吹き出しの中のサノさんの夫の考えを描写する。

No.3

解答例 I agree. Animals should be free to live in nature. People need to protect the natural areas where animals live.

解答例の訳 「私もそう思います。動物は自然の中で自由に生きるべきです。人々は動物が生息している自然の地域を保護する必要があります」

解答例 I disagree. Zoos can teach children a lot about animals. For example, children can see how animals eat and sleep.

解答例の訳 「私はそうは思いません。動物園は子どもたちに動物についてたくさんのことを教えることができます。例えば，子どもたちはどのようにして動物が食事をし，眠るのかを見ることができます」

解説 賛成の場合には解答例に加えて，動物を小さなおりの中に閉じ込めておくことは動物虐待に当たりうるということ（Trapping animals in small cages can be considered animal abuse.）を主張することもできるだろう。反対の場合は，絶滅危惧種の繁殖に重要な役割を果たして

115

いる動物園もあること（Some zoos are playing important roles in reproducing endangered species.）を指摘してもよい。

No.4

解答例 （Yes. と答えた場合）

A lot of people don't like carrying cash with them. Also, most people don't want to go to the bank before shopping.

解答例の訳 「多くの人たちが現金を持ち歩くことを好みません。また，ほとんどの人たちは買い物の前に銀行へ行きたくありません」

解答例 （No. と答えた場合）

It's easy to spend a lot of money with a credit card. People forget how much money they have spent.

解答例の訳 「クレジットカードで多くのお金を使うことは簡単です。人々はいくら自分が使ったかを忘れてしまいます」

解説 Yes の場合は，解答例に加えて，財布を落としてしまうとそのお金は戻ってこない可能性が高いこと（You will probably lose your money if you drop your wallet.）を指摘してもよいだろう。No の場合は，クレジットカードの情報が盗まれて気づかない間に悪用される可能性があること（Someone might steal information from your credit card and spend a lot of money without being noticed.）を書いてもよい。

2022-2

解 答 一 覧

一次試験・筆記

1

(1)	1	(8)	4	(15)	1
(2)	1	(9)	2	(16)	1
(3)	3	(10)	3	(17)	2
(4)	3	(11)	2	(18)	1
(5)	1	(12)	3	(19)	2
(6)	2	(13)	3	(20)	2
(7)	3	(14)	4		

2 A

(21)	2	**2 B**	(24)	2
(22)	3		(25)	3
(23)	1		(26)	4

3 A

(27)	2	**3 B**	(30)	4
(28)	1		(31)	4
(29)	2		(32)	1
			(33)	1

3 C

(34)	2	(36)	1	(38)	4
(35)	2	(37)	1		

4　　　解答例は本文参照

一次試験・リスニング

第1部

No. 1	3	No. 6	4	No.11	1
No. 2	4	No. 7	3	No.12	1
No. 3	4	No. 8	4	No.13	3
No. 4	1	No. 9	1	No.14	1
No. 5	2	No.10	3	No.15	3

第2部

No.16	4	No.21	1	No.26	2
No.17	1	No.22	1	No.27	4
No.18	4	No.23	1	No.28	2
No.19	2	No.24	2	No.29	2
No.20	3	No.25	2	No.30	2

(1) ─解答 **1**

訳 ケイコがたった6か月しか英語を勉強していないということを考慮に入れると，彼女は昨日のコンテストで際立って素晴らしい英語のプレゼンテーションを行った。彼女は2位を獲得した。

解説 空所前でケイコがたった6か月しか英語を勉強していないこと，空所後でそれにもかかわらずケイコが2位を獲得したことが述べられていることから，彼女のプレゼンテーションが remarkably「際立って」素晴らしかったことが推測される。nervously「神経質に」，suddenly「突然」，carefully「注意深く」

(2) ─解答 **1** 　　　　　　　　　　　　　正答率 ★**75%以上**

訳 A：休暇はどうだった，デール？
B：素晴らしかったよ！　私たちは7日間純粋に楽しんでリラックスしたよ。

解説 空所後で休暇を楽しんでリラックスしたことが話されていることから，休暇は marvelous「素晴らしい」ものだったと考えるのが自然である。industrial「工業の」，humble「謙虚な」，compact「小型の」

(3) ─解答 **3**

訳 世界中の人々は，その2つの国の間の争いが戦争を引き起こすのではないかと恐れている。

解説 戦争を引き起こす要因として考えられるのは conflict「争い」しかない。patient「患者」，phrase「言い回し，表現」，courage「勇気」

(4) ─解答 **3**

訳 野球選手のオオムラ・シュウタは2019年に右膝の手術を受けなければならなかったが，彼は完全に回復し2020年には再び競技をする準備ができていた。

解説 his right knee「彼の右膝」，a full recovery「完全回復」といった語句から彼が膝の surgery「手術」を受けたことが予想される。recognition「認識」，innocence「無罪」，inquiry「問い合わせ」

(5) ─解答 **1**

訳 そのレストランは数度の食中毒事件の後，良い評判を失って，ついに閉店しなければならなかった。

解説 空所後に食中毒があったことと最終的には閉店しなければならなかったという記述があることから，その店が良い reputation「評判」を失ったことがわかる。anticipation「予想」，observation「観察」，examination「試験」

(6) — 解答 ②

訳 日光は人々が健康でいるために重要である。しかし，過度の日光に肌をさらすことは良くない。

解説 日光に関する健康に良くないことといえば，過度の日光に肌を expose「さらす」ことであると推測できる。protest「〜に抗議する」，conduct「〜を指揮する」，represent「〜を象徴する」

(7) — 解答 ③　　　　　　　　　　　　　　　　　　　　　正答率 ★75%以上

訳 カイは腕を骨折した後，完全に治るまでにおよそ3か月かかった。今，彼は何の問題もなく再びテニスをすることができる。

解説 カイは腕を骨折したが，今は何の問題もなくテニスができているということから，heal「治る」を空所に入れるのが最も自然である。fulfill「〜を満たす」，cheat「〜をだます」，retire「引退する」

(8) — 解答 ④

訳 最近では，多くの会社が従業員に多くの柔軟性を提供している。例えば，従業員は時々在宅勤務をしたり，何時に仕事を始め何時に終えるかを選択したりすることができる。

解説 第2文で在宅勤務の例や始業時刻や終業時刻を自分で決められる例などが挙げられている。つまり，会社は従業員に flexibility「柔軟性」を与えている。majority「大多数」，similarity「類似」，quantity「量」

(9) — 解答 ②

訳 ケビンは車で家に帰る途中，吹雪の中で立ち往生した。天候があまりに悪かったので，彼は車を置き去って残りの道を歩かなければならなかった。

解説 空所後で残りの道を歩かなければならなかったとあることから，彼が車を abandon「置き去って」いったことがわかる。maintain「〜を保つ」，prevent「〜を防ぐ」，supply「〜を供給する」

(10) — 解答 ③

訳 ローラはバドミントンのトーナメントからあまりに早く敗退したことを悲しく思っていたが，今彼女は彼女の友だちを彼らの試合時に支えている。

解説 ローラが悲しく思っていたこと，そして今は友だちの試合時に彼らを支えていることなどから，ローラがトーナメントから早く eliminated「敗退した」ことが推測される。commit「〜を犯す」，defend「〜を守る」，import「〜を輸入する」

(11) — 解答 ②

訳 サラは彼女の足が良くなるまでは，走ることを控えるように言われた。さもなければ，彼女は彼女のけがをさらに悪化させることになるかもしれない。

解説 第2文に，さもなければ，けがが悪化するかもしれないという記述があるので，サラは走ることを refrain from「控える」必要があることがわかる。read through「〜を読み通す」，reflect on「〜を熟考する」，refer to「〜に言及する」

(12)— 解答 ③ ・・・

訳 A：あの映画についてどう思った？

B：全体としては楽しめたよ。俳優の何人かは最高とは言えなかったけれど，ストーリーは素晴らしくて，音楽も美しかったよ。

解説 空所後で俳優の何人かは最高とは言えなかったが，ストーリーと音楽が良かったという記述がある。つまり，悪いところもあったが，as a whole「全体としては」その映画は良かったと考えられる。on the move「活発で」，in respect of「〜に関しては」，by then「その時までには」

(13)— 解答 ③ ・・・

訳 A：どうしたの，エミリー。

B：ジムが私の友だちの前で私のことをばかにしたの。私の靴を不格好だと彼は言ったの。

解説 ジムはエミリーの靴が不格好だと言っていることから，彼女を made a fool of「ばかにした」ことがわかる。make a difference で「重要である」，make a point of *doing* で「必ず〜する」，make a start で「始める」という意味。

(14)— 解答 ④ ・・・

訳 ジェイソンは母親に彼の私生活に干渉するのをやめるよう何回か頼んだ。たとえ彼が大人でも，彼女が彼をコントロールしようとしていることに彼は当惑している。

解説 第2文からジェイソンが彼をコントロールしようとしている母親に当惑していることがわかる。このことからジェイソンは母親に私生活にinterfering with「干渉する」ことをやめてもらいたいと思っていることが予想される。count on「〜を頼りにする」，insist on「〜を主張する」，compare with「〜に匹敵する」

(15)— 解答 ① ・・・

訳 A：バーベキューを中止しなければならなかったことは残念だね。

B：そうだね，でも雨の中では外でバーベキューをすることはできないね。もし天候がもっと良ければ，代わりに来週できるよ。

解説 B が雨の中では外でバーベキューはできないと言っていることから，彼らがバーベキューを call off「中止する」ことを余儀なくされたことがわかる。pick on「〜をいじめる」，fall for「〜を好きになる」，bring out「〜を外に出す」

(16)— 解答 **1** ┈┈┈┈┈┈┈┈┈┈┈┈┈┈┈┈┈┈┈┈┈┈┈┈┈┈┈

訳 泥棒はその建物にはしごを用いて入ったに違いない。入るための唯一の方法は，2 階の窓からだった。

解説 第 2 文で建物に入るための唯一の方法は 2 階の窓であるという記述があることから，泥棒は by means of (a ladder)「(はしご) を用いて」家に侵入したとみるのが自然である。in charge「管理して」，at times「時々」，for all「〜にもかかわらず」。in charge of という熟語に引っ張られて **2** を選ばないように注意。

(17)— 解答 **2** ┈┈┈┈┈┈┈┈┈┈┈┈┈┈┈┈┈┈┈┈┈┈┈┈┈┈┈

訳 バーニーはいくつかの簡単な指示に従うよう彼の猫に教えようとしたが，彼の努力は無駄だった。彼が猫に横になるように言うたびに，猫はただ歩き去った。

解説 空所前ではバーニーが猫に指示に従うように教えようとしたことが，空所後で横になるように指示を出しても歩き去るだけだったことがそれぞれ述べられている。つまり彼の努力は in vain「無駄」だったことがわかる。of late「最近の」，for sure「確実に」，by chance「偶然に」

(18)— 解答 **1** ┈┈┈┈┈┈┈┈┈┈┈┈┈┈┈┈┈┈┈┈┈┈┈┈┈┈┈

訳 3 年間東京に住んでいるので，カサンドラは彼女のアパートから東京スカイツリーまでの行き方を正確に知っていた。

解説 Having lived 〜は完了形の分詞構文。分詞構文は〈時〉〈理由〉〈同時性〉などの意味を表す。どの意味になるかは文脈によって決まり，時にはあいまいになることもある。あえて接続詞を使わず，2 つの文を緩やかにつなぐ働きがある。

(19)— 解答 **2** ┈┈┈┈┈┈┈┈┈┈┈┈┈┈┈┈┈┈┈┈┈┈┈┈┈┈┈

訳 誰かがミシェルの教室の窓の 1 枚を割った。ミシェルはそんなことはしていなかったが，ほかの生徒の何人かはあたかも彼女がそれをしたかのように彼女のことを見た。

解説 as if 以下は仮定法過去完了。「あたかも〜であったかのように（実際はそうではなかったのだが）」という意味になる。as if she had の後には done it が省略されている。as to「〜に関しては」，if only「ただ〜でさえあれば良いのだが」，if not「もしそうでないならば」

(20)— 解答 **2** ┈┈┈┈┈┈┈┈┈┈┈┈┈┈┈┈┈┈┈┈┈┈┈┈┈┈┈

訳 A：あなたの両親の家まで車でどれくらいかかる？
B：休暇の間は交通量に関しては何とも言えないな。30 分かかるかもしれないし，あるいは 2 時間かかるかもしれない。

解説 There is no *doing* で「〜することはできない」。There's no telling で「話すことはできない」つまり「何ともいえない，わからない」という意味になる。

A 全文訳 **海における問題**

　プラスチックはさまざまな商品に使われている。実際，およそ４億トンのプラスチックが毎年世界中で作られていると見積もられている。その多くがたった一度使われて捨てられるように作られている。この廃棄物のほとんどは埋め立て地の地中に埋められる。しかし，大量のものがほかのどこかに行きつく。国際自然保護連合によると，1,400万トン以上のプラスチック廃棄物が毎年海に流入する。プラスチックは頑丈で，分解するのに長い時間がかかる。このため，世界の海は急速にそれでいっぱいになりつつある。

　プラスチック廃棄物は海中と海辺に生息している野生動物にとって２つの大きな問題を引き起こす。第１に，動物は時々より大きなプラスチックのかたまりに捕らわれ，自由に泳げなくなってしまうため死んでしまう。しかしながら，もう１つの問題はより小さなプラスチックの破片によって引き起こされる。動物はしばしばこれらを食料とみなすのだ。最近の研究によると，魚種のおよそ３分の２と全海鳥の90パーセントが海に浮遊している小さなプラスチックの破片を間違って食べてしまっていることがわかった。

　それに応えて，たくさんの環境保護団体が海のプラスチックについて何か対策を行うよう政府に働きかける努力をしている。例えば，生物多様性センターはアメリカ政府にプラスチック汚染を制御するための法律を作るよう要請した。そのような団体はまた，その問題について大衆を教育しようと試みてもいる。これにもかかわらず，人々はプラスチックを捨て続け，海の中のプラスチックの量は増加し続けている。

(21)— 解答 ②

解説 空所後では1,400万トン以上のプラスチック廃棄物が海に流入し，その分解されにくい性質のために急速に世界の海がプラスチックで満たされつつあることが述べられている。つまり，多くのプラスチックが ends up elsewhere「(埋め立て地以外の) ほかのどこかに行きつく」ということである。

(22)— 解答 ③　　　　　　　　　　　　　　　　　　　正答率 ★75%以上

解説 空所後で魚種の３分の２と全海鳥の90％が海に浮遊しているプラスチックを間違って食べてしまっているという研究成果が報告されている。つまり海の動物たちは see these as food「これら (のプラスチック) を食料としてみなす」ということである。

(23)— 解答 ①

解説 空所前ではプラスチックの問題について環境保護団体が大衆を教育しようとしていることが述べられている。一方，空所後では人々は依然としてプラスチックを捨て続け，海のプラスチック廃棄物が増えている現状が報告されている。この２つの相反する事実をつなぐのに適した接続語句は In spite of this「これにもかかわらず」である。Therefore「そ

れゆえに」，Likewise「同じように」，In particular「特に」

B　全文訳　『キャッツ』を上演すること

　アンドリュー・ロイド・ウェバーは，ミュージカルを作ることで有名であり，彼が作った歌の多くは有名になった。過去50年にわたって，ウェバーは，『オペラ座の怪人』や『ヨセフ・アンド・ザ・アメージング・テクニカラー・ドリームコート』を含むたくさんの人気のあるミュージカルを作り出してきた。これらの（ミュージカルの）キャラクターは，昔からずっと存在してきたよく知られた物語から取られた。ウェバーの最も成功したミュージカルの1つは『キャッツ』である。これは，彼が作った最も人気の曲である『メモリー』を呼び物にしている。しかし，ウェバーのほかの多くのミュージカルと同様に，『キャッツ』のキャラクターは彼によって作り出されてはいない。

　子どものころ，ウェバーのお気に入りの本の1つはT・S・エリオットの『キャッツ―ポッサムおじさんの猫とつき合う法』であった。これは，何匹かの猫の性格を描写する詩集である。例えば，キャラクターの1匹は，皆の注目の的でありたいと思っている。別のキャラクターは，日中は怠け者のように見えるが，夜にはネズミや昆虫が問題を起こすのを防ぐためにひそかに一生懸命働いている。ウェバーは彼のミュージカルの歌のためにこれらの詩の言葉を使い，そしてこれらの猫がともに暮らす世界を作り上げた。

　ウェバーは1977年に『キャッツ』の制作に取り組み始め，それは1981年にロンドンで初めて上演された。それはあまりにも人気だったので，21年後もまだそこで上演されていた。同様に，1982年にニューヨークのブロードウェイで初めて上演された後，それはそこで18年間上演された。『キャッツ』は世界中で人気となった。実際，そのショーは15言語に翻訳され，30か国以上で上演され，7,300万人以上の人々によって鑑賞されてきた。

(24)—解答　②

　解説　第1段落第3文にウェバーの作品のキャラクターはよく知られた物語から取られたという記述がある。そして空所のある文では，『キャッツ』のキャラクターはウェバーのほかの多くのミュージカルと同様であるということが述べられている。つまり『キャッツ』のキャラクターは not created by him「彼によって作り出されてはいない」ということである。

(25)—解答　③

　解説　空所前ではウェバーのお気に入りの詩集『キャッツ―ポッサムおじさんの猫とつき合う法』が紹介されている。空所後ではその詩集の中の猫たちの性格が具体例とともに述べられている。つまりその詩集は the personalities of some cats「何匹かの猫の性格」を描写する詩集であるということがわかる。

(26)—解答　④

　解説　空所前では『キャッツ』が21年間ロンドンで上演され続けていたことが

述べられている。また，空所後ではニューヨークでも『キャッツ』が18年間上演され続けたことが報告されている。この2つの類似した現象をつなげる語句としては Similarly「同様に」が最も適している。In any case「いずれにしても」，Unfortunately「不幸にも」，By mistake「誤って」

A　全文訳

発信人：マイケル・グリーン <mikeyg4000@friendlymail.com>
宛先：テレビジョン・デポ・カスタマーサービス <service@televisiondepot.com>
日付：10月9日
件名：ZX950 LCD TV
カスタマーサービスご担当者様

　インターネットで ZX950 LCD TV の素晴らしいレビューをいくつか読んで，私はテレビジョン・デポのオンラインショップで1台購入しました。製品が到着したとき，それは完璧な状態のようで，私はそのテレビの取扱説明書に従ってうまく設置することができました。しかし，いったん使い始めてみると，問題があることに気づきました。

　リモコンでテレビの音量を調節することができませんでした。リモコンの電池を換えてみましたが，それで問題は解決しませんでした。私は取扱説明書に目を通してみましたが，解決策を見つけることはできませんでした。テレビのボタンで音量を調節できますが，このようにすることがいかに不便であるかはきっと理解していただけると思っております。

　代わりのリモコンを手に入れることは可能でしょうか。またはテレビも返品する必要があるのでしょうか。あのような大きなテレビを箱に戻すのは難しいので，返品する必要がなければよいと思っています。ここ数日中にこの問題を解決していただけるとよいのですが。私は次の週末に始まるヨーロッパのサッカートーナメントを見るために，新しいテレビを使いたいと強く思っています。お返事をお待ちしております。

敬具
マイケル・グリーン

(27)— 解答 **②**　　　　　　　　　　　正答率 ★**75%以上**

　質問の訳　マイケル・グリーンが購入したテレビについて言っていることの1つは何か。
　選択肢の訳　**1**　それは取扱説明書なしで彼に送られた。
　　　　　　　2　それはいくつかの肯定的なオンラインレビューを受けた。
　　　　　　　3　彼は地元のテレビジョン・デポの店でそれを買った。
　　　　　　　4　彼はそれが最近セールになっていたので，それを選んだ。
　解説　第1段落第1文に After reading several excellent reviews of the

ZX950 LCD TV on the Internet, I purchased one from your Television Depot online store. とあるので，そのテレビは肯定的なオンラインレビューを受けたことがわかる。

(28)—解答 ①　　　　　　　　　　　　　　　　　　　　正答率 ★75%以上

質問の訳 そのテレビにはどんな問題があるとマイケル・グリーンは言っているか。

選択肢の訳 1　音量のレベルがリモコンで変えられない。
2　リモコンはわずか数時間で電池を使い切ってしまう。
3　テレビのボタンが機能していないようである。
4　テレビは時々突然電源が切れる。

解説 第2段落第1文に I was unable to adjust the volume of the TV with the remote control. とあるので，音量をリモコンで調節できないことがわかる。

(29)—解答 ②　　　　　　　　　　　　　　　　　　　　正答率 ★75%以上

質問の訳 マイケル・グリーンがカスタマーサービスの担当者に望むことは

選択肢の訳 1　彼がテレビを箱に戻すのを手伝ってくれる誰かを派遣することだ。
2　彼がスポーツのイベントを見るのに間に合うようにその問題を解決することだ。
3　テレビジョン・デポによって後援されているトーナメントについて彼に教えてくれることだ。
4　彼が自分でその問題を解決できるように指示を出してくれることだ。

解説 第3段落第3文と第4文に次の週末に行われるヨーロッパのサッカートーナメントを見るために新しいテレビを使いたいので数日中に問題を解決してほしい，とマイケル・グリーンが思っていることが述べられているので，正解は**2**となる。

B　全文訳　皇后のお気に入りの服

　バングラデシュというアジアの国は世界で最も服を輸出する国の1つである。低賃金と現代技術がバングラデシュの衣料品工場が安い服を生産することを可能にした。しかし，19世紀までその国はダッカ・モスリンと呼ばれるぜいたくな生地を生産していた。多くの人がこの生地を今まで作られたものの中で最も素晴らしいものとみなしており，その価格は最も高品質のシルクの20倍以上であった。それはプティ・カーパスと呼ばれる植物からとれる綿を使って生産された。この種の綿はとても細い糸に加工することができ，その糸は信じられないほど柔らかく軽い生地を作るのに使用できる。

　ダッカ・モスリンは作るのが難しかったが，裕福な人々は製造業者が要求する高い値段を喜んで支払っていた。この生地の名声はヨーロッパに広がり，フランス皇帝ナポレオンの妻がダッカ・モスリンから作られたドレスを着ることをとても好んだ。しかし，バングラデシュを含む地域が大英帝国の一部になったとき，イギリスの貿易商はより安い値段でより多くの生地を生産するようダッカ・モスリンの製造業者に圧力をかけた。

最終的には，全ての製造業者が低品質の生地を作るか製造をやめるかのどちらかに決めた。

　2013 年に，ロンドンに住むバングラデシュ人のサイフル・イスラムはダッカ・モスリンについての展示会を企画するよう依頼された。イスラムはこの素材の品質の高さに非常に驚いた。彼はダッカ・モスリンを再び作ることは可能かどうかを考えた。残念なことに，彼はバングラデシュでプティ・カーバスを１つも見つけることができなかった。しかし，博物館にあったプティ・カーバスの乾燥した葉からの DNA を使うことで，彼はほぼ同じである種を見つけることができた。

　イスラムはこの種の植物から綿を採取したが，彼が作った糸はあまりにも細く簡単に切れてしまった。彼は，その綿をほかの植物からとれるものと混ぜ合わせなければならなかった。しかしこの混合物から作られた糸は依然として普通のものよりもはるかに細かった。多大な努力の末，イスラムと彼のチームはダッカ・モスリンとほとんど同じくらい良い生地を作り出した。彼はその製造技術を改善し続けたいと思っている。バングラデシュ政府は自国を世界で最も素晴らしい生地の生産者として知ってもらいたいため，彼を支援している。

(30)— 解答 ④

質問の訳 ダッカ・モスリンとして知られている生地について正しいものはどれか。

選択肢の訳
1　その細い糸はシルクのそれよりも 20 倍以上強い。
2　それはバングラデシュが服の主要な輸出国になるのを妨げた。
3　現代技術は工場がそれを安く生産することを可能にした。
4　多くの人がそれはこれまでにあった中で最も良い種類であると言っている。

解説 第 1 段落第 4 文に Many regard this cloth as the finest ever made とあるので，ダッカ・モスリンがこれまでの中で最も良い種類の生地であると多くの人が考えていることがわかる。問題文の the finest ever made が選択肢では the best kind that there has ever been と言い換えられている。

(31)— 解答 ④

質問の訳 イギリスの貿易商によってなされた要求の結果として何が起きたか。

選択肢の訳
1　ヨーロッパの顧客の興味を引くためにさまざまな色が導入された。
2　ヨーロッパにおけるダッカ・モスリンの価格は劇的に上がった。
3　製造業者はより良い生地を作るためにイギリスの技術を使い始めた。
4　高品質のダッカ・モスリンの生産は完全に止まった。

解説 第 2 段落第 3 文と最終文にイギリスの貿易商が安い値段でより多くの生地を作るよう製造業者に圧力をかけ，その結果全ての業者が高品質の生地を作ることをやめてしまったことが述べられているので，正解は **4**。

(32)— 解答 ①

質問の訳 サイフル・イスラムがプティ・カーバスの葉からの DNA を使ったのは

選択肢の訳　**1**　ダッカ・モスリンを作るために使われたのと似た植物を見つけるため。

2　ダッカ・モスリンのサンプルが本物か偽物かを確認するため。

3　展示会でダッカ・モスリンの進化を説明するため。

4　ロンドンの実験室で人工的なダッカ・モスリンを作り出すため。

解説　第3段落最終文にイスラムが乾燥したプティ・カーパスの葉からのDNAを使ってダッカ・モスリンを作るために使われた植物とほぼ同じ植物を見つけることができたことが述べられている。よって正解は**1**。

(33)—解答 ①
正答率 ★75%以上

質問の訳　なぜバングラデシュ政府はイスラムの努力を支援しているのか。

選択肢の訳　**1**　その国を高品質の生地を生産することで有名にしたいから。

2　彼のプロジェクトはバングラデシュ人のために新しい仕事を生み出すだろうと信じているから。

3　もし彼が追加の経済的支援を得られなければ，彼はやめるだろうから。

4　彼がもっと簡単に安い服を生産する方法を発見するかもしれないから。

解説　第4段落最終文からバングラデシュ政府が高品質の生地を作ることで自国を有名にしたいと考えているためにイスラムを支援していることがわかる。

C　全文訳　砂漠の楽しみ

　トホノ・オオダム族の人々は，ソノラ砂漠出身のアメリカ先住民である。実際，この部族の名前は彼ら自身の言語で「砂漠の民」を意味する。ソノラ砂漠はアメリカとメキシコの国境線周辺に位置する。伝統的に，トホノ・オオダム族の人々は村に住み，豆，トウモロコシ，メロンといった作物を栽培した。彼らはまた，砂漠で見つかる野生の植物や動物も食料とした。

　ソノラ砂漠は暑くて乾燥しているけれども，そこには2,000以上のさまざまな植物の種が自生している。数百のこれらの植物は人々が食べても安全である。ソノラ砂漠にそれだけ多くの植物種がいる理由は2つある。1つは，そこにはさまざまな種類の土壌があり，これらが多くの種類の植物の成長を支えている，ということ。もう1つは，砂漠はほとんど乾燥しているけれど毎年数回，冬に1回，夏に1回は雨が降る，ということである。この雨はある種の植物が生き残るには十分である。

　砂漠の植物の1つであるサグアロサボテンはトホノ・オオダム族の人々にとって特に重要である。サグアロサボテンは200年以上生き，15メートル以上の大きさに育つことがある。1年に1度，6月ごろに，それらは赤い実をつける。この果実，サグアロフルーツは，長い間トホノ・オオダム族の人々のお気に入りの食べ物であった。その果実が食べごろになると，家族がともに働き，サボテンからそれをたたき落として集める。

その果実は新鮮なときは甘くておいしい。そしてそれは長期間保存できるよう，ソースやワインにすることもできる。

　トホノ・オオダム族の人々はとても独立心が強く，長い間彼らの伝統的な生活様式を守るために戦った。しかし，20世紀初頭，アメリカ政府は彼らに生活様式を変えることを強要した。トホノ・オオダム族の子どもたちに英語を学ばせ，彼ら自身の文化を忘れさせるために政府は彼らを学校へと送った。多くが彼らの伝統的な生活様式に従うことをやめた。しかし，最近になって，サグアロフルーツを集めて食べることを含めて，彼らの種族の絶滅寸前の伝統を取り戻し始めたトホノ・オオダム族の人々もいる。

(34)— 解答 ②

質問の訳 北アメリカのトホノ・オオダム族の人々について正しいものはどれか。

選択肢の訳 1　彼らはかつてメキシコとアメリカの国境線を守っていた。
2　彼らは小さな共同体の中で暮らし，乾燥した地域で農園を営んだ。
3　彼らは彼ら自身の食べ物を育てる代わりに，野生の植物と動物を食べた。
4　彼らは故郷を離れてソノラ砂漠に住むことを強要された。

解説 第1段落第4文に the Tohono O'odham people lived in villages and grew crops とあるので，正解は **2** である。lived in villages が選択肢では lived in small communities に，grew crops が選択肢では kept farms にそれぞれ言い換えられている。

(35)— 解答 ②

質問の訳 2,000以上のさまざまな種類の植物がソノラ砂漠で生き残ることができる理由の1つは何か。

選択肢の訳 1　その地域の日光は，ある種の植物が実のところそこでより成長できることを意味する。
2　ソノラ砂漠では植物が成長することを可能にするのに十分な雨が年2回降る。
3　その地域に，それらを食べる人間や野生動物がほとんど住んでいない。
4　ほとんどあらゆる植物が成長できる1種類の土壌がその砂漠には存在する。

解説 第2段落第5文と最終文にソノラ砂漠には植物が成長することを可能にするのに十分な雨が冬に1回，夏に1回降るという記述があるので，正解は **2** となる。

(36)— 解答 ①

質問の訳 サグアロサボテンは

選択肢の訳 1　その地域の人々が長い間味わってきた果実を実らせる。
2　およそ200年前にトホノ・オオダム族の人々によって発見された。
3　水に達するために地下15メートルまで伸びる根を持つ。

4 伝統的なワインから作られる特別なソースとともに食べるのが最も
良い。

解説 第3段落第3文に they (＝saguaro cactuses) produce red fruit とあ
り，第4文にこの果実は長い間トホノ・オオダム族のお気に入りの果実
であったとあるので，正解は**1**。

(37)—解答 ①

質問の訳 なぜ多くのトホノ・オオダム族の人々は彼らの伝統に従うことをやめた
のか。

選択肢の訳 1 アメリカ政府が彼らにもっとほかのアメリカ国民と同様に振る舞う
ことを望んだから。
2 アメリカ政府は彼らに勉強のために海外を旅行する機会を提供した
から。
3 彼らは彼らの子どもたちが良い学校に入れるように子どもたちに英
語を勉強してもらいたかったから。
4 彼らは20世紀初頭に起きた戦争の後，独立を失ったから。

解説 第4段落第2文～第4文にかけてアメリカ政府が彼らに生活様式を変
えるように強要し，その結果多くのトホノ・オオダム族の人々が彼らの
伝統を捨てたことがわかる。

(38)—解答 ④

質問の訳 以下の記述のうち正しいのはどれか。

選択肢の訳 1 サグアロフルーツを集める方法は，その果実がなる植物を危険にさ
らしている。
2 トホノ・オオダム族の名前は，その人々のお気に入りの食べ物から
来ている。
3 ソノラ砂漠の土壌は冬と夏では異なっている。
4 トホノ・オオダム族の人々には，家族集団で果実を集めるという伝
統がある。

解説 第3段落第5文に When the fruit is ready to eat, families work
together to knock it down from the cactuses and collect it. とある
ので，トホノ・オオダム族には家族集団で果実を集める伝統があること
がわかる。

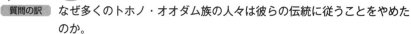

一次試験・筆記 **4** 問題編 p.118

トピックの訳 日本はほかの国々から日本で働く人々をもっと受け入れるべきであると
言う人がいます。あなたはこの意見に同意しますか。
ポイントの訳 高齢化社会 文化 言語

I agree that Japan should accept more people from other countries to work in Japan. First, in this aging society, it is necessary to increase the working-age population. This is especially important for workplaces that need many workers, such as construction sites and nursing homes. Second, accepting people from abroad will bring new ideas to Japanese society. By exchanging opinions with people who have different cultures and customs, people will be able to make something new and creative. Therefore, I think accepting more foreign workers would be a good idea for Japan.

日本はほかの国々から日本で働く人々をもっと受け入れるべきであるということに同意します。第1に，この高齢化社会では労働年齢人口を増やす必要があります。これは，建設現場や介護施設のような多くの働き手を必要としている職場にとって特に重要です。第2に，外国から人々を受け入れることは日本の社会に新しい考えをもたらすでしょう。異なる文化や習慣を持つ人々と意見を交換することによって，人々は何か新しくて創造的なものを作ることができるでしょう。それゆえに，もっと多くの外国人労働者を受け入れることは日本にとって良い考えだと思います。

まずライティングで大切なことは，与えられたトピックについて自分が賛成か反対かを冒頭で明確に述べることである。I agree または I disagree の後にトピックの文をそのままつなげれば主題文を作ることができる。その次に自分の意見を支持する理由を2つ挙げる。その際には，First, Second といった標識となる表現を用い，構成を明確にすることが重要である。そして最後にまとめ文として自分の意見をもう一度繰り返す。

解答例では同意する例が挙げられているが，同意しない場合には，日本語をあまり話せない人のための語学学校が十分にはないこと（There are not enough Japanese language schools for the foreign workers who have difficulty in speaking Japanese.）や文化や習慣の違いから地域住民と外国人労働者の間にトラブルが生じる可能性があること（There might be a possibility that the differences in cultures and customs causes problems between local people and workers from other countries.）などを理由として挙げることも可能である。

No.**1** −解答 ③ .... 正答率 ★**75%以上**

放送英文 ☆： Excuse me. I'm looking for Cherry Avenue. Is it near here?

★： Actually, it's pretty far away. Is that a map you're looking at?

☆： Yes. My friend drew me a map to his new house, but I'm having trouble following it.

★： I can tell he doesn't know this part of town very well. His map is all wrong.

Question: What is the woman's problem?

全文訳 ☆： すみません。チェリー・アベニューを探しているんです。この近くですか。

★： 実はかなり遠いですよ。あなたが見ているのは地図ですか。

☆： ええ。私の友だちが彼の新しい家への地図を描いてくれたんですが，地図の通りに進むのに苦労しているんです。

★： 彼は町のこの辺りをよく知らないことが私にはわかります。彼の地図は全て間違っています。

Ｑ：女性の問題は何か。

選択肢の訳
1 彼女は地図をなくした。
2 彼女は疲れ過ぎてもはや歩けない。
3 彼女は友だちの家を見つけることができない。
4 彼女は近所の人たちが好きではない。

解説 友だちの家への地図があるのだが，その地図の通りに進むのに苦労していると言う女性の発言に対して，男性がその地図は全て間違っていると言っている。このことから女性は友だちの家を見つけることができずに困っていることがわかる。

No.**2** −解答 ④ .... 正答率 ★**75%以上**

放送英文 ☆： Excuse me, sir. I'd like to buy a bottle of red wine for my friend's birthday, but I don't know much about wine. Red is her favorite, though.

★： Well, these over here are red wines from France. They're quite popular with our customers.

☆： Hmm. Those are a little too expensive for me. Do you have anything cheaper?

★： Sure. Let me show you some wines that are on sale.

Question: What is one thing the woman says?

全文訳 ☆： すみません。友だちの誕生日のために赤ワインを１本買いたいのですが，

ワインについてよく知らないんです。でも，赤は彼女のお気に入りなんです。

★：えーと，この辺りにあるのがフランス産の赤ワインです。当店のお客様にはとても人気です。

☆：うーん。私にとってそれらはちょっと高過ぎます。もっと安いものはありますか。

★：もちろんです。セール中のワインをお見せいたします。

Q：女性が言っている１つのことは何か。

選択肢の訳 **1** 赤ワインは彼女のお気に入りである。

2 彼女の友だちはフランス産のワインが好きではない。

3 彼女はフランスで多くのワインを飲んだ。

4 彼女はあまり多くのお金を使いたくない。

解説 女性の２番目の発言に Those are a little too expensive for me. Do you have anything cheaper? とあり，女性があまり多くのお金を使いたくないことがわかる。

No.3 – 解答 ④

放送英文 ★：Thank you for calling the Sandwich Company. What can I do for you?

☆：Hi. I'd like to order a large tomato sandwich with extra bacon and light mayonnaise on white bread.

★：All right, ma'am. I can have that ready in about 10 minutes. Can I have your name, please?

☆：It's Andrea. Thanks! I'll be there soon.

Question: What will the woman do next?

全文訳 ★：サンドイッチ・カンパニーにお電話いただきましてありがとうございます。ご注文はいかがいたしましょうか。

☆：もしもし，トマトサンドイッチのラージを，ベーコン増量で，低カロリーマヨネーズをのせた白パンで注文したいのですが。

★：承知いたしました。およそ１０分でご用意できます。お名前を伺ってもよろしいでしょうか。

☆：アンドレアよ。ありがとう！ すぐに行きます。

Q：女性は次に何をするか。

選択肢の訳 **1** ほかのレストランに電話をする。

2 スーパーマーケットに車で行く。

3 昼食にサンドイッチを作る。

4 食べ物を取りに行く。

解説 サンドイッチの注文を済ませた女性が最後に I'll be there soon. と言っている。これは注文した食べ物を取りに行くということであり，正解は

4になる。

No.4 −解答 ①

放送英文 ★： Hi, Casey. How's your sister doing? I heard she's sick.

☆： Yeah, Eddie. She's at home in bed with a bad cold.

★： That doesn't sound good. Has she seen a doctor?

☆： No, but my mom gave her some medicine this morning. Hopefully, she'll be all right in a few days.

Question: What do we learn about Casey's sister?

全文訳 ★： やあ，ケイシー。お姉さん［妹さん］の具合はどう？　病気だって聞いたけど。

☆： ええ，エディ。彼女はたちの悪い風邪にかかって家で寝ているわ。

★： それは良くないね。医者に診てもらったの？

☆： いいえ，でも母が今朝彼女に薬をあげていたわ。2，3 日中に良くなるといいのだけれど。

Q：ケイシーの姉［妹］について何がわかるか。

選択肢の訳　**1**　彼女は家で病気で寝ている。

2　彼女はエディに風邪をうつした。

3　彼女は 2，3 日で退院するだろう。

4　彼女は医者から薬をもらった。

解説 How's your sister doing? と尋ねた男性に対して，女性は She's at home in bed with a bad cold. と答えている。つまり女性の姉［妹］は風邪のために家で寝ているということであり，正解は **1** となる。

No.5 −解答 ②　　　　　　　　　　　　　　正答率 ★75%以上

放送英文 ☆： Hey, John. Are you going to Lucy's party this weekend? All of our friends will be there.

★： I really want to, but I'm scheduled to work Saturday night.

☆： That's too bad. Lucy really wanted you to come.

★： I know. I'll be sure to go to the next party she invites me to.

Question: Why will John not go to the party?

全文訳 ☆： こんにちは，ジョン。今週末，ルーシーのパーティーに行くつもり？　私たちの友だち全員が行く予定よ。

★： 本当に行きたいんだけど，土曜日の夜に働く予定になっているんだ。

☆： それは残念ね。ルーシーは本当にあなたに来てほしいと思っていたわ。

★： 知っているよ。彼女が招待してくれる次のパーティーには必ず行くようにするよ。

Q：ジョンはなぜパーティーに行かないのか。

選択肢の訳　**1**　彼はほかの友だちを訪ねるから。

2　彼は土曜日の夜に働かなければならないから。

3 彼は気分が良くないから。

4 彼は招待されていないから。

解説 男性の最初の発言に I'm scheduled to work Saturday night とあり，男性が土曜日の夜に仕事があり，パーティーに行けないことがわかる。選択肢ではこの部分が He has to work on Saturday night. と言い換えられていることに注意。

No.6 －解答 ④

放送英文 ★： Hey, Laura, do you have plans for Sunday? We're going to go bowling at three, and you should come, too!

☆： Oh, bowling is so much fun. But I'm busy on Sunday afternoons.

★： That's too bad. What do you do then?

☆： I go horseback riding. My cousin and I have been taking lessons together.

Question: What does the girl do on Sunday afternoons?

全文訳 ★： やあ，ローラ，日曜日の予定はある？ 3時にボウリングに行くんだけど，君も来なよ！

☆： そうね，ボウリングはとても楽しいわよね。でも毎週日曜日の午後は忙しいの。

★： それは残念だ。その時間には何をするんだい？

☆： 乗馬に行くのよ。いとこと私は一緒にレッスンを受けているの。

Q：毎週日曜日の午後，女の子は何をするか。

選択肢の訳 **1** 彼女は音楽のレッスンを受ける。

2 彼女は友だちとボウリングに行く。

3 彼女はいとこの宿題を手伝う。

4 彼女は乗馬を習う。

解説 日曜日の午後は何をしているのかという男の子の質問に対して，女の子は I go horseback riding. My cousin and I have been taking lessons together. と答えている。つまり彼女は乗馬を習うということ。

No.7 －解答 ③ ･･････････････ 正答率 ★75%以上

放送英文 ☆： I'm looking for a gift for my four-year-old son. He really likes teddy bears.

★： Well, we have many different colors and sizes. What are you looking for?

☆： Actually, a really big one would be great. He likes to hug one while he sleeps.

★： We should have some that are as big as large pillows. Let me check if we have what you're looking for.

Question: What does the woman want to buy?

全文訳 ☆： 私の4歳の息子のためにプレゼントを探しているのです。彼は本当にテディベアが好きなんです。

★： それでしたら，当店ではさまざまな色とサイズをご用意しております。どのようなものをお探しでしょうか。

☆： 実際，本当に大きなものが良いと思います。彼は寝ながらそれを抱きしめるのが好きなんです。

★： 大きな枕と同じ大きさのものがいくつかあるはずです。お客様がお探しのものがあるかどうか確認しましょう。

Q：女性は何を買いたいのか。

選択肢の訳 **1** クマが描かれているシャツ。

2 柔らかい枕。

3 大きなテディベア。

4 彼女の息子のためのベッド。

解説 女性の最初の発言から彼女が息子のためにテディベアを探していることが，そして2番目の発言から抱きしめられるくらい大きなものが良いと女性が考えていることがわかる。よって正解は **3** となる。

No.**8** – 解答 **4**

放送英文 ★： My plant looks a little yellow. Do you think I used the wrong kind of soil?

☆： The soil looks too wet to me. How often have you been watering it?

★： Every two days. I recently put it in a bigger pot and moved it closer to the window, too.

☆： Don't water it too much. Leaves can turn yellow when a plant gets too much water.

Question: What does the woman suggest doing about the plant?

全文訳 ★： 僕の植物はちょっと黄色っぽく見えるんだ。僕は間違った種類の土を使ってしまったと思う？

☆： 私には土が濡れ過ぎているように見えるわ。どのくらいの頻度で水やりをしているの？

★： 1日おきかな。僕は最近それをより大きな鉢に入れて，窓により近い場所にも移したんだ。

☆： あまり水をやり過ぎないで。植物は水をやり過ぎると葉が黄色になることがあるの。

Q：女性はその植物について何をすることを提案しているか。

選択肢の訳 **1** 土を変えること。

2 それをより大きな鉢に入れること。

3 それにもっと光を当てること。

4 与える水を少なくすること。

解説 女性の2番目の発言に Don't water it too much. Leaves can turn yellow when a plant gets too much water. とあり，水をやり過ぎないように女性が提案しているのがわかる。water it の water は動詞で「〜に水を与える」という意味。

No.**9**‒解答 ①

放送英文 ☆ : James, did you buy the meat for the barbecue?

★ : Oh, no. I forgot! I'll get it tomorrow on my way home from work.

☆ : OK. Please don't forget. Everybody is coming at six.

★ : Can you call me at work tomorrow to remind me? You know how bad my memory is.

Question: What did James forget to do?

全文訳 ☆ : ジェームズ，バーベキュー用のお肉を買ってくれた？

★ : うわ，しまった。忘れたよ！　明日仕事から家に帰る途中に買うよ。

☆ : わかったわ。忘れないでね。皆は6時に来るわ。

★ : 僕に思い出させるために明日職場に電話をしてくれないか。僕の記憶力がいかに悪いか君は知っているよね。

Q：ジェームズは何をし忘れたのか。

選択肢の訳 **1** 肉を買う。

2 友だちに電話をする。

3 パーティーに行く。

4 早く帰宅する。

解説 バーベキュー用の肉を買ったかどうか女性が尋ねると，男性は I forgot! と答えている。つまり肉を買い忘れたということであり，正解は **1** となる。

No.**10** 解答 ③

放送英文 ☆ : Welcome to Jessie's Comic Books. How can I help you?

★ : I'd like to buy some old copies of a comic I used to read when I was a kid. It's called *Wild Cowboys*.

☆ : Oh, I used to read that comic book when I was young, too. Unfortunately, you'll have trouble finding it at most stores. You should look for used copies online.

★ : OK. I'll try that.

Question: How will the man try to find a copy of the comic book *Wild Cowboys*?

全文訳 ☆ : ジェシーズ・コミックブックスにようこそ。何をお探しですか。

★ : 子どものころに読んでいた古い漫画を数冊買いたいんです。『ワイルド・カウボーイズ』というんです。

☆： あら，私も小さいときにその漫画を読んでいました。残念ながら，ほとんどのお店でそれを見つけることは難しいでしょう。オンラインで中古本を探した方がいいですよ。

★： わかりました。それを試してみます。

Q： 男性はどのようにして『ワイルド・カウボーイズ』という漫画を見つけようとするか。

選択肢の訳　**1** 彼は出版社に手紙を書くだろう。
　　　　　　2 彼は別の店に行くだろう。
　　　　　　3 彼はインターネットを使うだろう。
　　　　　　4 彼は自分の地下室を探すだろう。

解説　女性は2番目の発言で，オンラインで中古本を探した方が良いと提案しており，それに対して男性は I'll try that. と答えている。つまり男性はインターネットを使ってその漫画を探すつもりである。

No.**11** 解答　①

放送英文　★： Honey, you were running for longer than usual. What took you so long?

☆： Well, I was running on Forest Avenue when I saw a big, brown dog. It didn't look very friendly.

★： Did it try to bite you?

☆： No, but it was scary. I turned around and went the other way for a while. I ended up taking a longer way home, just in case.

Question: What do we learn about the woman?

全文訳　★： ハニー，いつもより長く走っていたね。なんでそんなに時間がかかったんだい？

☆： えーと，フォレスト・アベニューを走っていたら大きな茶色の犬を見かけたの。その犬はあまり人懐っこいように見えなかったわ。

★： 君を嚙もうとしたのかい？

☆： いえ，でも恐ろしかったわ。私は向きを変えてしばらくほかの方向へ行ったの。結局，念のため遠回りをして家に帰ることにしたのよ。

Q： 女性について何がわかるか。

選択肢の訳　**1** 彼女は犬におびえていた。
　　　　　　2 彼女は走っている間に脚をけがした。
　　　　　　3 彼女は長い間犬を散歩させた。
　　　　　　4 彼女は頻繁には走りに行かない。

解説　女性の最初の発言で彼女が大きな茶色の犬を見かけたことが，2番目の発言でそれが恐ろしかったことがそれぞれ述べられている。よって正解は**1**となる。本文中の it was scary が選択肢では She was frightened by a dog. と言い換えられている。

No.12 解答 ①

放送英文 ☆： Hello?

★： Hi, Liz. It's John. Can I talk to you about your boyfriend?

☆： Sure. What is it?

★： You know I'm doing a history report with him, right? Well, I feel like I'm doing all the work.

☆： I see. Well, he's not lazy, but he's the kind of person that waits to be told what to do. I'll try talking to him for you.

Question: What is one thing the girl says about her boyfriend?

全文訳 ☆： もしもし。

★： もしもし，リズ。ジョンだよ。君の彼氏についてちょっと話をしてもいいかな？

☆： もちろん。何？

★： 僕が彼と一緒に歴史のレポートをやっているのは知っているよね？　えーと，僕が全ての作業をやっているような感じがするんだ。

☆： わかったわ。そうねえ，彼は怠け者ではないんだけど，何をするべきか言われるのを待っているタイプの人間なの。あなたのために彼に話をしてみるわ。

Q：女の子が彼女の彼氏について言っている1つのことは何か。

選択肢の訳
1 彼は何をするべきかを言われるのを待つ。
2 彼は優秀な歴史専攻の学生である。
3 彼はレポートを1人でやりたいと思っている。
4 彼は怠け者な時もある。

解説 女の子の3番目の発言に he's the kind of person that waits to be told what to do とあり，彼女の彼氏は何をするべきかを言われるのを待っているタイプの人間であることがわかる。女の子の3番目の発言の中に出てくる lazy に引っ張られて**4**を選ばないように注意が必要である。

No.13 解答 ③

放送英文 ★： No! The other team scored again. That's the second time this inning.

☆： Yeah. The Gray Sox aren't playing very well. Their defense is so bad.

★： They've been bad all season. I can't believe the newspapers were picking them to win the championship at the beginning of the season!

☆： I know. Well, I hope they fire the manager soon. The team needs someone who can show these players how to win.

Question: Why are the man and woman upset with the Gray

Sox?

★： うわ！　また相手チームが点を入れた。このイニングで 2 回目だ。

　　☆： ええ。グレイ・ソックスの調子はあまり良くないわね。守りがとても悪いわ。

　　★： シーズンを通してずっと悪いね。今シーズンの最初に新聞各社が優勝するチームとして彼らを選んでいたなんて信じられないよ！

　　☆： そうね。すぐに監督をクビにしてほしいわ。チームは試合の勝ち方を選手たちに教えることができる人物を必要としているのよ。

　　Q： なぜ男性と女性はグレイ・ソックスに腹を立てているのか。

選択肢の訳 **1** 彼らの優勝パレードが取りやめになった。

　　　　 2 彼らの監督がチームを変えつつある。

　　　　 3 彼らのプレイはずっと良くない。

　　　　 4 彼らは良い球場を持っていない。

解説 女性の最初の発言でグレイ・ソックスの調子が悪いことが，それを受けた男性の発言でシーズンを通してずっと彼らの成績が悪いことがそれぞれ述べられている。よって正解は **3** となる。

No.14 解答 ①

放送英文 ☆： Ken, are you going anywhere for vacation?

　　★： Maybe. I'm still planning. I'd like to go somewhere quiet—maybe camping in the mountains ... or an Alaskan fishing trip, something like that.

　　☆： Wow. I didn't know you liked that kind of thing.

　　★： Well, I went to a crowded resort in Mexico last year, and before that I went to Europe. I'd like to try something different.

　　Question: Where does the man want to go on his vacation?

全文訳 ☆： ケン，休暇にどこかに行くつもり？

　　★： たぶんね。まだ計画中だよ。どこか静かなところへ行きたいな。たぶん，山でキャンプとか…あるいはアラスカで釣り旅行とか，そんな感じの。

　　☆： へえー，あなたがそのようなことが好きだなんて知らなかったわ。

　　★： えーと，去年メキシコの混雑したリゾートに行ったし，その前はヨーロッパに行ったんだ。何か違うことを試してみたいんだ。

　　Q： 男性は休暇でどこに行きたいのか。

選択肢の訳 **1** どこかほとんど人がいない場所。

　　　　 2 どこか彼の家の近く。

　　　　 3 ヨーロッパのいくつかの都市。

　　　　 4 メキシコのビーチリゾート。

解説 男性の最初の発言に I'd like to go somewhere quiet とあり，男性が静かな場所に行きたがっていることがわかる。これが選択肢では

Somewhere with few people. と言い換えられていることに注意。

No.15 解答 3

放送英文 ☆： Dan, the town hall meeting is tonight.

★： Oh no. Tonight? The baseball game's on TV, and those meetings are always so boring. I don't think I'm going.

☆： But honey, I think you should come with me. We're voting on whether to build a new park for the kids. I think we should go.

★： Oh, well, maybe you are right. The neighborhood kids do need somewhere to play.

Question: What does the woman tell her husband?

全文訳 ☆： ダン，タウンホール・ミーティングは今夜よ。

★： えー，今夜？　野球の試合がテレビであるんだ。それにああいったミーティングはいつもとても退屈だよね。僕は行かないよ。

☆： でもあなた，私と一緒に来るべきだと思うわ。子どもたちのために新しい公園を作るかどうかの投票をするのよ。私たちは行くべきだと思うわ。

★： そうか，そうだね，たぶん君が正しいよ。この近所の子どもたちにはどこか遊ぶ場所が実際必要だよ。

Q：女性は夫に何を話しているか。

選択肢の訳 1 野球の試合が今晩テレビである。

2 町は新しい町役場を建てるだろう。

3 彼は彼女と一緒にミーティングに行くべきである。

4 彼は子どもたちを公園に連れていくべきである。

解説 女性の2番目の発言に I think you should come with me とあり，女性が男性に彼女と一緒にミーティングに行くべきだと話していることがわかる。

| 一次試験・リスニング | 第2部 | 問題編 p.121～123 | 🔊 | ▶MP3 ▶アプリ ▶CD 2 58～73 |

No.16 解答 4

放送英文 Vivian is thinking of selling her old car. It still works well and does not use a lot of gasoline, but it only has two doors. Vivian wants a bigger car with four doors so that her three children can get in and out more easily.

Question: Why is Vivian thinking of selling her old car?

全文訳 ビビアンは彼女の古い車を売ろうと考えている。それはまだよく動くし，多くのガソリンを消費するわけではないが，ドアが2つしかない。ビビアンは彼女の3人の子どもがより簡単に乗り降りできるよう4つのドア

がついているより大きな車を欲しいと思っている。

Q：ビビアンはなぜ彼女の古い車を売ろうと考えているのか。

選択肢の訳　**1**　それは彼女には大き過ぎるから。

2　それがあまりに多くのガソリンを消費するから。

3　彼女はより運転しやすいものを必要としているから。

4　彼女はより多くのドアがついているものが欲しいから。

解説　最終文に Vivian wants a bigger car with four doors とあり，ビビアンは４つのドアがついている大きな車を欲していることがわかる。

No.**17** 解答

放送英文　For many years, women have been wearing special clothes called corsets to make their bodies look thinner. Many people think that corsets were only worn by women. However, in the 18th century in England, men also wore corsets to look thin. In addition, today corsets are used to help men and women who have pain in their backs.

Question: What is one thing we learn about corsets?

全文訳　長年の間，女性は体が細く見えるようコルセットと呼ばれる特別な服を身に着けてきた。多くの人は，コルセットは女性にのみ着用されたと考えている。しかし，18世紀のイギリスでは，男性も細く見えるようコルセットを着用した。さらに，今日では，コルセットは背中に痛みを抱える男女を助けるために使われている。

Q：コルセットについてわかる１つのことは何か。

選択肢の訳　**1**　細く見えるようそれらを着用する男性がいた。

2　イギリスではそれらを着用できなかった。

3　女性は公共の場でそれらを着用できなかった。

4　それらを着用することは背中の痛みを引き起こした。

解説　第３文に men also wore corsets to look thin とあり，コルセットを着用する男性もいたことがわかる。wear-wore-worn の動詞の変化形に注意。

No.**18** 解答

放送英文　Kana is a part-time waitress, and she usually works until late at night. This weekend, however, the café where she works will be closed because the kitchen is being cleaned. She thinks it is a good chance to get some rest, so she plans to stay home, read comic books, and eat snacks all day.

Question: What does Kana plan to do this weekend?

全文訳　カナはパートタイムのウエイトレスで，通常は夜遅くまで働く。しかし，この週末，彼女が働くカフェはキッチンが清掃されるために休みになる。

彼女はそれを休息する良い機会であると考え，一日中家にいて，漫画を読み，お菓子を食べる予定である。

Q：カナは今週末何をする予定か。

選択肢の訳 **1** カフェで漫画を読む。

2 彼女のキッチンを清掃する。

3 パートタイムで働く。

4 家でリラックスする。

解説 第2文から最終文にかけて，今週末彼女が働いているカフェが休みであり，そのため彼女が週末には一日中家にいて漫画を読んだりお菓子を食べたりする予定であることが述べられている。つまり彼女は家でリラックスする予定だということである。

No.**19** 解答

放送英文 Yumi bought a new video game yesterday after her friend had recommended it to her several times. At first, it was difficult, and the story was hard to understand. However, after a while, Yumi started to enjoy it because there were flying horses in it. She loves animals, and in the game, she had to catch horses and care for them.

Question: Why did Yumi start to like her new video game?

全文訳 ユミは彼女の友だちが何度か薦めてくれていたので，昨日新しいテレビゲームを購入した。最初，それは難しかったし，ストーリーを理解するのが困難だった。しかし，しばらくすると，ユミは空飛ぶ馬がいたのでそれを楽しみ始めた。彼女は動物が大好きで，そのゲームの中では，彼女は馬を捕まえ，それらの世話をしなければならなかった。

Q：なぜユミは彼女の新しいテレビゲームを好きになり始めたのか。

選択肢の訳 **1** 最初そのゲームをするのは簡単だったから。

2 空を飛べる馬がいたから。

3 彼女は友だちとゲームをすることができたから。

4 彼女は何度かゲームをすることができたから。

解説 第3文に Yumi started to enjoy it because there were flying horses in it とあり，空を飛ぶ馬がいたので彼女はゲームを楽しみ始めたということがわかる。

No.**20** 解答

放送英文 Michael usually rides his bicycle to work. This morning, he came across a car accident on the way. Luckily, no one had been hurt, but Michael ran over some broken glass from one of the cars. All the air went out of his tire, so he took his bicycle to a parking space near a station. After that, Michael had to run to his office with his backpack to be in time for work.

Question: Why did Michael have to run to his office this morning?

全文訳 マイケルは普段，自転車に乗って仕事に向かう。今朝，彼は途中で車の事故に出くわした。幸運にも，誰もけがしなかったが，マイケルは車の1台からの割れたガラスの上を自転車で走ってしまった。タイヤから全ての空気が抜けてしまったので，彼は自転車を駅の近くの駐輪スペースに持っていった。その後，マイケルは仕事に間に合うようバックパックを背負ってオフィスまで走らなければならなかった。

Q：なぜ今朝マイケルはオフィスまで走らなければならなかったのか。

選択肢の訳 1 彼は事故についての情報を提供しなければならなかったから。

2 彼はあまりにも遅く起きたので，電車に間に合わなかったから。

3 彼の自転車に問題があったから。

4 彼は駐輪スペースで自分の自転車を見つけることができなかったから。

解説 第3文から最終文にかけて，事故で飛び散ったガラスの上をマイケルは自転車で走ってしまい，タイヤがパンクしてしまったことが語られている。このことから彼の自転車に問題が発生してしまったのでオフィスまで走ったことがわかり，正解は3となる。

No.21 解答

放送英文 Many people decorate their homes with carpets. Some Persian carpets are very expensive and are given as gifts from parents to children. As a result, these carpets stay in one family for many years. In Siberia, a carpet has been found that is more than 2,500 years old. It is special because it was put into the ground with a prince after he died. Experts still do not know where it was made.

Question: Why was the carpet found in Siberia special?

全文訳 多くの人はじゅうたんで自分の家を装飾する。ペルシャじゅうたんの中にはとても高価で，両親から子どもへ贈り物として渡されるものがある。結果として，これらのじゅうたんは1つの家族の中で長年使い続けられる。シベリアで，2,500年以上昔のじゅうたんが発見された。それが特別なのは，ある王子の死後，それが彼とともに地中に埋められたからだ。専門家はそれがどこで作られたのかいまだにわかっていない。

Q：シベリアで発見されたじゅうたんはなぜ特別だったのか。

選択肢の訳 1 それがある王子とともに埋葬されたから。

2 それがシベリアの花で装飾されていたから。

3 それがペルシャの家族によって作られたから。

4 それが長年１つの家族とともにあったから。

解説　第５文に It is special because it was put into the ground with a prince after he died. とあり，それがある王子とともに埋葬されたので特別であったことがわかる。この部分が選択肢では It was buried together with a prince. と言い換えられていることに注意。

No.22 解答 ①

放送英文　On Sunday morning, Robert went to his grandmother's house. She wanted to put some things, such as her old computer, dishes, and cooking tools, into boxes and move them from her kitchen to a closet. However, the boxes were too heavy for her to lift, so she wanted Robert to carry them for her.

Question: Why did Robert go to his grandmother's house?

全文訳　日曜日の朝，ロバートは彼の祖母の家に行った。彼女は，古いコンピューター，皿，料理器具のようないくつかのものを箱に詰め，それらをキッチンからクローゼットに運びたかった。しかし，それらの箱は重過ぎて彼女には運べなかったので，彼女はロバートにそれらを運んでほしかった。

Ｑ：なぜロバートは彼の祖母の家へ行ったのか。

選択肢の訳　**1**　いくつか古いものを移動するため。
2　彼女のキッチンの窓を掃除するため。
3　コンピューターの使い方を彼女に教えるため。
4　彼女が料理をするのを助けるため。

解説　第２文から最終文にかけて，ロバートの祖母がいくつかのものを箱に詰めて移動したかったが，その箱が重過ぎて彼女には運べないため，ロバートに運んでほしかったことが語られている。ゆえに正解は **1** となる。

No.23 解答 ①

放送英文　Takeshi is a computer programmer. He spends all day sitting down, so sometimes his back hurts. The other day, he and his boss took a train to go to a meeting with a client. When he arrived at the client's office, he was surprised to see people working at high desks and standing instead of sitting. Takeshi was interested in the desks because he thought they would be good for his back.

Question: How did Takeshi become interested in high desks?

全文訳　タケシはコンピュータープログラマーである。彼は一日中座って過ごすので，時々背中が痛くなる。先日，彼と彼の上司は顧客とのミーティングに行くために電車に乗った。彼が顧客のオフィスに着いたとき，そこの人々が座る代わりに立ちながら背の高いデスクで仕事をしているのを

見て驚いた。タケシはそのデスクは彼の背中にとって良いだろうと思ったので，それらに興味を持った。

Q：どのようにしてタケシは背の高いデスクに興味を持ったのか。

 1 彼はそれらがオフィスで使われているのを見た。

2 彼は電車でそれらの広告を見た。

3 彼は雑誌でそれらについて読んだ。

4 彼は彼の上司からそれらについて聞いた。

解説 第4文から最終文にかけて，タケシが顧客のオフィスで人々が背の高いデスクを使い，立ちながら仕事をしているのを見て，それらのデスクに興味を持ったことが述べられている。

No.24 解答 ②

放送英文 In recent years, the terms "cookies" and "biscuits" have sometimes been used to mean the same baked snacks. However, they were originally very different. Bakers used to make cookies to test the temperatures of ovens before baking cakes, and biscuits were originally eaten as food by sailors on very long trips.

Question: In what way were the first cookies and biscuits different?

全文訳 最近，「クッキー」と「ビスケット」という用語は時に同じ焼き菓子を意味するために使われてきている。しかし，それらはもともととても異なっていた。パン職人はケーキを焼く前にオーブンの温度を確かめるためにクッキーを作ったものだった。そしてビスケットはもともと，とても長い旅をしている水夫によって食料として食べられていた。

Q：最初のクッキーとビスケットはどのように異なっていたか。

 1 それらは異なる色で装飾されていた。

2 それらは異なる目的で作られた。

3 それらは異なる行事で売られた。

4 それらは異なる食事とともに出された。

解説 最終文では，クッキーはケーキを焼く前のオーブンの温度を確かめるために作られていたことが，またビスケットは水夫のための長期保存食として使われていたことがそれぞれ述べられている。つまり両者はそれぞれ異なる目的で作られたということである。

No.25 解答 ②

放送英文 Welcome to Bobby's Electronics Store. We sell everything from cameras and computers to washing machines. Need a new vacuum cleaner? Then, try out the new Super Max. Staff by the stairs on the second floor are demonstrating this incredible new device now. Also, be sure to pick up our free magazine with new special deals at the exit when you are ready to leave.

Question: Where can customers see the new vacuum cleaner?

全文訳 ボビーズ・エレクトロニクス・ストアへようこそ。当店はカメラ，コンピューターから洗濯機に至るまで何でも販売しております。新しい掃除機がご入り用ですか。それならば，新しいスーパー・マックスをお試しください。2階の階段付近の従業員が現在この信じられないほど素晴らしい新しい機器の実演販売をしております。またお帰りの際には，出口で新しい特別なお買い得品を紹介した無料雑誌を忘れずに手に取ってください。

Q：どこで客は新しい掃除機を見ることができるか。

選択肢の訳
1　1階の出口付近。
2　2階の階段付近。
3　3階のコンピューター売り場の隣。
4　4階のカメラ売り場の隣。

解説 第5文に Staff by the stairs on the second floor are demonstrating this incredible new device now. とあり，新しい掃除機は2階の階段付近で見ることができるのがわかる。

No.26 解答 ②

放送英文 Long ago, some Roman women believed that taking a bath in the milk of donkeys was good for their skin. However, not all women could take care of their skin in this way. Donkey milk was very expensive, so only the richest women could wash in it. Some very rich women kept many donkeys to get milk every day.

Question: How did some Roman women take care of their skin?

全文訳 ずっと昔，ロバのミルクの風呂に入ると肌に良いということを信じていたローマの女性たちがいた。しかし，全ての女性がこの方法で肌の手入れをすることができるわけではなかった。ロバのミルクはとても高価であったので，最も裕福な女性のみがそれで洗うことができた。一部のとても裕福な女性は，毎日ミルクを得るためにたくさんのロバを飼っていた。

Q：どのように一部のローマの女性は肌の手入れをしていたか。

選択肢の訳
1　毎日たくさんのロバのミルクを飲むことによって。
2　ロバのミルクで体を洗うことによって。
3　若いロバの肉を食べることによって。
4　ロバの世話をすることに時間を割くことによって。

No.27 解答 ④

放送英文 Olivia is planning a birthday party for her grandfather. She searched online for restaurants with no stairs because her grandfather will be 90 years old and cannot walk well. She found one in her area, and her mother suggested that Olivia go to see it before the party. That way, she could make sure that the restaurant would be nice for her grandfather.

Question: What did Olivia's mother suggest she do?

全文訳 オリビアは祖父の誕生日パーティーを計画している。彼女の祖父は90歳になりうまく歩くことができないので，彼女は階段のないレストランをオンラインで探した。彼女は彼女の住む地域で1軒見つけた。そして彼女の母親はパーティーの前にオリビアがそこの下見に行くことを提案した。そのようにして，彼女はそのレストランが祖父にとって素敵なところであることを確かめることができる。

Q：オリビアの母親は彼女が何をすることを提案したか。

選択肢の訳 1 人々にお気に入りのレストランについて尋ねる。
2 オンラインでレストランを探す。
3 彼女の住む地域でレストランを開く。
4 レストランを見に行く。

解説 第3文に her mother suggested that Olivia go to see it before the party とあり，オリビアの母親が彼女にレストランの下見に行くことを提案していたことがわかる。

No.28 解答 ②

放送英文 We hope you are enjoying the facilities here at Fitness Life Center, including our new exercise machines. To help you build muscle, we are giving away protein bars for the next hour. Please come to the entrance and help yourself. Each member can take two. We hope you enjoy your day.

Question: Why is this announcement being made?

全文訳 新しい運動器具を含めて，フィットネス・ライフ・センターの施設をお楽しみいただけていれば幸いです。お客様の筋肉増強を補助するために，これから1時間プロテインバーを無料で配布いたします。入口へいらして，ご自由にお取りください。お1人様2つまでとさせていただきます。楽しい1日をお過ごしください。

Q：なぜこのアナウンスは流されているのか。

選択肢の訳 1 新しいメンバーを出迎えるためにスタッフが雇われるから。

2 メンバーは無料でプロテインバーを得ることができるから。

3 新しい運動器具がまもなくやってくるから。

4 フィットネスセンターは 1 時間後に閉まるから。

解説 第 2 文に To help you build muscle, we are giving away protein bars for the next hour. とあり，これから 1 時間無料でプロテインバーを配布することをこのアナウンスが伝えていることがわかる。

No.**29** 解答 ②

放送英文 When Mr. Jenson came home last night, his daughter's pet cat was in the kitchen. It looked hungry, so Mr. Jenson asked his daughter if she had fed it. She said that she had spent all afternoon at the shopping mall with her friends and had forgotten about her cat. Mr. Jenson was very upset with his daughter.

Question: Why was Mr. Jenson upset with his daughter?

全文訳 ジェンソンさんが昨夜帰宅したとき，娘のペットの猫はキッチンにいた。お腹が減っているように見えたので，ジェンソンさんは娘に猫にエサをやったかどうか尋ねた。彼女は午後の間ずっと友だちとショッピングモールで過ごし，猫については忘れていたと言った。ジェンソンさんは娘にとても腹を立てた。

Q：なぜジェンソンさんは彼の娘に腹を立てたのか。

選択肢の訳 **1** 彼女が約束した時間よりも遅く帰宅したから。

2 彼女が彼女のペットにエサをやるのを忘れたから。

3 彼女がキッチンを掃除しなかったから。

4 彼女が宿題をやらなかったから。

解説 第 2 文から第 3 文にかけて，ペットの猫にエサをやったかどうかをジェンソンさんが娘に尋ね，彼女がそれを忘れていたと答えたことが述べられている。ゆえに正解は **2** となる。

No.**30** 解答 ②

放送英文 Thank you for shopping at Fresh Best Supermarket. We would like to remind drivers to be careful when driving in the parking lot. Last week, a woman and her dog were injured by a car while crossing the parking lot. Please keep your speed below 5 kilometers per hour to make sure our customers stay safe.

Question: Who is this announcement mainly made for?

全文訳 フレッシュ・ベスト・スーパーマーケットでお買い物いただきありがとうございます。お車でお越しのお客様は駐車場で運転する際にお気をつけくださいますようお願いいたします。先週，女性と犬が駐車場を横切る際に車によってけがを負いました。お客様の安全を確保するために，

スピードを時速 5 キロ以下に保つようお願い申し上げます。

Q：このアナウンスは主に誰のために流されているか。

選択肢の訳 1　ペットを店に連れてきている人。

　　2　スーパーマーケットに車で来ている人。

　　3　たくさんの買い物袋を持っている客。

　　4　5 キロ圏内に住んでいる客。

解説　第 2 文に We would like to remind drivers to be careful when driving in the parking lot. とあり，車でスーパーマーケットに来ている人にこのアナウンスは注意喚起をしていることがわかる。

22年度第2回　リスニング

全文訳　**医者の不足**

　　今日，十分な医者がいない地域が日本にはある。多くの医者が都市で働くことを望んでいると言われており，そしてこのことが田舎に住む人々にとって問題を引き起こす可能性がある。医者の不足はこれらの人々が質の良い医療を受けることを妨げるであろうから，それは深刻な問題である。多くの人が，政府はこの状況についてもっと行動を起こす必要があると言っている。

質問の訳　No. 1　文章によれば，なぜ医者の不足は深刻な問題なのか。

　　　　　No. 2　では，絵を見てその状況を説明してください。20秒間，準備する時間があります。話はカードにある文で始めてください。

　　　　　〈20秒後〉始めてください。

　　　　では，〜さん（受験生の氏名），カードを裏返して置いてください。

　　　　　No. 3　今日の若者は高齢者に十分な敬意を払わないと言う人がいます。あなたはそれについてどう思いますか。

　　　　　No. 4　今日では，家を借りて一緒に住む若者がいます。ほかの人と家を共有することは若者にとって良い考えだとあなたは思いますか。

　　　　　Yes. →なぜですか。　　　　　No. →なぜですか。

No.1

解答例　Because it will prevent people living in rural areas from receiving good medical treatment.

解答例の訳　「それは田舎に住む人々が質の良い医療を受けることを妨げるだろうから」

解説　第3文に A shortage of doctors will prevent these people from receiving good medical treatment, so it is a serious issue. とある。these people とはその前文の people living in rural areas を指すので，these people をその説明部分と入れ替える。質問は why「なぜ」なので，Because で始めて答えるとよい。

No.2

解答例　One day, Mr. and Mrs. Kato were talking about going to the beach. Mrs. Kato said to her husband, "It's windy today, but I think we can go." Later at the beach, Mrs. Kato was feeling cold. Mr. Kato suggested that she drink something hot. That night at home, Mrs. Kato had a fever. Mr. Kato was thinking of taking her to the doctor.

解答例の訳　「ある日，カトウ夫妻はビーチに行くことについて話をしていました。

カトウさんは夫に『今日は風が強いけれどビーチに行けると思うわ』と言いました。その後ビーチで，カトウさんは寒さを感じていました。カトウさんの夫は彼女が何か温かいものを飲むことを提案しました。その夜家で，カトウさんは熱を出しました。カトウさんの夫は彼女を医者に連れていくことを考えていました」

解説 1コマ目は指示された文で説明を始め，その後にカトウさんのせりふを Mrs. Kato said to her husband, の後に続ける。2コマ目は Later at the beach, で始め，寒がっているカトウさんの様子を描写するとともに，吹き出しの中のカトウさんの夫の提案を説明する。3コマ目は That night at home, で始め，カトウさんが熱で横になっている様子を描写し，次に吹き出しの中のカトウさんの夫の考えを説明する。

No.3

解答例 I agree. Many young people don't listen to what elderly people say. Some young people even say rude things to them.

解答例の訳 「私もそう思います。多くの若者は高齢者の言うことを聞きません。彼らに無礼なことを言う若者さえいます」

解答例 I disagree. Young people often give elderly people their seats on buses. Also, some young people help elderly people carry their bags.

解答例の訳 「私はそうは思いません。若者はしばしば高齢者にバスで座席を譲ります。また，高齢者がかばんを運ぶのを手伝う若者もいます」

解説 まず，冒頭で賛成（I agree）か反対（I disagree）かを明確にし，その後にそれをサポートする理由や具体例を2文程度で述べるとよい。賛成の場合は，解答例に加えて，電車やバスの優先席（priority seat）でさえ高齢者に譲らない若者がいることを指摘してもよい。反対の場合は，祖父や祖母の家に行って積極的に話し相手になる若者がいることを付け加えてもよいだろう。

No.4

解答例 (Yes. と答えた場合)
Sharing a house is a good way to save money. Also, it's a good opportunity for young people to make a lot of new friends.

解答例の訳 「家を共有することはお金を節約する良い方法です。また，それは若者が多くの新しい友人を作る良い機会です」

解答例 (No. と答えた場合)
I think it's difficult for people to protect their privacy. They often find it uncomfortable to live with other people in the same house.

解答例の訳 「人々にとって自分のプライバシーを守ることは難しいと思います。彼

らはしばしば同じ家で他人と一緒に住むことが快適ではないと感じます」

解説 ここでも Yes か No かの立場をまず初めに明確にし，その立場を支持する理由を 2 文程度で説明することが重要である。Yes の場合は解答例に加えて，お金の節約だけでなく比較的大きめの家を借りることも可能であること（They can rent a bigger house.）を指摘してもよい。No の場合は，ほかの人たちと一緒に住むことが快適ではない理由として騒音（noise）の問題などを具体的に挙げてもよいだろう。

| 二次試験・面接 | 問題カード B | 日程 | 問題編 p.126～127 | | ▶MP3 ▶アプリ ▶CD 2 79～82 |

全文訳 **新製品の販売促進をする**

今日，高品質の製品の中にはとても高価なものがあるので，多くの人はそれらを買うべきかどうかについて悩んでしまう。今，人々に多様な製品を 1 か月単位で借りることを可能にするシステムが関心を集めている。そのようなシステムを提供している企業があり，そうすることで，それらの企業は人々がそれらを買う前にその製品を試してもらっている。そのようなシステムで，企業はより効果的に自分たちの製品の販売促進をすることができる。

質問の訳 No. 1 文章によれば，どのように企業は製品を買う前に人々にそれらを試してもらっているか。

No. 2 では，絵を見てその状況を説明してください。20 秒間，準備する時間があります。話はカードにある文で始めてください。
〈20 秒後〉始めてください。

では，～さん（受験生の氏名），カードを裏返して置いてください。

No. 3 電子マネーのために人々は将来現金を持ち歩かなくなるだろうと言う人がいます。あなたはそれについてどう思いますか。

No. 4 発電するために家にソーラーパネルを設置している人がいます。こういった人々の数は将来増加するとあなたは思いますか。
Yes. →なぜですか。　　　　No. →なぜですか。

No.1

解答例 By offering systems that allow people to rent a variety of products monthly.

解答例の訳 「人々に多様な製品を 1 か月単位で借りることを可能にするシステムを提供することによって」

解説 第 3 文に Some companies offer such systems, and by doing so they let people try items before buying them. とあり，such systems「そのようなシステム」を提供することで人々が製品を買う前に企業はその製品を試してもらっていることがわかる。such systems とは，その直前の文で systems that allow people to rent a variety of products monthly と説明されているので，such systems をその説明部分と入れ替える。質問は how「どのように」なので By offering で始めて答えるとよい。

No.2

解答例 One evening, Mr. and Mrs. Kimura were talking about renting a car and going camping by a lake. Mr. Kimura said to his wife, "The weather forecast says it will be sunny tomorrow." At the campsite, Mr. Kimura was setting up the tent. Mrs. Kimura was thinking of taking the bags out of the car. A few hours later, Mr. Kimura was playing with the dog. Mrs. Kimura was looking forward to going fishing.

解答例の訳 「ある晩，キムラ夫妻は車を借りて，湖のほとりへキャンプに行くことについて話をしていました。キムラさんは妻に『天気予報によれば，明日は晴れだよ』と言いました。キャンプ場でキムラさんはテントを設置していました。キムラさんの妻は車から荷物を降ろすことを考えていました。数時間後，キムラさんは犬と遊んでいました。キムラさんの妻は魚釣りに行くことを楽しみにしていました」

解説 1コマ目は指示された文で説明を始め，その後にキムラさんのせりふを Mr. Kimura said to his wife, の後に続ける。2コマ目は At the campsite, で始め，キムラさんがテントを設置している様子と吹き出しの中のキムラさんの妻の考えを描写する。3コマ目は A few hours later, で始め，キムラさんが犬と遊んでいる様子と吹き出しの中のキムラさんの妻の考えを説明する。

No.3

解答例 I agree. Electronic money is more convenient than cash. Also, people don't have to worry about losing electronic money.

解答例の訳 「私もそう思います。電子マネーは現金よりも便利です。また，電子マネーを紛失することについて人々は心配する必要がありません」

解答例 I disagree. People won't be able to use electronic money at small stores. They'll always need to carry some cash.

解答例の訳 「私はそうは思いません。人々は小さな店で電子マネーを使うことはできないでしょう。いつもいくらかの現金を持ち歩く必要があるでしょう」

解説 解答例に加えて賛成の場合は，具体的に電子マネーは支払いの際にお釣りなどの受け渡しがないので短時間で支払いが終わること（Electronic money makes making payments quicker.）を指摘してもよい。反対

の場合は，高齢者は電子マネーに慣れていないので，買い物がしづらくなるというようなこと（Elderly people are not used to electronic money. It will be difficult for them to buy things.）を述べてもよいだろう。

No.4

解答例 （Yes. と答えた場合）

Using solar power is better for the environment. Many people are becoming interested in clean energy.

解答例の訳 「ソーラーパワーを使うことは環境により良いです。多くの人がクリーンエネルギーに関心を抱きつつあります」

解答例 （No. と答えた場合）

Solar panels don't produce much electricity on cloudy days. Also, they're very expensive for people to buy.

解答例の訳 「ソーラーパネルは曇りの日にはあまり電気を作りません。また，それらは人々が買うには非常に高価です」

解説 Yes の場合は，解答例に加えて災害時に停電してもソーラーパネルがあれば発電ができること（Even when natural disasters cut the power, solar panels can provide electricity.）を指摘してもよいだろう。また No の場合は，専門家による定期的なメンテナンスが必要であること（Solar panels need to be checked regularly by experts.）を付け加えてもよいだろう。

2022-1

解 答 一 覧

一次試験・筆記

1

(1)	1	(8)	4	(15)	2
(2)	4	(9)	1	(16)	3
(3)	4	(10)	4	(17)	2
(4)	3	(11)	1	(18)	2
(5)	4	(12)	1	(19)	3
(6)	4	(13)	1	(20)	1
(7)	3	(14)	2		

2 A

(21)	1
(22)	3
(23)	1

2 B

(24)	3
(25)	2
(26)	4

3 A

(27)	4
(28)	1
(29)	2

3 B

(30)	1
(31)	4
(32)	4
(33)	3

3 C

(34)	2	(36)	4	(38)	4
(35)	2	(37)	4		

4　解答例は本文参照

一次試験・リスニング

第1部

No. 1	1	No. 6	2	No.11	2
No. 2	3	No. 7	4	No.12	2
No. 3	4	No. 8	2	No.13	2
No. 4	3	No. 9	1	No.14	3
No. 5	3	No.10	4	No.15	4

第2部

No.16	3	No.21	4	No.26	3
No.17	1	No.22	2	No.27	2
No.18	4	No.23	2	No.28	3
No.19	2	No.24	3	No.29	2
No.20	3	No.25	1	No.30	3

(1) — 解答 ① 　　　　　　　　　　　　　　　　　　　正答率 ★**75%以上**

訳 先週，シェリーはホラー映画を見に行った。それは半分サメで半分人間の奇妙な生き物についてであった。

解説 空所直後の説明に「半分サメで半分人間」とあるので，creature「生き物」を選ぶのが自然である。mineral「鉱物」，package「荷物」，instrument「器具，楽器」

(2) — 解答 ④

訳 高校卒業後，テッドは自分の国に仕えるために軍隊に入った。初めて軍服を着たとき，彼は誇りを感じた。

解説 「国に仕える」や「軍服を着た」という表現から，テッドが military「軍隊」に入ったことが推測できる。affair「出来事」，emergency「緊急事態」，container「入れ物，容器」

(3) — 解答 ④

訳 レイカの夢は東京の有名なフレンチレストランで働くことだ。彼女は料理学校に行くことでこれを達成しようとしている。

解説 第1文でレイカの夢の説明があり，第2文後半で「料理学校に行くことで」という記述がある。このことからレイカが夢を accomplish「達成し」ようとしているとわかる。decrease「〜を減少させる」，unite「〜を結合させる」，overwhelm「〜を圧倒する」

(4) — 解答 ③

訳 アーサーは彼のカフェを売るつもりだった。しかし，近くに新しい大学が開校してから，より多くの客を得始めたので，彼は自分の決心を覆した。

解説 第1文でアーサーがカフェを売るつもりであったことが述べられ，その直後に逆接を示す However があることから，彼が決心を reversed「覆した」と推測される。abuse「〜を虐待する」，secure「〜を確保する」，stimulate「〜を刺激する」

(5) — 解答 ④

訳 フランクはレポートを書くための十分な時間がなかったので，それを終えるためにもう2，3日もらえないかと上司に尋ねた。

解説 フランクはもう2，3日時間をもらえないかと尋ねていることから，彼にはレポートを書く sufficient「十分な」時間がなかったと推測できる。ここでは時間の「量」に焦点があるのでほかの選択肢は入らない。possible「可能な」，delicate「繊細な」，financial「財政の」

(6) ─解答 ④

訳 昨日，ブリグストン市のあるレストランで火事があった。けが人はいなかったが，建物は**ひどく**破損した。オーナーたちは新しい建物を建てなければならないだろう。

解説 新しい建物を建てなければならないという記述から，その建物が severely「ひどく」破損したことがわかる。mentally「精神的に」，intelligently「知的に」，annually「毎年」

(7) ─解答 ③

訳 ベスは先週，ウエディングパーティーに招待された。彼女は一人で行きたくなかったので，友だちのジェレミーに彼女**と一緒に行って**くれるよう頼んだ。

解説 ベスは一人で行きたくなかったということから，自分と accompany「一緒に行って」くれるよう頼んだと推測される。restrict「～を制限する」，distribute「～を分配する」，promote「～を促進する」

(8) ─解答 ④ 　　　　　　　　　　　　　　　　　正答率 ★75%以上

訳 SOL-5 ロケットは明日，地球を出発する予定である。宇宙飛行士たちの**使命**は気象衛星を修理することである。

解説 気象衛星を修理することは宇宙飛行士の mission「使命」と考えられる。foundation「土台」，impression「印象」，definition「定義」

(9) ─解答 ①

訳 化学のクラスで，生徒たちは少量の酸を水に加えた。それから彼らはこの**混合物**を実験を行うために使った。

解説 第 1 文で酸を水に加えたと述べられていることから，mixture「混合物」を選ぶのが自然。climate「気候」，entry「入場」，moment「瞬間」

(10) ─解答 ④

訳 朝，とても強く雨が降っていたので，政府は宇宙にロケットを**打ち上げ**ることを待たなければならなかった。

解説 雨が強く降っている状況では，ロケットを launch「打ち上げる」ことは困難と考えられる。ほかの選択肢は文脈に合わない。elect「～を選ぶ」，impact「～に影響を与える」，sweep「～を掃く」

(11) ─解答 ①

訳 歴史の授業の間，リサがノートを持っていないことにエイデンは気づいた。彼は自分のノートから何枚か紙を**引きちぎり**，彼女がノートを取れるようにそれを彼女に渡した。

解説 ノートを取るための紙を彼女に渡すために，まず自分のノートから紙を tore off「引きちぎった」とすると自然。rely on「～を頼る」，answer back「～に口答えする」，break out「（突然）発生する」

(12)──解答 ①

訳 デレクは，彼の会社のゴルフ大会でもう少しで優勝するところだった。しかしながら，最後のホールで悪いショットを打ってしまい，結局2位に終わった。

解説 第2文で結局2位に終わったという記述があることから，デレクは優勝をcame close to「もう少しでするところだった」とわかる。make fun of「～をからかう」，take pride in「～を誇りに思う」，find fault with「～のあら探しをする」。優勝してはいないので，誤ってtook pride inを選ばないように注意。

(13)──解答 ①

訳 グリフィス先生は生徒たちに，もし彼らがクラスでおしゃべりを続けるならば追加の宿題を課すと警告した。生徒たちが静かにしようとしなかったので，彼は脅しを完全に実行した。

解説 警告を生徒たちが無視したことから，先生がその警告をfollowed through with「完全に実行した」と推測できる。go over「～を調べる」，get through「～を通り抜ける」，turn over「～をひっくり返す」

(14)──解答 ②

訳 A：今しがた誰とばったり出会ったと思う？　大学時代のジーナを覚えている？
B：ああ，もちろん。私も先日彼女に会ったよ。どうやら彼女は私たちと同じビルで働いているみたいだね。

解説 Bが「私も先日彼女に会った」と言っていることから，Aが大学時代の友だちとran into「ばったり出会った」と推測できる。hope for「～を期待する」，look over「～にざっと目を通す」，comply with「～に従う」

(15)──解答 ②

訳 仕事を変えて以来，ニールは仕事と生活のバランスによりいっそう満足している。彼は新しい仕事を楽しんでいるが，家族や友だちとより多くの時間を過ごせることにも喜びを感じている。

解説 第2文に彼が仕事や家族，友だちとの時間を楽しんでいると述べられていることから，彼が仕事と生活のバランスにcontent with「満足して」いるとわかる。be separate from「～と離れている」，be based on「～に基づいている」，be equal to「～に等しい」

(16)──解答 ③

訳 A：お母さん，土曜日のバーベキューに友だちを数人招いてもいいかな？
B：もちろん。皆が食べて飲んでも十分有り余る量があるはずよ。

解説 皆が食べて飲んでも十分な量がある，とBが言っていることからBy all means「もちろん」が自然。in any case「どんな場合でも」，at any rate「いずれにしても」，on the whole「全体として」

(17)— 解答 ② ....

訳 アリソンは彼女の幼い弟が彼女の部屋に入ることが嫌いである。彼はいつも彼女のものを散らかすので，彼女はその後に掃除をしなければならない。

解説 空所の後で，彼女はその後に掃除をしなければならないと述べられているので，幼い弟がするのは makes a mess「散らかす」ことと考えるのが自然である。make an effort「努力する」，take a chance「いちかばちかやってみる」，take a rest「休憩する」

(18)— 解答 ② ....

訳 プレゼンテーション大会で優勝した後，ケビンはスピーチで彼の妻の助けがなければ彼は決して勝つことはなかっただろうと言った。

解説 but for で「〜がなければ，〜がなかったならば」という意味になる。主に仮定法とともに使われ，without で書き換えることもできる。これ以外に意味を成す選択肢はない。

(19)— 解答 ③ ....

訳 ショーンは明日の朝早くに大切なミーティングがあるので，今夜は夜更かしをしないほうがよい。

解説 had better *do*「〜するほうがよい」の否定形 had better not *do*「〜しないほうがよい」を使う。

(20)— 解答 ① ....

訳 A：ニッキー，来年おまえは高校を卒業することになるね。そろそろどの大学に行きたいかを考え始めてもよいころだ。
B：そうね，お父さん。でも，将来何をやりたいか私はまだわからないの。

解説 〈It is time＋主語＋仮定法過去〉で「そろそろ〜してもよいころだ」という意味を表す。It is high time ....，It is about time .... など time の前に high や about がつくこともある。

一次試験・筆記 **2** 問題編 p.134〜137

A 全文訳 ティーカップの中の答え

ほかの多くの国と同様に，インドの人々はプラスチック廃棄物の問題について憂慮している。結局のところ，その国は毎年 56 億キロのプラスチック廃棄物を作り出している。最終的には多くのプラスチックが陸上やガンジス川のような水路のゴミになってしまうので，プラスチック廃棄物を管理するためのシステムは改善の必要がある。それに応じてインド政府は，一度きりしか使えないプラスチック製品の禁止令導入を計画した。

しかし結局，政府は経済状況と失業の増加への懸念のためにその計画の変更を余儀なくされた。

それにもかかわらず，プラスチックが使われなくなった状況が1つある。インドの7,000の鉄道の駅全てが，プラスチックのティーカップをクルハドと呼ばれる茶色の陶器のティーカップに取り換えた。インドでプラスチックカップが使われるよりもずっと以前に，人々はこれらの伝統的なカップでお茶を飲むのを楽しんでいた。インドの鉄道担当大臣が，鉄道の駅にクルハドに入れたお茶だけを販売するように命じた。そうすることで，彼は国がプラスチック廃棄物をなくすことに向けて，重要な一歩を踏み出すことを期待している。

クルハドがプラスチックのティーカップよりも優れている理由がいくつかある。1つ目に，それらは捨てられた後，環境に害を及ぼさない物質にすぐに分解される。2つ目に，クルハドが作られている粘土は，お茶の風味を実際に良くしてくれる。最後に，クルハドを使うことは，仕事を生み出す。プラスチックカップは機械で作られるが，クルハドは手作業で作られる。何十万もの人々がこの変化により追加の仕事を得るだろうとインド政府は見積もっている。

(21)─解答 **1** ....

解説 空所前は一度きりしか使えないプラスチック製品の禁止を計画したことが，空所後ではしかしその計画が経済的な理由から変更を余儀なくされたことが述べられている。この2つの時間的な前後関係を結びつけるのに適したものは In the end「結局」である。Moreover「さらに」，For one thing「1つには」，Overall「全般的に言えば」

(22)─解答 **3** ....

解説 第2段落第1文からこの段落の主題はプラスチックの使用が禁止された例の紹介だとわかる。第2文では鉄道の駅でプラスチックのティーカップがクルハドという陶器のカップに取り換えられたと述べられている。このことから大臣がプラスチックカップの代わりにクルハドを使用することを命じた，とすると文脈に合う。ゆえに only sell tea in「に入れたお茶だけを販売する」が正解。

(23)─解答 **1** ....

解説 空所後でクルハドは手作りされること，そしてそのために何十万もの人々が追加の仕事を得ると予想されていることが述べられている。ここからクルハドを使うことが will create jobs「仕事を生み出す」とわかる。

B **全文訳** **ただ美しい鳥というだけでなく**

オウムは賢く，時にとても色鮮やかな鳥である。ペットとして人気があり，しばしば動物園で見られる。残念なことに，野生のオウムのおよそ3分の1の種が絶滅の危機にある。例えば，スミレコンゴウインコやコスミレコンゴウインコなどである。毎年，こ

れらの鳥の一部は違法に捕まえられ，ペットとして販売されている。さらに悪いことに，彼らが生息している森が農地を作るためや木材を得るために伐採されているので，多く（の鳥）が死につつある。このことで彼らが巣を作り食料を集めることのできる地域は狭くなってしまった。

　専門誌『ダイバーシティ』に発表された研究が，スミレコンゴウインコとコスミレコンゴウインコが森林の中で重要な役割を担っているということを明らかにした。ブラジルとボリビアでこれらのオウムを研究している研究者たちは，鳥たちが18種類の木の種子をまいていることを発見した。彼らは，鳥たちが木から果実や木の実を取り，長距離にわたってそれらを運んでいることを観察した。鳥たちは後でその果実や木の実を食べられるようにそのような行動をしている。しかし，彼らは時々それらを落としてしまう。人間によって伐採された地域でこのようなことが起きると，果実や木の実の中の種子が木へと成長し，森林が回復するのを助けるのだ。

　今日，自然保護団体はスミレコンゴウインコとコスミレコンゴウインコを保護するために熱心に働いている。1つのやっかいなことは，これらのオウムは多くのひな鳥を失っているということだ。このことの重要な原因は，彼らの卵がほかの鳥によってしばしば食べられてしまうことである。これを防ぐために，コンゴウインコの卵は時々科学者たちによって彼らの巣から取り出され，鶏卵と置き換えられる。科学者たちはその卵を安全に保護する。コンゴウインコのひな鳥が卵から出てくると，彼らは親鳥の元に戻される。

(24)—解答 ③

解説　空所前ではコンゴウインコが違法に捕獲，売買されていることが，そして空所後では生息地が減少して彼らの多くが死につつあることが述べられている。これら2つの事実を結びつけるものとしては，What is worse「さらに悪いことに」が最も自然である。

(25)—解答 ②

解説　空所前では，コンゴウインコが食料として果実や木の実を運ぶことが説明されており，空所後で伐採された土地に空所の内容が起きると，中の種子が木へと成長するということが述べられている。このことから運んでいる途中にコンゴウインコが sometimes drop them「時々それら（果実や木の実）を落としてしまう」と推測できる。

(26)—解答 ④　　　　　　　　　　　　　　　　　　正答率 ★75%以上

解説　空所後に彼らの卵がしばしばほかの鳥に食べられてしまうという記述があることから，彼らが lose many babies「多くのひな鳥を失っている」ことが問題であると予想される。

A 全文訳

発信人：ノエル・ランダー <noel@coffeeshopsupplies.com>
宛先：ゲーリー・スタイン <thedaydreamcoffeeshop@goodmail.com>
日付：6月5日
件名：あなたの注文
スタイン様

　今朝，弊社の販売部門のジェナ・マークスにお電話によるご注文をいただき誠にありがとうございます。ご注文はお客様のカフェの名前とロゴをプリントした中サイズの黒い紙カップ500個でした。ジェナのご注文に関するメモによりますと，お客様は土曜日までにこれらのカップの配達が必要とのことでした。

　申し訳ございませんが，現在のところ弊社には中サイズの黒いコーヒーカップの在庫がございません。さらに，コーヒーカップを製造する機械が現在稼働しておりません。故障している箇所は先日修理に出されましたが，金曜日まで弊社の工場に戻ってきません。このため，お客様にほかの選択肢をいくつか提案するためにメールを差し上げています。

　もし黒いカップを本当にご所望であれば，弊社には小サイズと大サイズの在庫はございます。しかしながら，色よりはサイズの方がお客様にとって重要かと存じます。弊社には白色の中サイズのコーヒーカップの在庫がございまして，代わりにこれらにお客様のロゴをプリントすることができます。また，茶色の中サイズも在庫がございます。今回の問題に関しましては，大変申し訳ございません。これらの選択肢のどれが最も良いか私たちにお知らせくだされば，無料でさらに50個のカップをお送りいたします。弊社の配達業者によりますと，土曜日までに届けるには水曜日までに注文を出す必要があるとのことです。できるだけ早くお客様のご決断をお知らせください。
よろしくお願いいたします。
ノエル・ランダー
顧客サポート
コーヒーショップサプライズ

(27)—解答 ④

質問の訳 今朝，ジェナ・マークスは
選択肢の訳 1 スタイン氏の注文において間違った名前を書いた。
2 顧客に間違った配達日を伝えた。
3 電話で販売部門に連絡をした。
4 スタイン氏のカフェ用のカップの注文を受けた。

解説 第1段落第1文に Thank you for placing an order by telephone with Jenna Marks とあり，スタイン氏が電話でジェナにカップの注文

をしたことがわかる。つまりジェナが took an order「注文を受けた」ということである。

(28)―解答 ①

<u>質問の訳</u> ノエル・ランダーによれば，注文に関わる問題は何か。

<u>選択肢の訳</u> **1** 彼の会社にはスタイン氏が望むカップの在庫がない。

2 彼の会社の機械はスタイン氏のロゴを印刷できない。

3 カップを金曜日までスタイン氏に配達できない。

4 先日，カップを配達業者が紛失してしまった。

<u>解説</u> 第2段落第1文に we do not have any medium-sized black coffee cups とあり，スタイン氏が望む黒い中サイズのカップの在庫がないことがわかる。

(29)―解答 ②

<u>正答率 ★75%以上</u>

<u>質問の訳</u> ノエル・ランダーはスタイン氏に何を提案しているか。

<u>選択肢の訳</u> **1** 次回，50個以上のカップを注文すること。

2 白か茶色のカップを使うこと。

3 彼の顧客に無料のコーヒーを提供すること。

4 ほかの会社から彼のカップを買うこと。

<u>解説</u> 第3段落第3文と第4文で，白と茶色の中サイズのカップならば在庫があることが述べられている。また第6文でどの選択肢が良いか知らせてほしいという記述がある。このことから正解は**2**に絞られる。

B 全文訳 ツイード

ツイードはスコットランドとアイルランドの農民によって最初に開発された厚い生地の一種に与えられた名称である。長い羊毛がさまざまな色に染められ，そして組み合わされて模様のある生地を作る。スコットランドとアイルランドの天気はしばしば寒く湿っているため，この暖かい防水性のある素材は，田畑で働く農民にとても人気があった。

ツイードは19世紀まで農村の外で広く知られることはなかった。その当時，裕福なイギリス人はスコットランドの広大な土地を買っていた。これらは地所として知られ，所有者によって狩猟と釣りのために使われた。ツイードは主に茶色，緑，または灰色で，野生動物がその素材で作られた服を着ている人々を知覚するのは難しいため，狩りをする人たちはツイードに興味を抱くようになった。裕福なイギリス人所有者たちは，自分たちの地所のためにツイードの模様を作らせるようになった。ヴィクトリア女王の夫であるプリンス・アルバートがスコットランドの王室の領地に住む人々のために独自の模様を作らせた後，その生地はイギリス中で有名になった。

ツイードで作られた服は，裕福な人々が田舎で着用する標準的な服装となった。男性は町や都市でビジネスを行うときには青か黒のスーツを着用し，地所にくつろぎに行くときにはツイードのスーツを着たものであった。一般人はゴルフやサイクリングといった屋外の趣味のためにツイードを着て，彼らをまねするようになった。ツイードを着る

という流行はアメリカやヨーロッパのほかの国々にも広がり，20世紀にさまざまな有名ファッションデザイナーが彼らの服にツイードを使うと，さらにいっそう人気になった。

　ツイードは長年流行の先端であり続けた，もっとも21世紀の初めまでにはその人気は落ちてしまっていたけれど。しかし，今ツイードはもう一度人気になり始めている。この1つの理由は，それが環境にほとんど害を及ぼさないということである。自然な羊毛で作られていることに加えて，それは丈夫で，非常に長期間もつので，人々は新しい服を頻繁に買う必要がない。実際，イギリスでは祖父母のツイードスーツをいまだに着ている裕福な人々もいる。

(30)—解答 ① ●●●●●●●●●●●●●●●●●●●●●●●●●● 正答率 ★**75%以上**

質問の訳 ツイードがスコットランドとアイルランドの農民に人気があったのは

選択肢の訳 1　彼らが外にいる間，それが彼らを暖かく保ち，濡れないようにすることを助けてくれたからだ。
2　それが彼らの自由時間にお金を稼ぐことを助けてくれたからだ。
3　それによって彼らが作り出したどんな余分な羊毛でも使うことが可能になったからだ。
4　それによって彼らが若者たちに彼らの文化を教えることが可能になったからだ。

解説 第1段落最終文に The weather in Scotland and Ireland is often cold and wet, so this warm, waterproof material was very popular with the farmers とあり，ツイードが防寒防水に優れていたので農民に人気があったことがわかる。

(31)—解答 ④ ●●●●●●●●●●●●●●●●●●●●●●●● 正答率 ★**75%以上**

質問の訳 プリンス・アルバートはどのようにしてツイードが広く知られるようになることを手助けしたのか。

選択肢の訳 1　彼はしばしばスコットランドの農民によって所有されている土地に狩猟に行った。
2　彼はツイード工場があるスコットランドの地所を買った。
3　彼はスコットランドを旅行中にそれを着ているのを見られた。
4　彼はスコットランドにある領地のための特別なツイードの模様を注文した。

解説 第2段落最終文からプリンス・アルバートが特別な模様を王室の領地に住む人々のために作らせたことがきっかけとなって，ツイードがイギリス全土に広まったとわかる。

(32)—解答 ④ ●●●●●●●●●●●●●●●●●●●●●●●●●● 正答率 ★**75%以上**

質問の訳 一般人がツイードを着たのは彼らが

選択肢の訳 1　町や都市でビジネスを行っているときだった。
2　アメリカやヨーロッパを訪れているときだった。

3 自分たちが農民だと示そうとしているときだった。

4 屋外で余暇活動を楽しんでいるときだった。

[解説] 第3段落第3文にはOrdinary people began to imitate them by wearing tweed for outdoor hobbies とあり，一般人は屋外で余暇活動を楽しんでいるときにツイードを着たことがわかる。outdoor hobbies が選択肢では leisure activities outside と言い換えられていることに注意。

(33)—解答 ③ ··· 正答率 ★75%以上

[質問の訳] ツイードが環境にほとんど害を及ぼさない1つの理由は何か。

[選択肢の訳] 1 それが燃やされるときに有害な煙を出さないから。

2 それは簡単には汚れず，ほとんど洗う必要がないから。

3 それは人々が長年着られるほどに丈夫だから。

4 それは家族で経営される小さな工場で手作りされているから。

[解説] 第4段落第4文に it is strong enough to last for a very long time, so people do not often need to buy new clothes とあり，ツイードが丈夫で，長期間着ることができるので環境に優しいことがわかる。

C **全文訳** 遠い過去からの手掛かり

農業の発達以前に生きていた人類は多くの石で作られた物を残した。これらの物はたいてい道具や武器の一部であり，これらの人々がどのようにして食料を得ていたかを私たちに示してくれる。しかし，彼らの文化のほかの部分についてはあまり知られていない。この期間について私たちが得ているほかの情報源は，洞穴の中の壁画である。これらはほとんどが狩猟の場面なので，初期の人類が集団で生活していたことを示しているけれども，彼らが宗教的な儀式のようなほかの社会的活動に参加していたことは示していない。

証拠不足によって多くの歴史学者は人類が農園を作って村に住むようになるまで，宗教は発達しなかったと信じるようになった。しかし最近の発見は宗教的な信仰がこれ以前に存在したかもしれないということを示唆している。シギルの偶像は顔と紋様が刻み込まれた背の高い木製の彫像である。これらの紋様は彼らが崇拝していた神についての宗教的な信仰を表している可能性がとても高いと専門家たちは言っている。

シギルの偶像は実際には1890年にロシアで発見された。長い間，それがどのくらい古いのか人々はわからなかったが，ここ数年の木材の分析によってそれがおよそ1万2,500年前に作られたということが明らかにされた。それは，その地域の人類が農業を始めるずっと以前のことである。それを所有していた人間があちこち移動したため，その彫像は，解体され，別の場所で再び組み立てられるように，いくつかの部分に分けられて作られた。残念なことに，いくつかの部分は20世紀初頭に失われ，それらの絵のみが残っている。

歴史のどこかの時点でシギルの偶像は泥のようなものの中に落ち，それが何千年間も

その彫像を安全に保護してきた。それが発見された状況はきわめてまれである。実際,同時代の木製の彫像はほかに何一つ発見されていない。シギルの偶像の品質から判断すると,初期の人類は木から物を作ることに長けていた。しかし,木製の物のほとんどは残らなかった。これにもかかわらず,シギルの偶像は,人々がかつて考えていたよりも進歩した文化を初期の人類は持っており,おそらく宗教も持っていただろうということを歴史学者に示した。

(34)—解答 ②

質問の訳 初期の人類によって残された石で作られた物から何が学べるか。

選択肢の訳
1 彼らが洞穴で住んでいたかどうか。
2 彼らがどのようにして食べ物を得ることができたか。
3 彼らの集団がもともとどこから来たか。
4 どのような種類の動物を彼らが狩っていたか。

解説 第1段落第2文の後半に they show us how these people obtained their food とあり,初期の人類がどのように食べ物を得ていたかについての手掛かりを石の遺物が私たちに与えてくれることがわかる。

(35)—解答 ②

質問の訳 シギルの偶像は木製の彫像であり,

選択肢の訳
1 有名な歴史的指導者の顔がそれに刻み込まれている。
2 初期の人類が神の存在を信じていたことを示しているのかもしれない。
3 初期の人類にとっての農業の重要性の象徴である。
4 最初に人類が作った村の1つの中心におそらくあった。

解説 第2段落第3文と最終文にシギルの偶像に顔と紋様が刻み込まれており,これらが神についての宗教的信仰を表しているかもしれないと述べられている。

(36)—解答 ④

質問の訳 シギルの偶像について最近発見された1つのことは何か。

選択肢の訳
1 それを所有していた人間はどのようにそれを組み立てるかを示す絵を描いていた。
2 その彫像を構成する部分のいくつかは決して発見されることはなかった。
3 その彫像はいくつかの異なる方法で組み立てることができる。
4 それは自分たちの食料をまだ栽培し始めていなかった人々によって作られた。

解説 第3段落第2文後半に it was made around 12,500 years ago—long before humans in the area began farming という記述があり,人類が農業を始めるずっと以前にシギルの偶像が作られていたことがわかる。before began farming が選択肢では had not yet begun growing their own food と言い換えられていることに注意。

(37)—解答

選択肢の訳 1 それが発見された場所の泥の種類が発掘を難しくしているから。
2 初期の人類はほかの集団によって作られた宗教的な彫像をしばしば破壊したから。
3 シギルの偶像のような何かを作る技術をほとんどの初期の人類は持っていなかったから。
4 木材は非常に特別な状況でしか何千年も残らないから。

解説 第4段落第1文と第2文に着目すると、シギルの偶像は泥のようなものの中に落ちて何千年もその中で保護されてきており、それは非常にまれなことであると述べられている。また第3文でほかにこの時代の木製の彫像は一つも発見されていないということも補足されているので、正解は **4**。

(38)—解答

質問の訳 以下の記述のうち正しいのはどれか。

選択肢の訳 1 シギルの偶像は、初期の人類の集団間で文化的な交流があったことを示している。
2 洞穴の壁画は、宗教的な儀式に参加している初期の人類を描いている。
3 人類はいつの時代も宗教を持っていたと長い間歴史学者は信じていた。
4 シギルの偶像の古さはそれが発見された後、長年未解明であった。

解説 第3段落第2文に For a long time, people did not know how old it was とあることから、シギルの偶像の作られた年代が長年解明されていなかったとわかる。

一次試験・筆記 **4** | 問題編 p.144

トピックの訳 人々が歴史をより良く理解するためには重要な史跡に行くことが必要だと言う人がいます。あなたはこの意見に同意しますか。

ポイントの訳 経験 動機付け 技術

解答例 I agree that it is necessary for people to go to important historical sites to understand history better. First, people can experience the actual scale of historical sites, such as the pyramids in Egypt. They cannot experience this by seeing these sites online, even with today's advanced technology. Second, visitors will have the opportunity to talk to local people. These people have stories about local history which include important information that is not in books. Such stories can make people want to learn more about history. For these reasons, I think people should visit historical sites.

解答例の訳 人々が歴史をより良く理解するためには重要な史跡に行くことが必要だということに同意します。第1に，人々はエジプトのピラミッドのように，史跡の実際の大きさを経験することができます。今日の発達した技術をもってしても，オンラインでこれらの場所を見てもこれを経験することはできません。第2に，訪問者は地域の人々と話す機会を得るでしょう。これらの人々は，本の中にはない重要な情報を含む地域の歴史についての話を持っています。そのような話は，もっと歴史について学びたいと人々に思わせることができます。これらの理由から，私は人々は史跡を訪れるべきだと思います。

解説 まず冒頭で与えられたトピックについて自分が同意するか否かを明確に述べる。この文を主題文という。I agree または I disagree の後にトピックの文をそのままつなげればよい。その後に自分の意見をサポートする理由を2つ挙げる。理由を列挙するときは，First, Second といった標識になるようなつなぎ言葉を使うと論旨が明確になる。このほかにも to begin with「最初に」，in addition「さらに」，moreover「そのうえ」なども使える。そして最後にもう一度自分の意見を繰り返す。この際，For these reasons 以外にも in conclusion「結論として」，therefore「したがって，それゆえに」などもあわせて使えるようになっておくとよい。解答例では同意する例が挙げられているが，同意しない場合には，本やインターネットで歴史を学ぶことができる（We can learn about history by reading books or using the Internet.）や私たちは忙しいのでその場所に行く十分な時間がない（We are so busy that we do not have sufficient time to visit the historical sites.）などを理由として挙げてもよいだろう。

No.1–解答 **①** ････････････････････････････････ 正答率 ★75%以上

放送英文 ☆: Livingstone Hotel.

★: This is Ben Bryson in Room 707. I'll be meeting some clients for dinner near City Station, and I'd like to take the train back here afterwards. Do you know what time the last train leaves?

☆: I can check for you. Let's see. The last train from City Station is at 12:15.

★: Excellent. Thanks a lot.

Question: What does the man want to know?

全文訳 ☆: リビングストン・ホテルです。

★: 707号室のベン・ブライソンです。シティ・ステーションの近くで何人かの顧客と会って夕食を食べた後，列車でここに戻ってきたいんです。最終列車が何時に出るかわかりますか。

☆: お調べいたします。そうですね。シティ・ステーションからの最終列車は12時15分です。

★: よかった。どうもありがとう。

Q：男性は何を知りたいのか。

選択肢の訳 **1** 最終列車がいつなのか。

2 シティ・ステーションへの行き方。

3 彼が部屋を変更できるかどうか。

4 彼の顧客がどの部屋にいるか。

解説 男性は彼の最初の発言の中で Do you know what time the last train leaves? と尋ねていることから，彼が最終列車の時間を知りたがっているとわかる。

No.2–解答 **③** ････････････････････････････････ 正答率 ★75%以上

放送英文 ☆: Bernard, how did you get that scar on your knee?

★: Haven't you noticed it before, Cathy? I've had it for most of my life. I fell off my bicycle when I was a kid.

☆: Really? That must have hurt.

★: Yeah, it did. My knee was bleeding a lot, and my mother had to take me to the hospital.

Question: What was Bernard doing when he got hurt?

全文訳 ☆: バーナード，膝のその傷はどうしてついたの？

★: 今まで気づかなかったのかい，キャシー。僕の人生のほとんどの期間その傷はあったんだよ。子どものころ，自転車から落ちたんだ。

☆： 本当？　痛かったでしょう。

★： ああ，痛かったよ。膝からたくさん血が出ていたし，母が僕を病院に連れていかなければならなかったんだ。

Q：バーナードはけがをしたとき，何をしていたか。

選択肢の訳 1　友だちとスポーツをしていた。

2　母親とドライブをしていた。

3　自転車に乗っていた。

4　キャシーと話していた。

解説　膝の傷について尋ねられて，男性は子どものころ自転車から落ちたと答えているので，正解は **3**。

No.3 －解答 ④ ・・・・・・・・・・・・・・・・・・・・・・・・・・・・・・・・・・・・・・ 正答率 ★75%以上

放送英文 ★： What's the matter, Doris? You look very tired.

☆： My cat ran away last night, and I went looking for her. I didn't go to bed until after 3 a.m.

★： I'm sorry to hear that. Did you find her and bring her home?

☆： No, but when I woke up this morning, she was waiting outside. I have no idea where she went last night.

Question: Why is the woman tired?

全文訳 ★： どうしたんだい，ドリス。とても疲れているようだね。

☆： 私の猫が昨晩逃げてしまって，彼女を捜しに行ったの。午前3時過ぎまで寝なかったわ。

★： それはお気の毒に。彼女を見つけて家に連れ帰ったのかい？

☆： いいえ，でも今朝起きたら，彼女が外で待っていたの。昨晩彼女がどこに行ったのかわからないわ。

Q：なぜ女性は疲れているのか。

選択肢の訳 1　彼女は彼女の猫を病院へ連れていったから。

2　彼女は今朝，職場までの道をずっと走ったから。

3　彼女はキッチンを掃除するために早く起きたから。

4　彼女は昨晩彼女の猫を捜さなければならなかったから。

解説　疲れているようだけど，どうしたんだい，という男性の問いかけに，女性は逃げた猫を捜さなければならず，午前3時過ぎまで寝なかったと答えている。

No.4 －解答 ③ ・・・

放送英文 ☆： Is that a new pencil case, David? I thought you liked your old one with the shark on it.

★： I still do. My dad bought that one at the aquarium, but I needed to get a bigger one because I need to take a lot of colored pencils to art class.

☆： Have you drawn any pictures yet?

★： Yeah, lots. I'll show them to you sometime.

Question: Why did the boy get a new pencil case?

全文訳 ☆： それは新しい筆箱なの, デービッド？　あなたはサメの絵が描かれた古い
ものがお気に入りだったと思ったのだけれど。

★： 今でも好きだよ。お父さんが水族館でそれを買ってくれたんだ。でもたく
さんの色鉛筆を美術の授業に持っていく必要があるから, より大きいも
のを手に入れる必要があったんだ。

☆： もう何か絵を描いたの？

★： ああ, たくさんね。いつか君にそれらを見せるよ。

Q：男の子はなぜ新しい筆箱を手に入れたのか。

選択肢の訳 1　彼は古い方をクラスの友だちにあげたから。

2　彼は水族館で古い方をなくしたから。

3　彼は美術の授業のためにより大きいものが必要だったから。

4　彼は違う絵が描かれたものが欲しかったから。

解説 男の子の最初の発言に I needed to get a bigger one because I need
to take a lot of colored pencils to art class とあるので, 彼が美術の
授業のためにより大きな筆箱を必要としたことがわかる。

No.**5** – 解答 ③ ・・・・・・・・・・・・・・・・・・・・・・・・・・・・・・・・・

放送英文 ☆： George, could I have a tissue?

★： Sure, here you go. Do you have a cold?

☆： I don't think so. The air conditioners in my apartment are very
old, and I think they need to be cleaned. The air in my room
makes my nose run. I'm going to call the building manager later
today.

★： Good idea. Air conditioners need to be cleaned often.

Question: How does the woman plan to solve her problem?

全文訳 ☆： ジョージ, ティッシュをもらえる？

★： もちろん。はい, どうぞ。風邪をひいたの？

☆： そうじゃないと思うわ。私のアパートのエアコンはとても古くて, 清掃が
必要だと思うの。私の部屋の空気のせいで鼻水が出るのよ。今日この後,
ビルの管理人に電話をするつもりよ。

★： いい考えだね。エアコンはしばしば清掃される必要があるよね。

Q：女性はどのようにして彼女の問題を解決するつもりか。

選択肢の訳 1　彼女の部屋を掃除することによって。

2　より多くのティッシュを買うことによって。

3　ビルの管理人と話すことによって。

4　彼女の友だちに助けを求めることによって。

女性は彼女の２番目の発言で部屋のエアコンが古く清掃してもらう必要があるので，ビルの管理人に電話をするつもりだと言っている。call the building manager が 選 択 肢 で は talking to the building manager と言い換えられているので注意。

No.**6** −解答 ②

放送英文 ☆： Good morning. I'm looking for a new desk for my room.

★： Would you like a metal one or a wooden one?

☆： Well, the rest of the furniture in my room is wooden, so I'd like to find a matching desk.

★： I think we may have just the thing you're looking for. There's a sale on all of our desks, chairs, and shelves today.

Question: What is the customer looking for?

全文訳 ☆： おはようございます。私の部屋用の新しい机を探しているのですが。

★： 金属製がよろしいですか，それとも木製がよろしいですか。

☆： そうですね，私の部屋のほかの家具は木製だから，それに合うような机を見つけたいんです。

★： ちょうどお探しのものがあるのではないかと思います。本日は，全ての机，いす，棚がセール中です。

Q：客は何を探しているのか。

選択肢の訳 **1** 彼女の机に合ういす。

2 彼女の部屋用の新しい机。

3 彼女の本のための木製の棚。

4 彼女の部屋用の金属製の家具。

解説 女性の最初の発言に I'm looking for a new desk for my room. とあり，女性が部屋に置く新しい机を探していることがわかる。

No.**7** −解答 ④

放送英文 ★： Excuse me. I got this postcard in my mailbox yesterday. It says I have a package to pick up at this post office.

☆： Yes, sir. May I see an ID card, please?

★： Of course. Here's my driver's license.

☆： Thank you. Now, just sign your name on this line.

Question: What is the man doing at the post office?

全文訳 ★： すみません。昨日，私の郵便受けにこのはがきが入っていたんです。この郵便局に私が受け取る荷物があると書いてあります。

☆： 承知いたしました，お客様。身分証明書を見せていただけますか。

★： もちろん。これが私の運転免許証です。

☆： ありがとうございます。それではこの線上にお名前をお書きください。

Q：男性は郵便局で何をしているのか。

選択肢の訳 **1** 郵便を配達している。

2 彼の郵便受けを確認している。

3 彼の新しい免許証を受け取っている。

4 荷物を受け取っている。

解説 男性は彼の最初の発言で，彼が受け取るべき荷物があるので郵便局に来たと言っているので，正解は **4**。男性の発言の中の mailbox に引っ張られて **2** を選ばないように注意。

No.**8** −解答 ②

放送英文 ☆ : So, how are the wedding preparations going, Gordon? Have you and your fiancée finished planning everything?

★ : We've done a lot, but there's still so much left to do.

☆ : Well, you still have six weeks left. Have you decided where to go on your honeymoon?

★ : Actually, we've both been so busy that we haven't had time to think about it yet.

Question: What is one thing the man says?

全文訳 ☆ : それで，結婚式の準備はどうなの，ゴードン？　あなたとあなたの婚約者は全て計画を終えたの？

★ : たくさんやったけど，まだやるべきことがとても多く残っているんだ。

☆ : そうねえ，まだ6週間あるわ。新婚旅行でどこに行くかは決めたの？

★ : 実は，僕たち両方ともとても忙しくて，まだそれについて考えている時間がなかったんだ。

Q：男性が言っている1つのことは何か。

選択肢の訳 **1** 結婚式の時間が変わった。

2 結婚式の計画はまだ終わっていない。

3 新婚旅行は楽しくなかった。

4 新婚旅行の計画は6週間前に作られた。

解説 結婚式の準備は終わったのかと聞かれて男性は，there's still so much left to do と答えている。つまりまだやるべきことがたくさん残っているということであり，正解は **2**。

No.**9** −解答 ①

放送英文 ☆ : Honey, we haven't seen Gloria at our town meetings recently. I guess she must be busy.

★ : Actually, I forgot to tell you—I ran into her on the street last week. She said she's started going to a business class in the evening.

☆ : Really? I hope I can get a chance to see her again soon.

★ : Well, she said she'd definitely be at the next meeting.

Question: What is one thing the man says about Gloria?

全文訳 ☆： あなた，タウンミーティングで最近グロリアを見かけないわね。彼女はきっと忙しいのね。

★： 実は君に言うのを忘れていたよ。先週，道でばったり彼女に会ったんだ。彼女は夕方にビジネスの授業に行き始めたと言っていたよ。

☆： 本当？ すぐにまた彼女と会える機会があるといいのだけど。

★： そうだね，彼女は次のミーティングには間違いなく出席すると言っていたよ。

Q：男性がグロリアについて言っている1つのことは何か。

選択肢の訳 **1** 彼女は授業を取っている。

2 彼女は自分自身のビジネスを始めた。

3 彼女はその女性に電話をするだろう。

4 彼女は違う通りに引っ越した。

解説 男性の最初の発言に she's started going to a business class in the evening とあり，グロリアがビジネスの授業を取り始めたことがわかる。start, business といった語に引っ張られて **2** を選ばないように注意。

No.**10** 解答 ④

放送英文 ★： Working overtime again tonight, Debbie?

☆： I think so, Bob. I'm still working on this presentation for Mr. Donaldson.

★： You've been working on it all week. Let me know if you need help with anything.

☆： OK, thanks. I will be done with it soon, though. After that, my work schedule should go back to normal.

Question: What is one thing the woman says?

全文訳 ★： また今夜も残業かい，デビー？

☆： そうだと思うわ，ボブ。ドナルドソンさんのためのこのプレゼンテーションにまだ取り組んでいるの。

★： 今週ずっとそれに取り組んでいるね。何か助けが必要なら知らせてくれよ。

☆： わかった，ありがとう。でもまもなくそれを終えるわ。その後，私の仕事のスケジュールは正常に戻るはず。

Q：女性が言っている1つのことは何か。

選択肢の訳 **1** 彼女は来月まで残業するだろう。

2 彼女はドナルドソンさんと話をしないだろう。

3 彼女はこれまでにプレゼンテーションをしたことが全くなかった。

4 彼女はプレゼンテーションをほとんど書き終えた。

解説 女性の2番目の発言に I will be done with it soon とあり，プレゼンテーションの準備がまもなく終わるであろうことがわかる。be done で

have done と同じく動作の完了を表すことがある。この部分が選択肢では has almost finished と言い換えられている。

No.11 解答 ② ･････････････････････････････････････

放送英文 ☆： Hello.

★： Hi, this is Stefan calling. Is Lorie there?

☆： She's just gone to the store to get something for dinner. She shouldn't be too long. I'll have her call you when she gets home.

★： That's OK. I'm going out with my parents, so I'll call her when I get back.

Question: What will Stefan do when he gets back?

全文訳 ☆： もしもし。

★： もしもし，ステファンです。ローリーはいますか。

☆： 彼女は夕食のための買い物にちょうど店に行ったところなの。それほど長くはかからないはず。彼女が帰ったら，あなたに電話させるわね。

★： 大丈夫です。私は両親と出かけますから，私が戻ったら，彼女に電話をします。

Q：ステファンは帰宅したら何をするか。

選択肢の訳 1 ローリーが電話するのを待つ。

2 再びローリーに電話をする。

3 家で夕食を食べる。

4 彼の両親と出かける。

解説 男性の2番目の発言に I'll call her when I get back とあり，彼は帰宅したら再びローリーに電話をするつもりであることがわかる。

No.12 解答 ② ･････････････････････････････････････

放送英文 ☆： Excuse me. Where can I find the special exhibition of modern art?

★： It's on the third floor, next to the museum shop. But you'd better hurry. The museum is closing in half an hour.

☆： All right. Do I have to pay extra to go in?

★： Yes. Special exhibition tickets are five dollars. It's our most popular event this year.

Question: Why does the man say the woman should hurry?

全文訳 ☆： すみません。現代美術の特別展はどこですか。

★： 3階のミュージアムショップの隣です。でも急いだ方がいいですよ。当館は30分後に閉館します。

☆： わかりました。入場するためには追加料金を払わなければなりませんか。

★： はい。特別展のチケットは5ドルです。それは今年当館で最も人気のある催し物です。

Q：なぜ男性は女性が急ぐべきだと言っているのか。

 選択肢の訳
1　その展示の最終日だから。
2　閉館時間が迫っているから。
3　展示のチケットがすぐに売り切れるだろうから。
4　ミュージアムショップが特別セールを行っているから。

解説　男性の最初の発言に But you'd better hurry. The museum is closing in half an hour. とあり，閉館時間がもうすぐだとわかる。

No.13 解答　② .... 正答率 ★**75%以上**

放送英文　★：Hey, Anne. I've got two tickets to the Fire Queens concert in Highdale Park this Friday night. Do you want to go? It starts at 6 p.m.

☆：Well, I love the Fire Queens, but I promised to look after my sister's baby that night. My sister has to work late.

★：I see. That's too bad.

☆：I wish I could go. Maybe next time, I guess.

Question: Why will the woman not go to the concert?

全文訳　★：やあ，アン。今週の金曜日の夜にハイデール公園で行われるファイヤー・クイーンズのコンサートチケットが2枚あるんだ。行かないかい？　午後6時に始まるんだ。

☆：そうねえ，ファイヤー・クイーンズは大好きなんだけど，その日の夜は，姉［妹］の赤ちゃんの世話をするって約束しちゃったの。姉［妹］は遅くまで働かなければならないのよ。

★：わかったよ。それは残念だね。

☆：行ければいいんだけど。また今度ね。

Q：女性はなぜコンサートに行かないのか。

 選択肢の訳
1　彼女はその夜，夕食を作らなければならないから。
2　彼女は赤ちゃんの世話をしなければならないから。
3　彼女は姉［妹］と外出するつもりだから。
4　彼女は残業をするだろうから。

解説　コンサートに誘っている男性に対して，女性は彼女の最初の発言でその日の夜，姉［妹］の赤ちゃんの世話をすることになっている，と言っている。放送文の中の look after「世話をする」が選択肢では take care of に言い換えられていることに注意。

No.14 解答　③ ....

放送英文　☆：Donnie, I'm happy you did well on your science test this time, but you failed your math test again.

★：I know, Mom. I find it hard to concentrate in Ms. Wilson's class.

☆：Well, if you don't get a better score next time, maybe you should start seeing a tutor after school.

★ : No, please don't make me do that. I'll do my best to study harder.

Question: What does the boy say he will do?

全文訳 ☆ : ドニー, 今回科学のテストでよくできたことはうれしいけれど, また数学のテストで失敗したわね。

★ : わかっているよ, お母さん。ウィルソン先生の授業に集中することは難しいんだ。

☆ : でも, もしもっと良い成績を次回取らなかったら, 放課後, 家庭教師に見てもらい始めるべきかもしれないわね。

★ : やめて, 僕にそんなことをさせないで。もっと熱心に勉強するように最善を尽くすよ。

Q : 男の子は何をすると言っているか。

選択肢の訳 1 科学の授業でもっと注意を払う。

2 放課後ウィルソン先生に会う。

3 数学の授業でもっと熱心に取り組む。

4 新しい数学の家庭教師を見つけようとする。

解説 男の子の最後の発言に I'll do my best to study harder. とあり, 男の子が数学の授業でベストを尽くすと言っていることがわかる。選択肢ではこの部分が Work harder in his math class. と言い換えられている。

No.15 解答 ④

放送英文 ☆ : Excuse me, sir. Do you live in this neighborhood?

★ : I do. Do you need some help finding something?

☆ : Yes, if you don't mind. I'm looking for a good place for lunch. Do you have any recommendations?

★ : Hmm. Well, there's a nice German restaurant up on the hill. It's called Heidi's.

Question: What does the woman want to do?

全文訳 ☆ : すみません。このご近所にお住まいですか。

★ : ええ。何かお探しですか。

☆ : はい, もしよろしければ。ランチを食べるのに良い場所を探しているんです。何かお薦めはありますか。

★ : うーん。ええと, 丘の上に素敵なドイツレストランがありますよ。ハイディズと呼ばれています。

Q : 女性は何をしたいのか。

選択肢の訳 1 ドイツに引っ越す。

2 その男性とランチを食べる。

3 その男性がどこに行くか突き止める。

4 良いレストランでランチを食べる。

解説 何かお探しですか，という男性の問いかけに女性は I'm looking for a good place for lunch. と答えている。つまり女性は良いレストランでランチを食べたいと思っているということ。place が選択肢では restaurant に言い換えられている。

一次試験・リスニング	第**2**部	問題編 p.147〜149	🔊 ▶MP3 ▶アプリ ▶CD 3 **17**〜**32**

No.**16** 解答 ③

放送英文 Sandra hurt her left foot playing soccer. She could not play for a long time, so she joined a fitness center to stay active. The instructor there was very friendly and showed her how to use the training machines. However, after a few months, Sandra stopped going because the fitness center became very crowded. She is looking forward to playing soccer again soon.

Question: Why did Sandra stop going to the fitness center?

全文訳 サンドラはサッカーをしているときに左足を痛めた。彼女は長期間サッカーをすることができなかったので，活動的なままでいるためにフィットネスセンターに加入した。そこのインストラクターはとても気さくで，トレーニングマシーンの使い方を彼女に教えてくれた。しかし，数か月後，そのフィットネスセンターがとても混雑してきたので，サンドラは行くのをやめた。彼女はまもなく再びサッカーをすることを楽しみにしている。

Q：なぜサンドラはフィットネスセンターに行くのをやめたのか。

選択肢の訳 1 彼女はもはや体を動かしたいと感じなかったから。
2 彼女の足が良くならなかったから。
3 そこにはあまりに多くの人々がいたから。
4 そこのインストラクターはあまりに厳し過ぎたから。

解説 第4文に Sandra stopped going because the fitness center became very crowded とあることから，フィットネスセンターが混んできたのでサンドラはそこに行くのをやめたとわかる。

No.**17** 解答 ①

放送英文 Robert's work schedule will change at the beginning of next month. He will still work from home twice a week, but his boss said that weekly reports will be due on Fridays—not on Wednesdays as before. In addition, the staff meeting will be on Mondays instead of Tuesdays. What Robert is most happy about is that he will have more time to make and check his weekly report during the week.

Question: What is one way in which Robert's schedule will change?

全文訳 ロバートの仕事のスケジュールは来月の初めに変わることになっている。彼は依然として週に2度自宅で働くが，彼の上司は週間報告の締め切りがかつてのように水曜日ではなく，金曜日になると言った。さらに，スタッフミーティングは火曜日の代わりに月曜日になる。ロバートが最もうれしく思っていることは，その週のうちに彼の週間報告を作成し，確認するのにもっと時間をかけられるということである。

Q：ロバートのスケジュールの変更点の1つは何か。

選択肢の訳 1　彼は金曜日に報告書を提出するだろう。
2　彼は自宅で仕事をするのをやめるだろう。
3　報告書を作成する時間が少なくなるだろう。
4　スタッフミーティングが水曜日に移動するだろう。

解説 第2文に週間報告の締め切りが金曜日になると述べられていることから，ロバートが金曜日にそれを提出するようになると予想される。

No.18 解答

放送英文 Most puddings around the world are sweet. However, in England, there is a pudding made from things that are not sweet, such as animal blood and fat. It is called black pudding, or blood pudding, and it looks like a black sausage. It was first made long ago because people did not want to waste any parts of the animals that they cooked. Today, some types of black pudding are very expensive.

Question: Why did people start making black pudding long ago?

全文訳 世界中のほとんどのプディングは甘い。しかしイギリスには動物の血や脂肪のような甘くないものから作られるプディングがある。それはブラックプディングまたはブラッドプディングと呼ばれ，ブラックソーセージのように見える。人々は料理に使った動物のいかなる部位も無駄にしたくなかったので，それはずっと昔に初めて作られた。今日，ブラックプディングの何種類かはとても高価である。

Q：なぜ人々はずっと昔にブラックプディングを作り始めたのか。

選択肢の訳 1　彼らはそれを動物に食べさせたかったから。
2　彼らは何か甘い食べ物を必要としたから。
3　彼らは十分なソーセージを見つけることができなかったから。
4　彼らは動物の部位を無駄にしたくなかったから。

解説 第4文に people did not want to waste any parts of the animals that they cooked とあるので，動物のいかなる部位も無駄にしたくなかったのでブラックプディングが作られたことがわかる。

No.**19** 解答 ②

(放送英文) Trevor went camping with two friends. The campsite was very crowded, so they had to put up their tents a long way from the bathroom. During the night, Trevor had to get up to go to the bathroom. It took him a long time to find it in the dark, and then he could not find his tent again. He had to call one of his friends on his smartphone to ask for help.

Question: What happened to Trevor while he was camping?

(全文訳) トレバーは２人の友だちとキャンプに行った。キャンプ場はとても混んでいたので，お手洗いから遠く離れた場所に彼らはテントを張らなければならなかった。夜に，トレバーはお手洗いに行くために起きなければならなかった。暗闇でお手洗いを見つけるのに長い時間がかかり，それから彼は自分のテントを再び見つけることができなかった。助けを求めるために彼はスマートフォンで彼の友だちの１人に電話をしなければならなかった。

Q：キャンプをしている間，トレバーに何が起きたか。

(選択肢の訳) 1 彼はスマートフォンを壊した。
2 彼は夜に迷子になった。
3 彼はテントを張る場所がなかった。
4 彼は彼の友だちを助けることができなかった。

(解説) 第３文から第４文にかけて，トレバーが夜にお手洗いに行ったとき，暗闇でそれを見つけることに苦労し，帰り道がわからなくなってしまったと述べられている。つまり He got lost at night.「彼は夜に迷子になった」ということ。

No.**20** 解答 ③

(放送英文) In Panama and other warm countries, people often wear hats to keep cool. In fact, a famous light-colored hat called the Panama hat was named after this country. However, Panama hats do not originally come from Panama. They were first made in Ecuador, in the town of Montecristi. The finest hats from Montecristi cost a lot of money because it takes skilled craftspeople several months to make each one.

Question: Why are fine Panama hats from Montecristi expensive?

(全文訳) パナマやほかの暖かい国々では，人々はしばしば涼しくいるために帽子をかぶる。実際，パナマ帽と呼ばれる有名な淡い色の帽子はこの国にち

なんで名づけられた。しかし，パナマ帽はもともとパナマから来たものではない。それらは最初エクアドルのモンテクリスティという町で作られた。モンテクリスティで作られた最も品質の良い帽子は，腕の良い職人が1つ1つを作るのに数か月を要するので，とても高価である。

Q：モンテクリスティで作られた品質の良いパナマ帽はなぜ高価なのか。

選択肢の訳　1　パナマの人々はそれらにちなんで自分たちの国を名づけたから。

2　それらは冬の間，人々の頭を暖かくしておくことができるから。

3　1つ1つを作るのに長い時間と特別な技術が必要だから。

4　選ぶことができる多くの色があるから。

解説　最終文に腕の良い職人が1つ1つを作るのに数か月を要するという説明があるので，正解は**3**。

No.21 解答

放送英文　Natalie goes to college and works part time at a bakery. Her final exams are starting soon, so she needs more time to study. She does not want to quit her job, so she talked to her manager about it. He recommended that she continue to work on weekends but stop working during the week. Natalie thought it was a good idea and took his advice.

Question: How did Natalie solve her problem?

全文訳　ナタリーは大学に通い，パン屋でアルバイトをしている。彼女の期末試験がまもなく始まるので，彼女は勉強の時間をもっと必要としている。彼女は仕事を辞めたくないので，そのことについて店長と話をした。彼は，彼女が週末に働くことを継続し，平日は働かないことを勧めた。ナタリーはそれが良い考えだと思い，彼の助言を受け入れた。

Q：ナタリーはどのようにして彼女の問題を解決したか。

選択肢の訳　1　ほかの仕事を探すことによって。

2　週末により短い時間働くことによって。

3　パンをより少なく買うことによって。

4　店長と話すことによって。

解説　第3文から最終文にかけて，ナタリーが店長に相談し，彼の助言を受け入れたことが述べられているので正解は**4**。放送文中のどこか一部分が答えとなるのではなく，数文にわたって述べられていることが答えとなる場合は，全体を聞き取ることが重要である。単に放送文中のweekendsに引っ張られて**2**を選ばないように注意が必要である。

No.22 解答

放送英文　Mr. Ogawa has a two-year-old daughter called Shiho. His wife had stayed home to take care of Shiho, but last month, she started working again. She wanted to buy a car to take Shiho to day care. However, Mr. Ogawa suggested buying an electric bicycle instead because it would be easier to take care of and would take up less space than a car.

Question: What is one reason Mr. Ogawa recommended buying an electric bicycle?

全文訳 オガワさんにはシホという名の2歳の娘がいる。彼の妻はシホの世話をするために家に留まっていたが，先月彼女は再び働き始めた。彼女はシホを保育所に連れていくために車を買いたかった。しかしオガワさんは，維持するのが車より簡単で，車よりスペースを取らないので，代わりに電動自転車を買うことを提案した。

Q：オガワさんが電動自転車を買うことを勧めた1つの理由は何か。

選択肢の訳　1　それは車より売るのが簡単だろうから。
　　　　　　2　それは車よりもスペースを必要としないだろうから。
　　　　　　3　彼の妻が彼女の車の中に保管できるものを望んだから。
　　　　　　4　彼の娘が車よりもそれが好きだったから。

解説 最終文後半に it would be easier to take care of and would take up less space than a car とあり，電動自転車が車よりスペースを取らないことが1つの理由だとわかる。

No.23 解答 ②

放送英文 Welcome to Silverton Books. There are some new computers in our Internet café on the third floor. Please feel free to come and try them out. Remember that every Silverton member who introduces a new member gets a $5 discount ticket. Also, we would like to remind you that the store now opens early on Saturdays, at 7:30 a.m., and closes at 5 p.m.

Question: How can Silverton Books members get a discount?

全文訳 シルバートン・ブックスへようこそ。3階のインターネットカフェには最新のコンピューターがございます。どうぞご自由にお越しいただき，お試しください。新しい会員を紹介してくださったシルバートンの会員はどなたでも5ドルの割引チケットを獲得できることをお忘れになりませんよう。また，当店は現在，土曜日は午前7時30分と朝早くに開店し，午後5時に閉店しておりますことをお知らせいたします。

Q：シルバートン・ブックスの会員はどのようにして割引を得ることができるか。

選択肢の訳　1　店に早く来ることによって。
　　　　　　2　新しい会員を紹介することによって。
　　　　　　3　新しいコンピューターを使うことによって。
　　　　　　4　コーヒーを買うことによって。

解説 第4文に every Silverton member who introduces a new member gets a $5 discount ticket とあり，新しい会員を紹介することで割引を得られるとわかる。

No.24 解答 ③ ··

放送英文 Patricia is a busy lawyer with little free time. She feels stressed at work, and she is looking for a way to relax. She read an article about a woman who does yoga before work. Patricia thought she would have time to exercise for about 15 minutes every morning, so she ordered a yoga mat online to get started.

Question: Why does Patricia want to do yoga?

全文訳 パトリシアはほとんど自由時間のない忙しい弁護士である。彼女は仕事でストレスを感じており，リラックスする方法を探している。彼女は仕事の前にヨガをする女性についての記事を読んだ。パトリシアは毎朝およそ15分間運動する時間があると思ったので，手始めにオンラインでヨガマットを注文した。

Q：なぜパトリシアはヨガをしたいのか。

選択肢の訳
1 彼女は弁護士から助言を得たから。
2 彼女は友だちからヨガマットをもらったから。
3 彼女はずっとストレスに苦しんでいるから。
4 彼女はそれについての記事を書く計画だから。

解説 第2文から最終文にかけてパトリシアがストレスを抱えリラックスの方法を探しているときにヨガについての記事を読み，それに興味を持ったことが述べられている。ゆえに正解は**3**となる。

No.25 解答 ① ··

放送英文 In 1943, after the United States entered World War II, there were fights in Los Angeles, California, between soldiers and other young men. The fights started because the young men wore zoot suits. Zoot suits were like business suits, but they were loose and were made from a lot of cloth. The military needed cloth for uniforms, so the soldiers thought that zoot suits were a waste of material.

Question: Why were there fights in Los Angeles?

全文訳 アメリカが第2次世界大戦に参戦した後，1943年に，カリフォルニアのロサンゼルスで兵士たちとほかの若者たちとの間で争いがあった。その争いが始まったのは，若者たちがズートスーツを着ていたためだ。ズートスーツはビジネススーツのようであったが，それらはダブダブで多くの布地からできていた。軍隊は制服のために布地を必要としていたので，兵士たちはズートスーツは材料の浪費だと考えた。

Q：なぜロサンゼルスで争いがあったのか。

1 ズートスーツはあまりに多くの材料を使っていると兵士たちが考えたから。

2 軍隊は飛行機で飛行する際にズートスーツを使用したから。

3 若者たちはスーツの店で働きたくなかったから。

4 ビジネスマンはもはやスーツを着ることができなかったから。

第2文から最終文にかけて，布地を多く使うダブダブのズートスーツは，軍隊の制服を作るための布地を必要としていた兵士たちからは布地の浪費だと考えられたため，ズートスーツを着ている若者たちと兵士たちの間に争いがあったことが述べられている。

No.26 解答

Maki is a first-year high school student from Japan and she has decided to study abroad. She saw some online videos of students having a lot of fun in high schools in the United States. Her teacher said it would be better for her to graduate before she goes abroad, but Maki wanted to have the same experience as the ones she saw on the Internet.

Question: Why did Maki decide to study abroad?

マキは日本の高校1年生で，彼女は留学することを決心した。彼女はアメリカの高校で学生たちがとても楽しんでいるビデオをいくつかオンラインで見た。彼女の先生は，外国へ行く前に卒業した方がよいだろうと言ったが，マキはインターネットで見たものと同じ経験をしたかった。

Q：マキはなぜ留学する決心をしたのか。

1 彼女の学校で宣伝があったから。

2 先生が彼女にあるコースについて話したから。

3 彼女は海外で高校生活を経験したかったから。

4 彼女のクラスメートがそれは楽しいだろうと言ったから。

第2文にマキがアメリカの高校生活をインターネットで見たことが，最終文後半にマキがそれと同じ経験をしたいと思っていることがそれぞれ述べられている。ゆえに正解は3に絞られる。

No.27 解答

In Guam, there is a traditional drink called *tuba*. To get *tuba*, a farmer climbs a coconut tree and then cuts open a part of the tree. After a while, *tuba* comes out. *Tuba* is sometimes called the "water of life" because it is an important part of the culture of Guam. It can also be used to make alcoholic drinks. In fact, *tuba* is a popular drink at parties and festivals in Guam.

Question: How do farmers in Guam get *tuba*?

全文訳　グアムにはトゥバと呼ばれる伝統的な飲み物がある。トゥバを得るために，農民はココナッツの木に登り，そしてその木の一部分を切り開く。しばらくすると，トゥバが流れ出てくる。トゥバはグアムの文化の重要な一部なので，時に「生命の水」と呼ばれる。それはアルコール飲料を作るためにも使われ得る。実際，トゥバはグアムではパーティーや祭りで人気のある飲み物である。

Q：どのようにしてグアムの農民たちはトゥバを得るのか。

選択肢の訳
1　彼らはそれとアルコール飲料を交換する。
2　彼らは木の一部分を切り開く。
3　彼らは都市の店でそれを買う。
4　彼らはココナッツの葉を水と混ぜる。

解説　第2文に To get *tuba*, a farmer climbs a coconut tree and then cuts open a part of the tree. とあり，トゥバを得るために木の一部を切り開くことがわかる。

No.28 解答 ③

放送英文　Welcome to tonight's performance of *Swan Lake*. The ballet will be in four parts, and the main role will be played by Wakako Takizawa. There will be a 20-minute break after the second part. Flowers can be given to the dancers in the lobby after the performance. Please do not take any food or drinks with you to your seats. We hope you enjoy the performance.

Question: What can people do after the performance?

全文訳　今夜の『白鳥の湖』の公演にようこそおいでくださいました。バレエは4つのパートから成り立っており，主役を務めますのはワカコ・タキザワでございます。2つ目のパートの後に20分間の休憩がございます。公演後，ロビーにおいてダンサーたちにお花を渡すことができます。お席には食べ物や飲み物をお持ちにならないでください。どうか公演をお楽しみください。

Q：公演後，人々は何をすることができるか。

選択肢の訳
1　ロビーでのパーティーに参加する。
2　無料の食べ物と飲み物を楽しむ。
3　花をダンサーに贈る。
4　バレエに関する20分間の話を聞く。

解説　第4文に Flowers can be given to the dancers in the lobby after the performance. とあり，公演後ダンサーたちに花を渡すことができるとわかる。放送文では受動態だが，選択肢では能動態になっていることに注意。

・・

(放送英文) Nicole wants to make it easier to cook in her small kitchen. There is a large cabinet next to the fridge. Nicole plans to take it out so that she can have more space to move around in when she cooks. She has asked her brother to help her remove it because he is big and strong enough to carry it.

Question: How does Nicole plan to change her kitchen?

(全文訳) ニコルは彼女の小さなキッチンで料理をすることをもっと簡単にしたいと思っている。冷蔵庫の横に大きな戸棚がある。料理をする際に動き回るスペースをもっと確保できるようにニコルはその戸棚を運び出す計画を立てている。彼女は兄［弟］にそれを移動させるのを手助けしてほしいと頼んだ。なぜなら彼はそれを運ぶのに十分なほど体が大きく，力が強いからだ。

Q：ニコルは彼女のキッチンをどのように変えようと計画しているか。

(選択肢の訳) **1** 彼女は壁を塗るつもりだ。

2 彼女は戸棚を移動させるつもりだ。

3 彼女は冷蔵庫を動かすつもりだ。

4 彼女はより大きなオーブンを手に入れるつもりだ。

(解説) 第3文に Nicole plans to take it out so that she can have more space to move around とあり，it は前文の a large cabinet を指すので，ニコルが戸棚を運び出そうとしていることがわかる。take out が最終文や選択肢では remove と言い換えられている。

・・

(放送英文) Your attention, please. One of our staff members has found a bag near Entrance B2. It can be collected at the main office on the first floor. If you have lost a bag, please come to the main office. We would like to remind passengers to keep an eye on their baggage at all times. Please do not leave baggage behind on the platform.

Question: Why is this announcement being made?

(全文訳) お客様にお知らせいたします。私たちのスタッフの1人が入場口 B2 の近くでバッグを見つけました。1階のメインオフィスで受け取ることができます。もしバッグを紛失された方がいらっしゃいましたら，メインオフィスまでお越しください。乗客の皆様には，お荷物から常に目を離されませんよう改めてお知らせいたします。プラットホームにはお荷物を置き忘れないでください。

Q：なぜこのアナウンスは流されているのか。

(選択肢の訳) **1** 駅に新しいプラットホームができたから。

2 入場口 B2 は修繕のために閉鎖されているから。

3 バッグがスタッフによって見つけられたから。

4 1 階が清掃中だから。

解説　第 2 文と第 3 文に One of our staff members has found a bag near Entrance B2. It can be collected at the main office on the first floor. とあるので，このアナウンスがスタッフによって見つけられたバッグがメインオフィスに保管されていることを知らせるものだとわかる。

全文訳 **食品についての学び**

　最近，多くの人々が食品の安全性により注意を払っている。このため，日本中の食品会社は自社の製品についてより多くのことを顧客に知ってもらおうとしている。これらの会社の多くは，食品がどのように作られているかについての情報を提供するためにウェブサイトを使っている。顧客はそのような情報を確認し，そしてそうすることで彼らは自分たちが購入する食品についてより多くのことを学ぶ。

質問の訳 No. 1 文章によれば，顧客は自分たちが購入する食品についてどのようにしてより多くのことを学ぶのか。

No. 2 では，絵を見てその状況を説明してください。20秒間，準備する時間があります。話はカードにある文で始めてください。
〈20秒後〉始めてください。

では，〜さん（受験生の氏名），カードを裏返して置いてください。

No. 3 人々はあまりに簡単にインターネット上の情報を信じてしまうと言う人がいます。あなたはそれについてどう思いますか。

No. 4 今日，外国には日本食レストランがいくらかあります。これらのレストランの数は将来増えるとあなたは思いますか。
Yes. →なぜですか。　　　　　　　No. →なぜですか。

No.1

解答例 By checking information about how food is produced.

解答例の訳 「食品がどのように作られているかについての情報を確認することによって」

解説 最終文に Customers check such information, and by doing so they learn more about the food products they purchase. とあり，such information「そのような情報」を確認することで顧客は自分たちが購入する食品についてより多くのことを学んでいるとわかる。such information とはその直前の文で information about how food is produced と説明されているので，such information をその説明部分と入れ替える。質問は how「どのように」なので，By checking で始めて答えるとよい。

No.2

解答例 One day, Miki was talking to her father in the kitchen. She said to him, "I want to get a cookbook about pies." Later at a library, Miki was taking a book from the shelf. Her father was thinking of borrowing the book. The next day, Miki was cutting a pie.

Her father was thinking of setting the table.

解答例の訳「ある日，ミキはキッチンで彼女の父親と話をしていました。彼女は彼に『パイについての料理の本を手に入れたい』と言いました。その後図書館で，ミキは本棚から１冊の本を取り出していました。彼女の父親はその本を借りることを考えていました。次の日，ミキはパイを切っていました。彼女の父親はテーブルを整えることを考えていました」

解説 １コマ目は，指示された文で説明を始め，その後にミキのせりふを She said to him, の後に続ける。２コマ目は，まずミキの行動を過去進行形で描写し，次に吹き出しの中に描かれているミキの父親の考えを説明する。３コマ目は，まずミキがパイを切っていることを説明し，次に吹き出しの中に描かれている父親の考えを描写する。

No.3 ....

解答例 I agree. Many people think that all online information is true. They sometimes share false information with their friends.

解答例の訳「私もそう思います。多くの人がオンライン上の全ての情報が正しいと考えています。彼らは時々誤った情報を友だちと共有します」

解答例 I disagree. Most people look carefully for websites they can trust. They know that some information on the Internet isn't true.

解答例の訳「私はそうは思いません。ほとんどの人は信じることができるウェブサイトを注意深く探します。彼らはインターネット上の情報には正しくないものがあるということを知っています」

解説 まず冒頭で賛成（I agree）か反対（I disagree）かを明確にし，その後にそれをサポートする理由や具体例を２文程度で述べるとよい。解答例のように実際に見聞きした具体例を添えると説得力が増す。

No.4 ....

解答例（Yes. と答えた場合）
I think more people want to try Japanese dishes. They think that Japanese food is good for their health.

解答例の訳「もっと多くの人が日本食を試してみたいと考えていると思います。日本食は健康に良いと彼らは考えています」

解答例（No. と答えた場合）
There are already many Japanese restaurants abroad. Also, many people think that Japanese food is too expensive.

解答例の訳「すでに多くの日本食レストランが海外にはあります。また，日本食は高過ぎると多くの人が考えています」

解説 ここでも Yes か No かの立場をまず初めに明確にし，その立場を支持する理由を２文程度で説明することが重要である。解答例以外でも Yes

の場合は，具体的に寿司やてんぷらなどの人気を指摘してもよいだろう。
No の場合は，日本食には調理が難しいものもあること（Some Japanese foods are difficult to cook.）などを指摘してもよいだろう。

全文訳　**重要な場所を守ること**

　　今日，世界遺産としてリストに載せられる場所が増えている。しかし，世界中で多くの自然災害が起きている。それらによって深刻な損害を被ったため，修復に多くの労力を必要としている世界遺産がある。世界遺産を良い状態に保つために地域社会が協力していく必要がある。未来の世代のためにそのような場所を管理していくことは重要である。

質問の訳　No. 1　文章によれば，なぜいくつかの世界遺産は修復に多くの労力を必要としているのか。

　　No. 2　では，絵を見てその状況を説明してください。20秒間，準備する時間があります。話はカードにある文で始めてください。
　　　　　〈20秒後〉始めてください。

　　では，～さん（受験生の氏名），カードを裏返して置いてください。

　　No. 3　自然の中の美しい場所を訪れる観光客の数を規制するべきだと言う人がいます。あなたはそれについてどう思いますか。

　　No. 4　今日，多くの学校がボランティア活動をする時間を生徒に与えています。学校は生徒にボランティア活動をする時間を与えるべきだとあなたは思いますか。
　　　　　Yes. →なぜですか。　　　　　　No. →なぜですか。

No.**1**

解答例　Because they have been seriously damaged by natural disasters.

解答例の訳　「なぜならそれらは自然災害によって深刻な損害を被ったからです」

解説　第3文に Some World Heritage sites have been seriously damaged by them, so they require a lot of work to repair. とあり，them「それら」によっていくつかの世界遺産が深刻な損害を被ったため修復に多くの労力を必要としていることがわかる。them は，その直前の文の natural disasters を指しているので，them を natural disasters に直す。質問は why「なぜ」なので，Because で始め，主語の some World Heritage sites は繰り返しを避けるために they にするとよい。

No.**2**

解答例　One day, Mr. and Mrs. Ito were talking about their trip. Mr. Ito said to his wife, "I'd like to go to see an old castle." On the morning of the trip, Mrs. Ito was making sandwiches. Mr. Ito was thinking of putting their bags in the car. Later at the castle, Mr. Ito was looking at a map. Mrs. Ito was asking a man to take a picture of her and her husband.

解答例の訳 「ある日，イトウ夫妻は彼らの旅行について話をしていました。イトウさんは彼の妻に『私は古い城を見に行きたい』と言いました。その旅行の日の朝，イトウさんの妻はサンドイッチを作っていました。イトウさんは彼らのかばんを車の中に入れることを考えていました。その後城で，イトウさんは地図を見ていました。イトウさんの妻は男性に彼女と夫の写真を撮ってくれるように頼んでいました」

解説 1コマ目は指示された英文で始め，その後にイトウさんのせりふを Mr. Ito said to his wife, の後に続ける。2コマ目は On the morning of the trip, で始め，イトウさんの妻の動作を過去進行形で描写し，次に吹き出しの中に描かれているイトウさんの考えを説明する。3コマ目は Later at the castle, で始め，イトウさんが地図を見ている様子を描写し，次に吹き出しの中のイトウさんの妻の発言内容を説明する。

No.3

解答例 I agree. Some of these areas are damaged by many visitors. They leave a lot of trash at these areas.

解答例の訳 「私もそう思います。多くの訪問者によって損害を被った地域があります。彼らはこれらの場所で多くのゴミを残していきます」

解答例 I disagree. People should be allowed to visit these places at any time. Most people are careful not to damage such places.

解答例の訳 「私はそうは思いません。これらの場所をいつでも訪れることを人々は許されるべきです。ほとんどの人はそのような場所を傷つけないように注意を払っています」

解説 賛成か反対かを明確に述べた後，それを支持する理由を2文程度で説明する。解答例以外にも賛成の場合は，多くの人が訪れたため，水質が低下したビーチもある（On some beaches, water quality has worsened because of too many visitors.）としてもよいだろう。また反対の場合は，日焼け止めを禁止して，水質を落とさないようにしているビーチもある（Some types of sunscreen are not allowed on some beaches to keep the water clean.）などの具体例を出すとよいだろう。何か具体例を1つ添えると説得力が増す。

No.4

解答例 （Yes. と答えた場合）
These activities give students chances to help their communities.

Also, they can learn important skills from volunteer activities.

解答例の訳 「これらの活動は生徒に彼らの地域社会を助ける機会を与えます。また，彼らはボランティア活動から大切なスキルを学ぶことができます」

解答例 (No. と答えた場合)

Students need to focus on studying for their classes. This is more important for their future.

解答例の訳 「生徒は授業のための勉強に集中する必要があります。これは彼らの将来にとってより重要です」

解説 ここでも Yes か No か，自分の立場を明確にして，それを支持する理由を2文程度で述べるとよい。解答例以外にも賛成の場合は，これらの活動はほかの人への思いやりを育てる（These activities nurture a sense of caring for others.）と答えてもよいだろう。また反対の場合は，生徒はボランティア活動を強制されるべきではない（Students should not be forced to do volunteer activities.）と述べてもよいだろう。

2021-3

解 答 一 覧

一次試験・筆記

1

(1)	3	(8)	2	(15)	2
(2)	3	(9)	2	(16)	1
(3)	1	(10)	1	(17)	1
(4)	3	(11)	1	(18)	3
(5)	3	(12)	4	(19)	3
(6)	3	(13)	1	(20)	2
(7)	1	(14)	2		

2 A

(21)	1
(22)	2
(23)	3

2 B

(24)	3
(25)	4
(26)	2

3 A

(27)	4
(28)	4
(29)	2

3 B

(30)	3
(31)	2
(32)	1
(33)	4

3 C

(34)	1	(36)	3	(38)	2
(35)	2	(37)	2		

4　解答例は本文参照

一次試験・リスニング

第1部

No. 1	3	No. 6	4	No.11	2
No. 2	4	No. 7	4	No.12	1
No. 3	1	No. 8	2	No.13	3
No. 4	3	No. 9	2	No.14	4
No. 5	3	No.10	4	No.15	2

第2部

No.16	1	No.21	1	No.26	2
No.17	3	No.22	4	No.27	4
No.18	3	No.23	2	No.28	1
No.19	2	No.24	3	No.29	2
No.20	3	No.25	1	No.30	4

(1) ― 解答 ③

訳 先週，稀少な鳥が動物園から逃げた。それは本日ついに捕獲され，動物園へ連れ戻された。

解説 空所後で逃げた鳥が動物園に連れ戻されたことが述べられていることから，その鳥が captured「捕獲された」ことがわかる。prove「〜を証明する」，accuse「〜を非難する」，neglect「〜を無視する」

(2) ― 解答 ③ 　　　　　　　　　　　　　　　　　　　　正答率 ★75%以上

訳 A：私たちが旅行へ出かける前に，母に電話をすることを私に思い出させてくれないかな。忘れてはならないんだ。
B：ええ，もちろん。

解説 空所後で A は「忘れてはならない」と発言している。このことから，remind「〜に思い出させる」が最も自然である。expect「〜を期待する」，distract「〜の気を散らす」，disturb「〜の邪魔をする」

(3) ― 解答 ①

訳 ビルは，新しく入ってきた女の子が彼に興味を持っているかどうか確信がなかった。彼はためらいがちに彼女をデートに誘い，彼女が「イエス」と言ったときには喜んだ。

解説 空所前で，ビルはその女の子が彼に興味があるかどうか確信がないと述べられていることから，彼は hesitantly「ためらいがちに」彼女をデートに誘ったと考えられる。academically「学問的に」，spiritually「精神的に」，terribly「ひどく」

(4) ― 解答 ③

訳 A：去年よりもおよそ 20 パーセント売り上げが増加したとルークは私に話してくれた。ウェンディ，その正確な量を私に教えてくれないか。
B：私たちの売り上げは正確には 21.8 パーセント増加しました。

解説 B が正確な割合を A に知らせていることから，A が precise「正確な」量を知りたかったことが推測される。intense「強烈な」，endless「終わりのない」，frequent「頻繁な」

(5) ― 解答 ③

訳 良い教師は生徒に勉強させるために，脅しよりも説得という手段をいつも用いる。

解説 生徒に勉強させるための手段として threat「脅し」と対比されるものとしては，persuasion「説得」が選択肢の中では最も自然である。immigration「移住」，organization「組織」，admission「入場」

(6) ― 解答　③

訳 シルビアはカナダへ旅行に行く前に，彼女や彼女の荷物に何かが起きた場合に備えて，確実に海外旅行のための良い保険に入るようにした。

解説 何かが起こる場合に備えて旅行前に加入するものは insurance「保険」しかない。violence「暴力」，affection「愛情」，punishment「罰」

(7) ― 解答　①

訳 A：ボブはあなたの科学の宿題を手伝うことができた？
B：実は，彼は私を混乱させただけなんだ。私には彼の複雑な説明が理解できなかったよ。

解説 空所後に B はボブの複雑な説明が理解できなかったと述べていることから，ボブが B を confused「～を混乱させた」ことがわかる。promote「～を促進する」，arrest「～を逮捕する」，locate「～の位置を突き止める」

(8) ― 解答　②

訳 その美術館はすぐにその絵画を展示したかったのだが，それを展示できる前に，所有者が許可を与えるまで待たなければならなかった。

解説 the art gallery「美術館」，the painting「絵画」という単語を結びつける動詞として最も自然なのは exhibit「～を展示する」である。combine「～を結びつける」，imitate「～をまねる」，overcome「～を克服する」

(9) ― 解答　②

訳 A：ホールデン先生，授業に遅れてすみません。言い訳のしようもありません。今朝寝坊してしまっただけです。
B：そうですね，スティーブン，たぶんあなたはもっと早く寝るようにすべきですよ。

解説 A は先生に対して，寝坊して遅刻したことを正直に報告している。このことから A には遅れたことに正当な excuse「言い訳」がないことがわかる。device「装置」，applause「拍手」，resource「資源」

(10) ― 解答　①　　　　　　　　　　　　　正答率 ★75%以上

訳 カナダの幹線道路 401 号線は，北アメリカで最も交通量の多い道路である。毎日，およそ 42 万台の車両がそこを通る。

解説 第 1 文で幹線道路 401 号線の話をしている。そこを通るのは vehicles「車両」である。tube「管」，rival「競争相手」，desert「砂漠」

(11) ― 解答　①

訳 特大サイズの飲み物を注文する客はほんの少しだったので，そのファストフードレストランは，それらを廃止した。現在，飲み物はより小さくなり，食べ物と一緒に飲み物を注文する客が増えている。

解説 空所後で飲み物のサイズが小さくなったことが述べられているので，そ

195

のレストランは特大サイズを did away with「〜を廃止した」ことがわかる。keep on「〜し続ける」，go in「〜に入る」，get on「〜に乗る」

(12)—解答 **④** ....

訳 A：京都を訪れた後，明日は仙台の観光に行かない？
B：地図を見てみなよ！　その2つの場所はお互いに遠く離れ過ぎているよ。それはうまくいかないよ。

解説 京都と仙台は遠く離れているので2つの都市を1日で観光する計画はwork out「うまくいく」とは考えられない。live on「生き続ける」，account for「〜を説明する」，cope with「〜に対処する」

(13)—解答 **①** ....

訳 グレッグの父親はグレッグに魚釣りのやり方を教えた。そしてグレッグは，今度は彼の息子に教えるつもりである。

解説 文の前半は過去の事実を表し，後半は未来の計画を述べているので，その2つを結びつけるものは，in turn「今度は」が適切である。in touch「接触して」，by chance「偶然に」，by heart「暗記して」

(14)—解答 **②** ....

訳 アレックスはコンピューターとインターネットに非常に興味があったので，大学で法律を学んだ後，オンライン犯罪を専門とすることにした。

解説 studying law「法律を学ぶこと」，online crime「オンライン犯罪」などの語句から specialize in「〜を専門とする」を選ぶのが自然である。complain of「〜について不満を言う」，differ from「〜と異なる」，bound for「〜行きの」

(15)—解答 **②** ....

訳 リチャードの先生はリチャードに，ほかの生徒の邪魔をするのをやめるように言った。もし彼が好ましくない行動をあくまで続けるのならば，彼を校長室に送ると彼女は告げた。

解説 校長室に送られるということは，好ましくない行動を persist in「〜をあくまで続ける」場合と考えられる。wear out「〜を疲れさせる」，rely on「〜を頼りにする」，make for「〜に向かって進む」

(16)—解答 **①** ....

訳 電力会社は，ネズミが停電の原因であると言った。その動物は，家々と電力供給網をつないでいるワイヤーを食いちぎってしまっていた。

解説 第2文でネズミが電力供給網をつないでいるワイヤーを食いちぎってしまったことが述べられているので，停電についてはネズミが be to blame for「〜に対して責任がある，〜の原因である」と考えるのが自然である。begin at「〜から始まる」，add to「〜を増加させる」，act on「〜に基づいて行動する」。blackout「停電」という語にも注意。

196

(17)— 解答 **1** ·····································

訳 アーノルドは，彼の娘が彼に似ていると思っている。彼らの目は同じ色であり，彼女の鼻も彼のものと同じ形をしている。

解説 第2文で目の色と鼻の形が同じであると述べられていることから，彼の娘が彼に takes after「～に似ている」ことがわかる。fall down「落ちる」，lie off「（船が）（陸地などから）離れた所に位置する」，see in「（新年）を迎える」

(18)— 解答 **3** ·····································

訳 ミサキの家族は，彼女が少女だったときに，アメリカに引っ越した。来年には，ミサキは彼女の人生の半分以上をそこで暮らしていることになるだろう。

解説 〈will have＋過去分詞〉は未来完了形で，未来のある時までの動作の継続，経験，完了を表す。ここでは，未来のある時（来年）までの動作の継続（ずっと暮らしていることになるだろう）を表す。

(19)— 解答 **3** ·····································

訳 その手紙は，ハンフリーズ氏のクレジットカードの申請が受理されなかったことを当銀行は残念ながらお知らせしますと告げていた。

解説 regret to *do* で「残念ながら～する」という意味になる。I regret to inform you that ...「残念ながら…をお知らせします」という定型表現でよく使われる。

(20)— 解答 **2** ····································· 正答率 ★**75%以上**

訳 クリスはその街のサッカー選手権のためにこれまで一生懸命に訓練をしてきている。彼は毎日5キロもの距離を走り，ジムでのトレーニングに1時間以上を費やしている。

解説 no less than ～「～ほど多くの」が適切。as many as ～で書き換えることができる。not less than ～になると「少なくとも～」という意味になる。

一次試験・筆記 **2** 問題編 p.160～163

A 全文訳 音楽に対する感受性

　ドイツの作曲家，ルートヴィヒ・ファン・ベートーベンの音楽は，何世代にもわたる聴衆に幸福を与えてきた。しかしながら，よく知られているように，ベートーベンは20代後半に自身の聴力を失い始めた。彼が44歳になるときまでには，耳が不自由になり，どんな音もほとんど聞こえなくなった。たとえそうだとしても，彼は作曲することをやめなかった。そして彼の最も有名な作品のいくつかは彼が聴力を失った後に作曲された。

　ベートーベン生誕250周年を祝うために，ハンガリーのオーケストラの指揮者マテ・

ハモリは，いくつかの特別なコンサートを開催した。彼はベートーベンの音楽を楽しんでもらえるように耳の聞こえない人々のグループをコンサートに招いた。その音楽を「聞く」ために，聴衆の何人かは演奏家の隣に座り，手を楽器の上に置いた。こうすることによって，耳の聞こえない人々は演奏されているときに楽器によって作られる振動を感じることができた。ほかの聴衆は空気中の音楽の振動を感じることを可能にする風船を手に持っていた。彼らは音楽を経験するために触覚を使うことができた。

　そのコンサートは成功した。赤ちゃんのときから耳が聞こえなかった67歳の女性，ジュジャンナ・フォルディはこのようにしてベートーベンの交響曲第5番を「聞く」ことができたとき，喜びの涙を流した。ハモリのアイデアは独特ではあったが，それは彼自身が考えたものではなかった。ベートーベンは耳が聞こえなくなりかけていたとき，作曲をする際にピアノを使った。彼は，その楽器が指先を通して彼に音楽を感じさせることに気づいた。ハモリはベートーベンのアイデアを採用し，同じ困難に直面している人々がその作曲家の音楽を楽しむことができるように，それを利用した。

(21)— 解答 ① ••
　解説　空所前では44歳までにベートーベンはほとんど耳が聞こえなくなっていたことが，空所後では彼は作曲することをやめなかったことがそれぞれ述べられている。この2つの事実を結びつける接続語句としてはEven so「たとえそうだとしても」が最も適切である。

(22)— 解答 ② •••••••••••••••••••••••••••••••••••• 正答率 ★75%以上
　解説　空所前では，耳の聞こえない聴衆が楽器を手で触ってその振動を感じたり，風船を手に持って空気中の音楽の振動を感じたりしたことが述べられている。つまり彼らはtheir sense of touch「彼らの触覚」を使って音楽を楽しんだということである。

(23)— 解答 ③ ••
　解説　第2段落と第3段落では，聴覚を失ったベートーベンが使った方法をハモリが採用して，耳の聞こえない聴衆にコンサートで音楽を感じてもらったことが述べられている。空所前のpeopleは耳の聞こえない聴衆のことを指しており，彼らをface the same challenge「(ベートーベンと)同じ困難に直面している」と言い換えた**3**が正解となる。

B 全文訳 **食塩水**

　寒い冬が訪れる場所では，雪と氷は交通事故を引き起こす可能性がある。それらを防ぐために，冬には塩がしばしば道路上にまかれる。これが行われるのは，塩が，0℃よりも低い温度で氷が溶けるのを可能にするからだ。例えば，10%の食塩水は氷の融解温度を0℃からマイナス6℃まで下げる。20%の食塩水はこの温度をさらにマイナス16℃まで下げる。しかし，このように塩を使うことは望ましくない結果をもたらす。車，道路，そして自然環境さえも塩によって損害を受ける可能性がある。

　研究によって，塩が道路上で使われるとそれはただ消え去るわけではないことが示さ

れている。そうではなく，それは溶けた氷によって地中へと運ばれる。その塩の多くは最終的には湖や川に至り，そこの水生植物や魚，ほかの生物に害を与える可能性がある。例えば，高濃度の塩は稚魚のサイズを最大で3分の1にまで減少させることがある。さらに塩は，水中の生物種に害を与えるだけでなく，人々が飲む水にも影響を与えるバクテリアの増加を引き起こす可能性がある。

　これらの問題を避けるために，塩の代わりになる自然のものが試されている。1つの考えは，氷を溶かすためにビートと呼ばれる野菜からとれるしぼり汁を使うことである。しかしながら，ビートのしぼり汁は自然ではあるけれども，それは湖や川の酸素量を減少させ，そのために植物や魚は生存するのが難しくなる。これは解決するのが簡単な問題ではないが，研究者たちは氷を溶かすための異なる方法を試し続けている。運が良ければ，彼らは交通事故防止に役立つが環境に損害を与えない物質を見つけることができるだろう。

(24)──解答 **3** ･･････････････････････････････････････ 正答率 ★**75%以上**

解説　空所直後の文で，車，道路，そして自然環境さえも塩によって損害を受ける可能性があることが述べられている。このことから塩の使用は has unwanted effects「望ましくない結果をもたらす」ということが推察される。

(25)──解答 **4** ･･

解説　空所直後で，塩の行方について，溶けた氷によって地中へと運ばれるという記述がある。つまり塩は does not just disappear「ただ消え去るわけではない」ということがわかる。

(26)──解答 **2** ･･

解説　空所の直前では研究者たちが氷を溶かす異なる方法を試し続けていることが，空所直後では研究者たちが環境に損害を与えない物質を見つけることができるだろうということが，それぞれ述べられている。この2つの事柄を結びつけるのに最適な接続語句は With luck「運が良ければ」しかない。In reality「実際には」，Like before「以前のように」，By then「そのときまでには」。空所直後の will に引っ張られて，By then を選ばないように注意。

A 全文訳

一次試験・筆記 **3** ｜ 問題編 p.164〜170

発信人：エイミー・ゴードン <a.gordon@g-kelectronics.com>
宛先：顧客サービス部の職員一同 <customerservicestaff@g-kelectronics.com>
日付：1月23日
件名：人事異動

顧客サービス部の職員の皆様

　先週の金曜日に行われた会社のパーティーを皆さんは楽しんだことと思います。私は本当に楽しい時を過ごしました。グランドホテルはパーティーをするには完璧な場所だったと私は思います。皆さんの何人かは，私たちが行ったビンゴゲームで賞品を勝ち取っていることを忘れないでください。販売部のスティーブ・ミラーが言うには，彼が賞品を持っているそうですから，ビンゴゲームに勝った人は，彼のもとへ行って賞品を受け取ってください。

　本日はほかにもいくつかお知らせがあります。6 人の新人が来月私たちの会社に入社します。彼らの全員が最近大学を卒業したばかりで，そのうちの 2 人が顧客サービス部に来て私たちと一緒に働くことになります。ケント・ガーディナーも同時期に私たちの部門に移動してくるので，合わせて 3 人の新しい同僚が加わることになります。彼は，G&K エレクトロニクスのデザイン部で 10 年間働いてきていますから，あなた方の多くがすでに彼を知っていることと思います。

　ほかに 2 つの人事異動もあります。経理部部長のピーター・スミスが来月末で退職します。ピーターは G&K エレクトロニクスで 40 年以上働いてきました。2 月 28 日の午後 5 時に会議室 A で彼の引退セレモニーが短時間行われます。また，来週より，まもなく赤ちゃんが生まれるので，レイチェル・マーティンが 6 か月間休職します。

以上，よろしくお願いします。

エイミー・ゴードン

顧客サービス部部長

(27)— 解答 ④ ....

質問の訳 エイミー・ゴードンは最近の会社のパーティーについてどのように考えていたか。

選択肢の訳
1　もし販売部がそこにいたら，もっと良かっただろう。
2　ビンゴゲームを何回か行えば楽しかっただろう。
3　今年の賞品は昨年のものよりも良かった。
4　場所の選択がそのパーティーにとってまさにぴったりだった。

解説 第 1 段落第 3 文に the Grand Hotel was the perfect place to have it とあり，エイミーはパーティーの場所の選択が完璧だったと考えていたことがわかるので，正解は **4** となる。選択肢の just right for it の it は the recent company party を指す。

(28)— 解答 ④ ....

質問の訳 来月何が起こるか。

選択肢の訳
1　何人かの大学生がその会社でボランティアとして働くだろう。
2　ケント・ガーディナーはデザイン部に異動するだろう。
3　その会社の社員は 10 年間で初めてのボーナスを得るだろう。
4　3 人が顧客サービス部に加入するだろう。

解説 第 2 段落第 2 文〜第 4 文に，来月 2 人の新卒が配属になり，デザイン

部からは 1 人が異動してきて，合計 3 人の新しい同僚が加わることが述べられている。よって正解は **4** となる。

(29)—解答 ② 正答率 ★75%以上

質問の訳 来週，レイチェル・マーティンは

選択肢の訳
1 40 年以上働いた後，その会社を退職するだろう。
2 子どもが生まれるので，しばらく仕事を離れるだろう。
3 その会社の経理部の部長になるだろう。
4 ピーター・スミスのための特別なイベントの企画を担当するだろう。

解説 第 3 段落最終文に Rachel Martin will take six months off とあり，レイチェルがしばらく休職することがわかるので，正解は **2**。選択肢では take six months off が leave work for a while と言い換えられている。

B 全文訳 最初の歩み

　動物には 2 つの主要なグループがある。背骨を持つものと持たないものである。背骨を持つ動物は脊椎動物として知られている。最初に発生した脊椎動物は魚類であり，長い間それらは唯一の脊椎動物であった。そして，およそ 3 億 7,400 万年前，これらの魚類のいくつかが海から出て，陸で生息し始めた。これらが最初の「四肢動物」となった。四肢動物とは，四肢──動物の種類によるが，脚と翼または腕──と背骨を持つ生物である。四肢動物の例には，爬虫類，鳥類，そして人類のような哺乳類が含まれる。

　脊椎動物の海から陸への移動は，地球上の生命の歴史において最も重要な出来事の 1 つであると考えられている。もっとも今日でさえ，これがどのように起きたかについては正確にはほとんどわかっていない。この理由の 1 つは，魚が四肢動物へと進化しつつあった時代の化石が，比較的少数しか残っていないからである。しかしながら，カナダにおいて古代魚の完全な化石が最近になって発見されたことが，この変化がどのように起きた可能性があるかについての新しいヒントを与えることとなった。

　その化石はエルピストステガリアンと呼ばれる，長さ 1.6 メートルの魚のものである。見た目が少しワニに似ていて海岸近くに生息していたのだが，科学者たちはかねてから，これらの魚が四肢動物の先祖の 1 つであると考えていた。その魚は前に 2 つ，後ろに 2 つ，合わせて 4 つのひれを持っており，これらが四肢動物の四肢に発達したのかもしれない。カナダのケベック州にあるミグアシャ国立公園で完全な化石が発見されたことで，科学者たちはエルピストステガリアンの前ひれをまさに初めて調べることができるようになった。

　この古代魚の前ひれには陸上動物の手の骨のようなものがあることを科学者たちは発見した。普通，ひれには骨が全く含まれない。科学者たちは，魚が浅瀬にいたときに体を支えられるようにこれらの骨が発達したと考えている。言い換えれば，海を離れる前でさえ，魚は手と足を発生させ始めていたのである。これにより，エルピストステガリアンが魚と四肢動物の間を結ぶものの 1 つである可能性は，より高まっている。

(30)—解答 ③ ……………………………………………………

質問の訳 「四肢動物」は

選択肢の訳 **1** 最初期の魚類へと発達した動物のグループである。

2 腕と脚を発達させた背骨を持たない唯一の動物である。

3 背骨と，歩くことや飛ぶことを可能にする四肢を持った動物である。

4 およそ 3 億 7,400 万年前に海と陸上の両方に生息していた動物である。

解説 第 1 段落第 6 文に A tetrapod is a creature which has four limbs—legs and either wings or arms, depending on the kind of animal—and a backbone. とあり，四肢動物とは背骨と四肢を持った動物のことを指すということがわかる。

(31)—解答 ② ……………………………………………………

質問の訳 なぜ人々は，どのようにして脊椎動物が最初に陸上に住み始めたかについて確信が持てないのか。

選択肢の訳 **1** そのころ陸上がどのような状態だったかについての手掛かりがほとんど見つかっていないから。

2 この変化が起きた時期の化石の証拠があまり多くないから。

3 いくつかの異なる方法でそれが起きたことを古代魚の化石が示しているから。

4 この重要な出来事が正確にいつ起きた可能性があるのかについて専門家は確信を持てていないから。

解説 第 2 段落第 3 文に One reason for this is that relatively few fossils remain from the time when fish were evolving into tetrapods. という記述があり，この進化が起きた時期の動物の化石が少数しか残っていないということがわかる。

(32)—解答 ① ……………………………………………………

質問の訳 エルピストステガリアンと呼ばれる動物は

選択肢の訳 **1** 陸地に近いところに生息していた大型動物の一種であった。

2 ワニを食べることを好む初期の四肢動物であった。

3 ひれと脚の両方を持った四肢動物から発達した。

4 カナダで 1 匹が見つかるまでは科学者たちには知られていなかった。

解説 第 3 段落第 1 文にその大きさが 1.6 メートルという記述が，第 2 文の which から始まる節にその生息場所が海岸の近くであるという説明がそれぞれあることから，正解は **1** に絞られる。

(33)—解答 ④ ……………………………………………………

質問の訳 エルピストステガリアンの化石を調べたとき，科学者たちは何を発見したか。

選択肢の訳 **1** エルピストステガリアンの骨は深海で生き抜くのに十分なほど強く

202

なかった。

2 エルピストステガリアンの手と脚はそれが海を出た後しばらくして発達したに違いない。

3 エルピストステガリアンは水生動物と陸上動物の間を結ぶものの1つであったはずがない。

4 エルピストステガリアンはそのひれに骨があったので，ほかの魚とは異なっていた。

解説 第4段落第1文にこの古代魚の前ひれには骨があることが，そして第2文に通常の魚のひれには骨が含まれないことがそれぞれ述べられている。つまりエルピストステガリアンのひれに骨があることがこの魚と他の魚を決定的に分けている要因であることがわかる。

C 全文訳 絶品の果物

　今日，パイナップルは世界中で最も人気のある果物の1つである。しかし長い間，世界のほとんどの場所で，それらはとても珍しいものであった。パイナップルは南アメリカ原産である。初めは，現在ブラジルとパラグアイの一部である地域で自生していた。自然な甘みによって，それらは先住民のお気に入りとなった。それらは南アメリカの沿岸部とカリブ諸島に住んでいたカリブ人に，特に人気だった。

　パイナップルを見つけた最初のヨーロッパ人の1人は探検家のクリストファー・コロンブスであった。1493年の，2回目のアメリカへの航海のときに，彼はカリブ海のグアドループ島でいくつかのパイナップルを見つけた。彼はそれらをスペインへ持ち帰り，フェルディナンド王に献上した。その当時ヨーロッパでは，砂糖はほとんどなく，果物は1年の短い間だけしか手に入らなかった。王はパイナップルを味わい，それが全ての果物の中で最も美味なものであると宣言した。以前は知られていなかったこの果物のニュースは，またたく間にヨーロッパ中に広まった。

　残念ながら，当時，南アメリカからヨーロッパへの旅は1カ月以上かかったため，パイナップルは目的地に着く前にたいてい腐ってしまった。ヨーロッパ人は，代わりに，ヨーロッパでパイナップルを栽培する方法を見つけようとした。オランダ人とイギリス人は，パイナップルが生長できるよう温められた温室を建てた。温室を温かい状態に保つためには大量の燃料が必要とされ，また，1つのパイナップルが食べられるようになるまでには4年もの歳月がかかった。パイナップルを栽培することは，大金持ちの人々の趣味となり，パイナップルは地位の象徴となった。それらは，食用というよりは，装飾用にしばしば使われた。

　その独特な形状と地位のために，パイナップルは美術とデザインの世界においても人気のある表現対象となった。今日でさえ，イギリスの大きな古い邸宅の庭で，たくさんのパイナップルの石像を見つけることができる。蒸気船が発明された後，南アメリカからヨーロッパへ航海をするのはとても速くなった。パイナップルの輸入が増え，一般人でも買えるくらいに値段が下がった。結果として，パイナップルはそのぜいたくなイメー

ジを失い，世界中で親しまれるありふれた果物となった。

(34)—解答 ①

質問の訳 もともとパイナップルは

選択肢の訳
1 わずかな場所でしか自生していなかったので，多くの人にとっては手に入れるのが難しかった。
2 南アメリカの先住民によって甘過ぎると考えられていた。
3 カリブの人々によってブラジルやパラグアイのような国々に持ち込まれた。
4 家畜のエサとしてカリブ諸島の人々に使われていた。

解説 第1段落第2文に For a long time, though, in most parts of the world, they were extremely rare. とあり，世界のほとんどの地域でパイナップルがとても手に入りにくかったということがわかる。よって正解は **1** となる。

(35)—解答 ②

質問の訳 フェルディナンド王がパイナップルを試食した後，何が起きたか。

選択肢の訳
1 彼はクリストファー・コロンブスに，アメリカに戻ってもっとパイナップルを持ち帰るように命令した。
2 この馴染みがないがおいしい果物についての話がヨーロッパ中で聞かれた。
3 ヨーロッパの探検家たちはさらにもっとおいしい果物を求めて世界中を探し始めた。
4 王は，人々がもっと果物を食べれば，もっと健康になることに気づいた。

解説 第2段落第5文と第6文に，王がパイナップルを試食し，それが最も美味な果物であることを宣言したことがヨーロッパ中にまたたく間に広まったという記述があることから正解は **2** となる。

(36)—解答 ③

質問の訳 なぜヨーロッパ人はヨーロッパでパイナップルを栽培する方法を探したのか。

選択肢の訳
1 南アメリカでパイナップルを栽培した人々と同じくらい裕福になるため。
2 海賊が彼らの船を攻撃し，彼らの貴重な果物を奪い取ることを止めるため。
3 ヨーロッパに到着したとき，パイナップルの多くがもはや新鮮ではなかったため。
4 南アメリカからパイナップルを輸送するために，非常に多くの燃料が必要とされたため。

解説 第3段落第1文から第2文にかけて，当時，南アメリカからヨーロッ

パまで航海するのは1カ月以上かかり，その間にパイナップルはたいてい腐ってしまったので，ヨーロッパ人はヨーロッパでパイナップルを育てる方法を探したということが述べられている。

(37)—解答 ②

質問の訳 何がヨーロッパのパイナップルの値段を引き下げたのか。

選択肢の訳　**1** 南アメリカよりもヨーロッパに近い場所にパイナップル農園が作られた。

2 南アメリカからヨーロッパへ航行するのにより短い時間で行ける船が発明された。

3 それらはとても普及したので，一般の人々はそれらを食べることに飽きてしまった。

4 人々が庭でそれらを育てることができるようにイギリスの天候が変化した。

解説　第4段落第3文から第4文にかけて，蒸気船の発明により，南アメリカからヨーロッパへの航海にかかる時間が短縮され，パイナップルの輸入が増えたことによってその値段が下がったことが説明されている。

(38)—解答 ②

質問の訳　以下の記述のうち正しいのはどれか。

選択肢の訳　**1** パイナップルの外見が独特であったので，それらを食べたくない人たちもいた。

2 パイナップルはかつて，人々がどれだけ裕福かを示す1つの手段であった。

3 南アメリカの地域で自生していたパイナップルは甘くなかった。

4 クリストファー・コロンブスの時代では，砂糖はヨーロッパで広く手に入れることができた。

解説　第3段落第5文に Growing pineapples became a hobby for very rich people, and pineapples became a status symbol. という記述があり，パイナップル栽培は，かつてはお金持ちの趣味であり，地位の象徴であったことがわかる。

一次試験・筆記 **4** | 問題編 p.170

トピックの訳　今日，日本ではクリスマスの間に使われる電飾のような装飾のための多くの照明が，たくさんの建物や公共の場所で使われています。これは良い考えだとあなたは思いますか。

ポイントの訳　安全　環境　観光業

解答例　I think it is a good idea that buildings and public areas have lights for decoration. First of all, these lights are a good way to increase the number of tourists. If many people come to see the decorations, they may buy souvenirs from shops and eat at the restaurants in the area. Second, bright lights will help prevent crimes at nighttime. In a bright area, it is easy to see people's faces and other things clearly. For these reasons, I think it is good for buildings and public areas to have lights for decoration.

解答例の訳 建物や公共の場所に装飾用の照明があることは良い考えだと私は思います。最初に，これらの照明は観光客の数を増やす良い方法です。もし多くの人々がその装飾を見に来れば，彼らは店で土産物を買い，その地域のレストランで食事をするかもしれません。2番目に，明るい照明は夜間の犯罪を防ぐことに役立ちます。明るい場所では，人々の顔やほかの物がはっきりと見えやすいです。これらの理由から，建物や公共の場所に装飾用の照明があることは良いことだと私は思います。

解説 まずは冒頭で賛成か反対か，自分の意見を明示することが重要である。I think / I don't think it is a good idea that 以下に TOPIC の表現をそのまま用いれば，主題文を簡単に作ることができる。次に POINTS の観点から自分がそのように考える具体的な理由を挙げていく。その際，First of all（または，First），Second といった標識になるつなぎ言葉を使うと構成が明確になる。そして最後に For these reasons で始めて，もう一度自分の意見を結論として述べる。冒頭で使った I think / I don't think の代わりに，I agree / I disagree や I believe / I don't believe などの異なる表現を使うと効果的である。解答例では，同意する例が挙げられているが，同意しない場合には，装飾用の照明は電気の無駄使いになる（Lights for decorations are a waste of electricity.）ことや，その電飾を見に来た観光客がごみを捨てて帰るので，近隣の人々が迷惑している（Visitors who come to see the lights leave their trash behind, and this causes trouble for the neighbors.）ことなどを理由として挙げるとよいであろう。

No.**1** −解答 ③ 　　　正答率 ★**75%以上**

放送英文　☆： I heard that you moved into a new house last weekend, John.

★： Yeah, but I still have a lot of unpacking to do, Donna. And I really need to decide where to put all of my furniture by next week.

☆： Would you like some help? I have a lot of experience arranging furniture.

★： That'd be great. Thanks for offering.

Question: What does Donna offer to do for John?

全文訳　☆： ジョン，先週末に新しい家へ引っ越したと聞いたわ。

★： ああ，でもまだやらなければならない荷ほどきがたくさんあるんだ，ドナ。それから来週までに全ての家具をどこに置くべきかを決める必要が本当にあるんだ。

☆： 助けが必要かしら？　私は家具の配置をした多くの経験があるわ。

★： それは素晴らしい。助けを申し出てくれてありがとう。

Q：ドナはジョンのために何をすると申し出ているか。

選択肢の訳　**1** 彼を買い物に連れていく。

2 彼の箱に荷物を詰める。

3 彼が家具を配置するのを手伝う。

4 彼の新しい家を掃除する。

解説　女性の2番目の発言に Would you like some help? I have a lot of experience arranging furniture. とあり，女性には家具を配置した多くの経験があって，彼を助けようとしていることがわかる。

No.**2** −解答 ④ 　　　正答率 ★**75%以上**

放送英文　☆： Hello?

★： Hi. I'd like to make an appointment to see the dentist this afternoon.

☆： OK. What seems to be the problem?

★： Well, one of my teeth really hurts, so I'd like to have it checked.

☆： All right. Dr. Campbell can see you at three o'clock.

Question: Why is the man calling Dr. Campbell's office?

全文訳　☆： もしもし。

★： もしもし。今日の午後に歯医者の診察の予約をしたいのですが。

☆： 承知いたしました。お加減の悪いのはどこでしょうか。

★： ええと，歯の1つが本当に痛むので，それを検査してもらいたいのです。

☆： かしこまりました。キャンベル医師が３時にあなたを診ることができます。

Q：男性はなぜキャンベル医師の診療室に電話をかけているのか。

選択肢の訳 **1** 薬をもらうため。

2 彼の歯医者を変えるため。

3 電話で助言をもらうため。

4 予約を取るため。

解説 男性の最初の発言に I'd like to make an appointment to see the dentist this afternoon. とあり，男性が歯医者の診察予約のために電話をしていることがわかるので，正解は **4** となる。

No.3 –解答 ··· 正答率 ★**75%以上**

放送英文 ★： Hello.

☆： Hello, David. Traffic is very heavy right now and I'm going to be about 15 minutes late for lunch. Can you order a chicken sandwich for me?

★： Sure. I'm already here. Do you want the grilled chicken or the fried chicken? And do you want french fries? Or a salad?

☆： I want the grilled chicken with an order of french fries.

★： OK. I'll see you inside the restaurant. Drive safely.

Question: What will the man do for the woman?

全文訳 ★： もしもし。

☆： もしもし，デイビッド。今，道がとても混んでいるので，15分くらいランチに遅れると思うわ。私のためにチキンサンドイッチを注文してもらえるかしら。

★： もちろん。僕はもう着いているよ。グリルドチキンがいい？　それともフライドチキン？　フレンチフライは欲しい？　サラダは？

☆： グリルドチキンとフレンチフライがいいわ。

★： 了解。レストランの中で待っているよ。安全運転でね。

Q：男性は女性のために何をするか。

選択肢の訳 **1** 彼は彼女が食べたいものを注文するだろう。

2 彼は彼女の予約の時間を変更するだろう。

3 彼は早くレストランに行くだろう。

4 彼は彼女をレストランに車で連れていくだろう。

解説 女性が少し着くのが遅れるのであらかじめチキンサンドイッチを注文しておいてくれないか，と言っているのに対して男性は Sure「もちろん」と答え，その後女性の欲しいものをさらに聞いている。ゆえに正解は **1** となる。

No.4 –解答 **3** ···

放送英文 ★： Excuse me, I lost my library card, and I'd like a new one.

☆：I can make you a new card, but I need to see your ID. Also, if you have any books checked out, you need to return them.

★：Well, I have my ID. I do have two books checked out for school, though.

☆：Sorry, but you have to bring them in. I can't make a new card before then.

Question: What does the woman tell the boy?

全文訳 ★：すみません，図書館のカードをなくしてしまったので，新しいものが欲しいのですが。

☆：新しいものをお作りできますが，身分証明書を見せていただく必要があります。また，もしあなたが本を借りている場合は，それらを返却してもらう必要があります。

★：ええと，身分証明書ならあります。でも，2 冊の本を学校のために借りています。

☆：申し訳ありませんが，それらの本をお持ちいただかなければなりません。その前に新しいカードを作ることはできません。

Ｑ：女性は少年に何と言っているか。

選択肢の訳 1　彼は新しい身分証明書を作るべきだ。
2　彼は学校のために本が必要だ。
3　彼は何冊か本を返す必要がある。
4　彼は図書館のカードを使うことができない。

解説 少年が 2 冊本を借りていると言ったのに対して，女性は新しい図書カードを作る前にその本を返却する必要がある，と少年に話している。会話の中の you have to bring them in が選択肢では He needs to return some books. と言い換えられている。

No.**5**－解答 ③ ··

放送英文 ★：Excuse me. Is this your purse? I think you left it on the bus when you got off.

☆：Oh, it is! Thank you so much! I was in such a hurry to get to work that I must have left it behind.

★：It's lucky I saw it as I was getting off.

☆：Thanks again, I'm so happy you found it.

Question: What is one thing the woman tells the man?

全文訳 ★：すみません，これはあなたのハンドバッグですか。バスを降りるときに，それを置き忘れたんじゃないかと思うのですが。

☆：ええ，私のです！　本当にどうもありがとう！　仕事に行くのにあまりにも急いでいたので，置き忘れたに違いないわ。

★：幸い，私がバスを降りるときにそれを見かけたんです。

☆： 本当にありがとうございます。見つけていただき本当にうれしいです。

Q：女性が男性に話している１つのことは何か。

選択肢の訳 **1** 彼女は時間がわからない。

2 彼女はたいていバスには乗らない。

3 彼女はすぐに仕事に行く必要がある。

4 彼女はバスで彼を見かけた。

解説 女性の最初の発言に I was in such a hurry to get to work とあり，女性が仕事に行くのに急いでいたことがわかる。この部分が選択肢では She needs to be at work soon. と言い換えられている。

No.**6**－解答 ④

放送英文 ★： Liz, can you help me with my computer?

☆： What's wrong? Are you having problems connecting to the Internet again?

★： No, it's worse than that. The computer won't even start up! It just beeps loudly when I press the power button, and then nothing happens.

☆： I don't think I can fix that. You'd better take it to a repair shop.

Question: What is one thing the man says about his computer?

全文訳 ★： リズ，コンピューターのことで助けてくれないかな？

☆： どうしたの？　またインターネットの接続で問題があるの？

★： いや，それよりも悪いことなんだ。コンピューターが起動さえしないんだ！　電源ボタンを押すとビーっという音がやかましく鳴って，そしてその後何も起きないんだ。

☆： 私が直せるとは思えないわ。修理店にそれを持っていった方がいいわ。

Q：男性が彼のコンピューターについて言っている１つのことは何か。

選択肢の訳 **1** それはまだ修理店にある。

2 それはインターネットに接続されている。

3 それはうるさい音を発するのをやめた。

4 それはずっと正常に作動していない。

解説 男性の２番目の発言に The computer won't even start up! It just beeps loudly when I press the power button, and then nothing happens. とあり，彼のコンピューターがきちんと動いていないことがわかる。

No.**7**－解答 ④

放送英文 ☆： Colin, I just heard that I'm being transferred to the Beijing office next year.

★： Wow, that's exciting, Anne. The culture there is so different.

☆： Yeah, but I don't speak the language. In fact, I don't know anything about China.

★： Well, you have plenty of time to prepare. And I'm sure the people in the Beijing office will be happy to help you once you get there.

Question: What do we learn about Anne?

全文訳 ☆： コリン, 来年私は北京のオフィスに転勤になると, たった今聞いたわ。

★： おお, それはわくわくするね, アン。そこの文化はとても異なっているからね。

☆： ええ, でも私は現地の言語は話せないわ。実際, 中国について私は何も知らないのよ。

★： まあ準備する時間はたくさんあるよ。それにそこに着任したら, 北京のオフィスの人たちは, 喜んで君のことを助けてくれると思うよ。

Q：アンについて何がわかるか。

選択肢の訳 1 彼女は転勤の準備を完了した。

2 彼女は中国の文化についてたくさん知っている。

3 彼女はたくさんの言語を話すことができる。

4 彼女は中国で働くことになる。

解説 女性の最初の発言に I'm being transferred to the Beijing office next year とあり, 彼女が北京のオフィスに転勤になることがわかる。この部分が選択肢では She is going to work in China. と言い換えられている。be transferred to ～「～に配置転換される, ～に転勤する」

No.8－解答 ② ････････････････････････････････

放送英文 ☆： What do you think we should get Mom for her birthday this year?

★： Well, we could go look for something at Redwood Mall. There's a big sale there this weekend.

☆： I was thinking it would be more special if we made something ourselves, like a birdhouse for the garden.

★： A birdhouse? That sounds like a great idea! Mom loved the present we made her for Christmas.

Question: What will the boy and the girl do for their mother's birthday?

全文訳 ☆： 今年の誕生日にお母さんに何をあげたらよいと思う？

★： そうだね, レッドウッド・モールに行って何かを探すのはどうだろう。今週末, 大きなセールがそこであるよ。

☆： もし私たちが, 庭に置く鳥の巣箱のようなものを自分たちで作ったら, それはもっと特別なものになるんじゃないかと考えていたの。

★： 鳥の巣箱？　それは素晴らしい考えだね！　お母さんは僕たちが彼女のた

21年度第3回　リスニング

211

めに作ったクリスマスプレゼントを気に入っていたよね。

Q：少年と少女は彼らの母親の誕生日のために何をするか。

選択肢の訳 1 彼らはモールで彼女のために何かを買うだろう。

2 彼らは彼女に何かを作るだろう。

3 彼らは彼女を夕食に連れていくだろう。

4 彼らは彼女に庭の花をあげるだろう。

解説 何か鳥の巣箱のようなものを自分たちで作ったらお母さんは喜ぶのではないかと少女が言ったのに対して，それは素晴らしい考えだと少年も同意している。このことから正解は **2** に絞られる。放送される会話中の mall や garden に引っ張られて，**1** や **4** を選択しないように注意。

No.9 – 解答

(放送英文) ☆： Welcome to the White Horse Ranch Resort. You must be the Carters.

★： That's right. We're excited about staying here this weekend.

☆： Well, we're happy to have you. You'll be in Room 302. Why don't you put your things in your room? Then, I'll show you the horses. We can take a morning ride and then come back here for lunch.

★： That sounds great. We'll be back in a minute.

Question: What will the couple do first?

全文訳 ☆： ホワイト・ホース・ランチ・リゾートへようこそ。カーターご夫妻ですね。

★： そうです。今週末ここに滞在するのでとてもわくわくしています。

☆： お客様をお迎えできて大変うれしく思います。お部屋は302号室です。荷物をお部屋に置いてきてはどうでしょう？　そうしましたらお客様に馬をお見せいたします。朝の乗馬を楽しんで，お昼にここに戻ってくるのはどうでしょう。

★： それは素晴らしい。すぐに戻ります。

Q：夫妻は最初に何をするか。

選択肢の訳 1 乗馬をする。

2 彼らの荷物を部屋に置く。

3 牧場で昼食をとる。

4 部屋からチェックアウトする。

解説 女性が「荷物をお部屋に置いてきてはどうでしょうか。その後に馬をお見せします」と言ったのに対して，男性は「それは素晴らしい」と答えている。ゆえに正解は **2** となるが，間違って **1** を選ばないように注意が必要である。乗馬は荷物を置いてきた後である。

No.10 解答

(放送英文) ☆： Excuse me. Could you move your truck, please? It's in front of my office, and I have a customer coming who needs to park there.

★: I'm sorry. I was just picking up some things from the shop next door. I'll be out of your way in a second.

☆: Thank you. Could you use the parking lot across the street next time?

★: Yes, I'll be sure to do that.

Question: Why is the woman complaining?

全文訳 ☆: すみません。あなたのトラックを移動してもらえますか。私のオフィスの前に止まっていて，そこに駐車する必要のあるお客様が来ることになっているのです。

★: ごめんなさい。隣のお店からちょっと荷物を受け取ろうとしていたんです。すぐにどきます。

☆: ありがとう。次回は通りの向かいにある駐車場を使ってもらえますか。

★: ええ，必ずそうします。

Q：なぜ女性は不平を言っているのか。

選択肢の訳 **1** 彼女の店の近くにある駐車場が閉まっているから。

2 隣の店がうるさ過ぎるから。

3 男性が彼女のオフィスに彼の荷物を置いていったから。

4 男性のトラックが彼女のオフィスの前に止まっているから。

解説 女性の最初の発言に Could you move your truck, please? It's in front of my office とあるので，女性は彼女のオフィスの前に止まっているトラックを動かしてほしいことがわかる。

No.11 解答 ②

放送英文 ☆: Guess what? I'm thinking of going to France for my summer vacation! I've always wanted to see Paris.

★: That's great! But you should buy your plane ticket soon. If you wait, the tickets may get too expensive.

☆: You're right. I'd better start looking for tickets right away.

★: That's why I always stay at home for vacation. I can relax and take it easy.

Question: Why does the man say the woman should hurry?

全文訳 ☆: ねえ，聞いてよ。夏休みにフランスに行くことを考えているの！　パリをこの目で見たいとずっと思ってきたの。

★: それは素晴らしいね！　でもすぐに飛行機のチケットを買った方がいいよ。もし待っていると，チケットはとても高くなってしまうかもしれないよ。

☆: そうね。すぐにチケットを探した方がいいわね。

★：だから僕は休みにはいつも家にいるんだ。リラックスして気楽でいられるから。

Q：男性はなぜ女性が急いだ方がよいと言っているのか。

選択肢の訳 **1** パリの多くのホテルはすでに予約でいっぱいだから。

2 フランスへの旅行代金はより高くなるかもしれないから。

3 たくさんの人々がこの夏にパリに行くだろうから。

4 フランスへ行く飛行機の席は売り切れになるかもしれないから。

解説 男性の最初の発言に you should buy your plane tickets soon. If you wait, the tickets may get too expensive. とあるので，フランスへの旅行代金が高くなることを男性が心配していることがわかる。

No.12 解答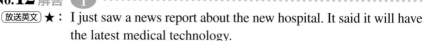

放送英文 ★： I just saw a news report about the new hospital. It said it will have the latest medical technology.

☆： That's fantastic. I hope that means doctors can help people get better faster.

★： Me, too. It said some of the machines are so big that they need their own rooms. That's why the hospital is so large.

☆： I see. And a bigger hospital could also help more patients.

Question: Why is the hospital so big?

全文訳 ★： ちょうど今新しい病院についてのニュースを見たんだ。それによるとその病院には最新の医療技術が導入されるらしいね。

☆： それは素晴らしいわね。それによって医者が，より早く患者が回復するのを手助けできるようになるといいわね。

★： 僕もそう思うよ。報道によると，いくつかの機械はとても大きいので，それ専用の部屋が必要になるらしい。だからその病院はとても大きいんだね。

☆： なるほど。より大きい病院は，より多くの患者を助けることもできるわね。

Q：なぜその病院はとても大きいのか。

選択肢の訳 **1** 多くの場所を必要とする機械があるから。

2 患者が個室を要求しているから。

3 全ての部屋に専用の機械がなければならないから。

4 多くの新しい医者がそこで働くことになるから。

解説 男性の2番目の発言に some of the machines are so big that they need their own rooms. That's why the hospital is so large. とあるので，その機械が大きなスペースを必要としているのがわかる。

No.13 解答 ③

放送英文 ★： Welcome to Fun Soccer Club for Kids. Today is our first practice of the summer.

☆： Excuse me, Coach, but when will practice be over? I need to tell my parents so they know when to come and get me.

★： We'll finish in about an hour.

☆： Thanks. I'll just go tell them. They're standing over there.

Question: What does the man tell the girl?

全文訳 ★： 子どものためのファン・サッカー・クラブへようこそ。今日は私たちの夏練習の初日です。

☆： すみません，コーチ，練習はいつ終わりますか。両親がいつ私を迎えに来たらよいかわかるよう，両親に知らせる必要があるんです。

★： およそ 1 時間後に終わります。

☆： ありがとうございます。両親に話しに行ってきます。あそこに立っているんです。

Q：男性は少女に何を伝えているか。

選択肢の訳 1　そのサッカークラブは大人専用である。

2　夏の間練習があるだろう。

3　練習はおよそ 1 時間続くだろう。

4　両親はそこにいて，練習を見ることができる。

解説 男性の 2 番目の発言に We'll finish in about an hour. とあるので正解は **3** となる。この部分が選択肢では Practice will last for about an hour. と言い換えられている。

No.14 解答 ④

放送英文 ☆： Honey, did you take a look at the stereo?

★： Yes, I did. It's definitely broken, and I can't seem to fix it. We'll have to take it to the electronics shop for repairs.

☆： OK. We can stop there on the way to the shopping mall this afternoon.

★： Good idea. I'll go and put it in the trunk of the car.

Question: What does the man tell the woman?

全文訳 ☆： ねえあなた，ステレオを見てくれた？

★： ああ，見たよ。完全に壊れていて，僕では直せそうにないよ。修理のために電気屋に持っていかなければならないね。

☆： わかったわ。今日の午後，ショッピングモールに行く途中にそこに立ち寄るのはどうかしら。

★： いい考えだね。車のトランクにステレオを入れに行ってくるよ。

Q：男性は女性に何を伝えているか。

選択肢の訳 1　彼はショッピングモールに行った。

2　彼らの車は壊れてしまった。

3　彼らは今日の午後外出するべきではない。

4 彼はステレオを直すことができない。

解説 男性の最初の発言に It's definitely broken, and I can't seem to fix it. とあるので，男性がステレオを直せそうにないと言っていることがわかる。

No.15 解答 ②

放送英文 ☆： You went to see the doctor today, didn't you, honey?

★： Yeah. He gave me the medicine I needed, so that's good. But I had to wait a really long time to see him.

☆： I'm not surprised. That clinic is always busy.

★： Today, it was even more crowded than usual.

Question: What was the man's problem?

全文訳 ☆： あなた，今日は医者に行ったのよね？

★： ああ。僕が必要としている薬を処方してくれたからよかった。でも彼に診てもらうために本当に長時間待たなければならなかったよ。

☆： 私は驚かないわ。あのクリニックはいつも混んでいるもの。

★： 今日はいつもよりもっと混んでいたよ。

Q：男性の問題は何か。

選択肢の訳 **1** 彼は間違った種類の薬をもらった。

2 彼はクリニックで長時間待たなければならなかった。

3 彼は新しい医者に診てもらいに行った。

4 彼はクリニック行くのを忘れた。

解説 男性の最初の発言に I had to wait a really long time to see him. とあるので，彼の問題は長時間クリニックで待たなければならなかったことだとわかる。

一次試験・リスニング 第2部 │ 問題編 p.173〜175  ▶MP3 ▶アプリ ▶CD 3 58〜73

No.16 解答 ①

正答率 ★75%以上

放送英文 John teaches computer classes at a high school. In recent years, he has been surprised because some of his new students do not know how to use a computer. Many of them have only ever used smartphones. They do not know how a computer works or how to type on a regular keyboard. Because of this, he has to teach more basic skills than he expected.

Question: What surprised John about some of his students?

全文訳 ジョンは高校でコンピューターの授業を教えている。近年，新しい生徒の中にはコンピューターの使い方を知らない者がいることに彼は驚いて

いる。彼らの多くはこれまでにスマートフォンしか使ったことがない。彼らはどのようにコンピューターが機能するのか，またどのように通常のキーボードを使ってタイプするのかを知らない。このために，彼は予想以上に基礎的な技能を教えなければならない。

Q：生徒の何人かについてジョンを驚かせたことは何か。

1 彼らはコンピューターを一度も使ったことがない。

2 彼らはとても素早くタイプすることができる。

3 彼らはスマートフォンが欲しくない。

4 彼らは先生になることを望んでいる。

解説 第2文から第3文にかけて，最近の新しい生徒はスマートフォンしか使ったことがないため，コンピューターの使い方を知らないことにジョンが驚いていることが述べられている。Many of them have only ever used smartphones. が選択肢では They have never used a computer. と言い換えられている。

No.17 解答

The yellow-legged buttonquail is a bird that lives in India and China. Although yellow-legged buttonquails are small, their sounds can be heard up to 100 meters away. In fact, in 2020, thousands of people in a village in China ran out of their homes because they thought there was a tiger. Later, they found out that the noise they heard had come from these small birds.

Question: What is one thing we learn about yellow-legged buttonquails?

チョウセンミフウズラはインドと中国に生息している鳥である。チョウセンミフウズラは小さいけれども，それらの鳴き声は最大100メートル離れても聞こえる。実際，2020年に，中国の村に住む何千人もの人々が，トラがいると思って家から外に走り出た。後に，彼らが聞いた音はこれらの小さな鳥によるものだということがわかった。

Q：チョウセンミフウズラについてわかる1つのことは何か。

1 それらは最大時速100キロで飛ぶことができる。

2 それらは人間よりも速く走ることができる。

3 それらはとても大きな音を立てる。

4 それらは身を守るためにトラの近くに巣を作る。

解説 第2文後半に their sounds can be heard up to 100 meters away とあるので，この鳥がとても騒がしい音を立てることがわかる。後半に出てくる tiger に引っ張られて **4** を選ばないように注意。

No.18 解答

Richard bought an apartment in a large building last year. He was happy because it was not expensive to live there. Last week, the building manager talked to him. She said that everyone in the building would have to pay an extra fee for some construction work to make the building safer during earthquakes. Richard is upset, and he thinks new residents should not have to pay so much.

Question: What did the building manager tell Richard?

全文訳 リチャードは昨年，大きなビルの中の1室を購入した。そこに住むのにかかる費用は高くなかったので，彼は幸せだった。先週，そのビルの管理人が彼に話をした。彼女は，そのビルの全ての人は地震の際にビルをより安全にするための建設工事に追加料金を支払わなければならないだろうと言った。リチャードは当惑しており，新しい住人はそれほど多く支払う必要はないと考えている。

Q：ビルの管理人はリチャードに何を伝えたか。

選択肢の訳 **1** 家賃が安くなるだろう。
2 そのビルは建設のために閉鎖されるだろう。
3 彼は追加料金を支払わなければならないだろう。
4 彼は地震の間，別のビルに行くべきである。

解説 第4文に everyone in the building would have to pay an extra fee とあるので，彼が追加料金を支払わなければならないことがわかる。an extra fee が選択肢では an additional charge と言い換えられている。

No.19 解答 ② ··

放送英文 Sally has been playing soccer in a small, local league for several years. The matches are very casual, and she has many friends on her own team and other teams. From next year, the league announced that it will join a larger league, and Sally's team will be playing against a lot of different teams with good players. She is looking forward to the challenge, but she is also a little nervous.

Question: Why is Sally a little nervous?

全文訳 サリーは数年間，地域の小さなリーグでサッカーをしてきた。試合はとてもざっくばらんなもので，彼女は自分のチームとほかのチームに多くの友人がいる。来年からそのリーグはより大きなリーグに加わるとの発表があり，サリーのチームは良い選手のいる多くの異なるチームと試合をすることになるだろう。彼女はその挑戦を楽しみにしているが，彼女は少し緊張もしている。

Q：サリーはなぜ少し緊張しているのか。

選択肢の訳 **1** 彼女は自分のチームに知り合いがほとんどいないから。

2 彼女はより大きなリーグでサッカーをするから。

3 彼女は彼女のお気に入りのサッカー選手に会うから。

4 彼女は明日大きなサッカーの試合があるから。

解説 第3文に the league announced that it will join a larger league とあるので，彼女はより大きなリーグでサッカーをすることになることがわかる。そして最終文に she is also a little nervous とあるので正解は **2**。

No.20 解答 ③ ··

放送英文 In Scotland, there is a traditional skirt called a kilt. It is usually worn by men and it has a pattern on it. The most special pattern for kilts is called Balmoral Tartan. It is special because only the king or queen of the United Kingdom can decide who may wear this pattern. Balmoral Tartan is grey, black, and red. The colors were chosen to match rock found in Scotland.

Question: Why is Balmoral Tartan special?

全文訳 スコットランドには，キルトと呼ばれる伝統的なスカートがある。それはたいてい男性によって着用され，その表面には模様がある。キルトの最も特別な模様はバルモラル・タータンと呼ばれる。英国の王または女王のみが，誰がこの模様を着用してよいかを決めることができるので，それはとても特別である。バルモラル・タータンは灰色，黒そして赤から成る。その色はスコットランドで見つかる岩に合わせて選ばれた。

Q：なぜバルモラル・タータンは特別なのか。

選択肢の訳 **1** その表面には城の絵があしらわれているから。

2 人々は色彩に富んだ絵画を描くためにそれを使うから。

3 王または女王が，誰がそれを着用できるかを決めるから。

4 男性は女性に彼らの技量を示すためにそれを作るから。

解説 第4文に It is special because only the king or queen of the United Kingdom can decide who may wear this pattern. とあるので，王または女王のみがその着用を許可することができるため特別であることがわかる。

No.21 解答 ① ··

放送英文 Suzie loves comic books and movies about superheroes. Recently, she has started writing stories about a girl who can fly. She sent her stories to a publisher, but they were not accepted. Then, she posted them on a website where writers can share their stories. Many people said they enjoyed her stories. Suzie is looking forward to writing more and being part of an online community.

Question: Why did Suzie post her stories online?

スージーはスーパーヒーローについての漫画や映画が大好きである。最近，彼女は空を飛べる少女についての物語を書き始めた。彼女は物語を出版社に送ったが，それらは受け入れられなかった。それから，彼女は作家が自分たちの物語を共有できるウェブサイトに投稿した。多くの人たちが，彼女の物語を楽しんだと言ってくれた。スージーはもっと多くの作品を書いて，オンライン・コミュニティーの一員でいることを楽しみにしている。

Q：なぜスージーは物語をオンラインに投稿したのか。

1 それらは出版社に受け入れられなかったから。
2 彼女はそれらが映画になることを望んだから。
3 ウェブサイトが彼女に連絡を取り，彼女の作品を求めたから。
4 彼女の友だちはそれらを読む時間がなかったから。

第3文から第4文にかけて，彼女は出版社に作品を送ったが，受け入れられず，ウェブサイトに投稿したといういきさつが述べられている。

No.**22** 解答 ④ ....

There will be a big tennis tournament in Randy's city next month. Randy tried to buy tickets as soon as he heard about it, but they were already sold out. He learned, however, that he could sign up to be a volunteer at the tournament. He will volunteer for two days, and he will be able to get a better view of some events than if he had sat at the back.

Question: Why did Randy decide to volunteer at the tournament?

来月，ランディの住む都市で大きなテニス大会がある。彼はそれを聞くやいなやチケットを買おうとしたが，すでに売り切れだった。しかし，彼は大会のボランティアの仕事に申し込むことができることを知った。彼は2日間ボランティアとして働くことになり，いくつかの試合では，観客席の後ろの方に座っていた場合よりも良い眺めを見ることができるだろう。

Q：ランディはなぜその大会でボランティアとして働くことにしたのか。

1 彼は試合のいくつかについて多くを知っているから。
2 彼は選手の何人かを知っているから。
3 彼は友だちに手伝うように頼まれたから。
4 彼は遅過ぎてチケットを買うことができなかったから。

第2文に Randy tried to buy tickets as soon as he heard about it, but they were already sold out. とあり，買うのが遅過ぎてチケットがすでに売り切れていたことがわかる。チケットを買えなかったので，ボランティアの仕事をして大会を見物することにしたのである。

No.23 解答 ....

放送英文 Thank you for visiting Salston Library. Please remember to have a look at our classic novels on the third floor. We would also like to remind you that our regular hours are 8 a.m. to 9 p.m. from Tuesday to Sunday. However, because Monday is a public holiday, this week we will be open all day on Monday and closed on Tuesday instead.

Question: Why will the library be open on Monday?

全文訳 サルストン図書館にお越しいただきありがとうございます。3階にございます，当館の古典小説のコーナーを忘れずにご覧ください。また，当館の開館時間は，火曜日から日曜日の午前8時から午後9時となっておりますことも，あわせてご確認ください。しかしながら，今度の月曜日は祝日ですので，今週の月曜日は終日開館し，その代わりに火曜日に休館いたします。

Q：なぜ図書館は月曜日に開館するのか。

選択肢の訳　1　特別な小説が読まれるから。
2　今度の月曜日は祝日だから。
3　古い小説が販売されるから。
4　火曜日に床が清掃されるから。

解説　第4文に because Monday is a public holiday, this week we will be open all day on Monday とあり，今度の月曜日は祝日であるために開館することがわかる。

No.24 解答 3 ....

放送英文 Traditional fairy tales such as "Rapunzel," published by the Brothers Grimm in 1812, have changed a lot over the years. In the past, fairy tales contained more violence, and they scared young boys and girls. However, these days, most fairy tales are told with cute pictures, and they have happy endings that make children feel safe.

Question: How were traditional fairy tales different in the past?

全文訳 1812年にグリム兄弟によって出版された『ラプンツェル』のような伝統的なおとぎ話は，長い年月の間に大きく変わった。昔，おとぎ話にはもっと多くの暴力が描かれ，幼い少年少女を怖がらせた。しかし最近では，ほとんどのおとぎ話はかわいい絵とともに話され，子どもたちを安心させる幸せな結末を迎える。

Q：過去において伝統的なおとぎ話はどのように異なっていたか。

選択肢の訳　1　それらはより多くの絵とともに話された。
2　それらは少女より少年によって愛された。

3 それらは現在よりも恐ろしかった。

4 それらは主に子どもによって話された。

解説 第2文に，かつておとぎ話には多くの暴力が描かれ，子どもたちを怖がらせたという記述があるので正解は **3**。scare「～を怖がらせる」，scary「恐ろしい」。放送文中の boys and girls に影響されて **2** を選ばないように注意。

No.25 解答 ①

放送英文 Miki has lived in her neighborhood since she was a child, and she is friends with many of her neighbors. Recently, the neighborhood has begun to change. More wealthy people have moved in and expensive shops and restaurants have opened. This makes the neighborhood nicer in some ways, but Miki is also worried that some of her neighbors will not be able to afford to live there anymore.

Question: Why is Miki worried?

全文訳 ミキは子どものころから彼女の家のある地域にずっと住んでおり，近所の多くの人たちと友だちである。最近，その地域は変わり始めた。よりお金持ちの人たちが引っ越してきて，高級な店やレストランが開店した。このことでその地域はいくつかの点ではより良くなっているが，ミキは，近所の人の中にはもはやそこに住む余裕がなくなる人がいるのではないかとも心配している。

Q：なぜミキは心配しているのか。

選択肢の訳 **1** 彼女の近所がより高価なものになりつつあるから。

2 彼女の近所の人たちが騒々しい子どもたちに関して問題を抱えているから。

3 彼女のお気に入りのレストランが閉店する予定だから。

4 彼女の店がまもなく新しいオーナーを迎えるから。

解説 第3文から第4文にかけて，裕福な人々が引っ越してきて高級なレストランや店が開店したことで，近所の人の中にはそこに住む余裕がなくなる人がいるのではないかとミキが心配している様子が述べられている。afford to *do*「～する余裕がある」

No.26 解答 ②

放送英文 Last year, Lucas joined a gym, and at first, he went there every day to exercise after work. Soon, though, he found that he was not going so often because he was busy with work. From this month, he has decided to start going to the gym early in the morning. He hopes this plan will allow him to exercise regularly.

Question: What has Lucas decided to start doing?

全文訳 昨年，ルーカスはスポーツジムに入会し，初めは毎日仕事の後に運動をしに行った。しかしすぐに，仕事で忙しいので，そんなに頻繁には行かないことがわかった。今月から，彼は朝早くにそのスポーツジムに行き始めることにした。彼は，この計画によって彼が定期的に運動できるようになることを望んでいる。

Q：ルーカスは何をし始めることにしたのか。

選択肢の訳 1 新しいスポーツジムを探すこと。
2 仕事の前に運動すること。
3 昼休みにスポーツジムに行くこと。
4 スポーツセンターで働くこと。

解説 第3文に he has decided to start going to the gym early in the morning とあり，彼は朝早くスポーツジムに行くことにしたことがわかる。この部分が選択肢では Exercising before work. と言い換えられている。

No.27 解答 ④

放送英文 These days, a honeymoon is usually a short vacation after a wedding. However, in the past, "honeymoon" had a different meaning. It was originally two words—*hony*, which meant "sweet," and *moone*, which meant "month." *Hony moone* was used to tell newly married couples that the sweet feeling of marriage does not last forever, and that staying happy together takes hard work.

Question: How was the word "honeymoon" used in the past?

全文訳 最近では，ハネムーンはたいてい結婚式後の短い休暇のことを指す。しかし過去において，「ハネムーン」は異なる意味を持っていた。それは，もともとは2つの語であった――「甘い」を意味する hony と「月」を意味する moone である。Hony moone は新婚のカップルに，結婚の甘い気持ちは永遠には続かず，ともに幸せでいるには大変な労力が必要であることを語るために使われた。

Q：「ハネムーン」という言葉は過去においてどのように使われていたか。

選択肢の訳 1 女性が結婚することを公表するため。
2 短い休暇のための場所について人々に語るため。
3 結婚式で食べられる甘い料理を描写するため。
4 カップルに結婚生活について教えるため。

解説 第4文で，「ハネムーン」という言葉は結婚の甘い気持ちは永遠には続かず，ともに幸せでいるには大変な労力が必要であることを新婚のカッ

プルに伝えるために使われたことが述べられている。つまり To teach couples about married life. ということである。

No.28 解答 ①

（放送英文）This is an announcement for all employees. As you all know, our company name changed at the beginning of this year. As a result, all employees need to pick up new business cards from the personnel department on the first floor before 5 p.m. today. Please do not leave the office today without going to the personnel department. Thank you.

Question: What do employees have to do before 5 p.m.?

（全文訳）従業員全員へお知らせします。皆さんもご存じのように，私たちの会社の名前が今年の始めに変わりました。その結果，全ての従業員は本日午後5時前に1階にある人事部から，新しい名刺をもらう必要があります。本日は人事部へ行かずに退社することがないようにしてください。ご協力に感謝します。

Q：従業員は午後5時前に何をしなければならないか。

（選択肢の訳）**1** 新しい名刺をもらう。
2 新しいオフィスに机を動かす。
3 新しいビジネスプランを作る。
4 新しい会社の名前を考える。

（解説）第3文に all employees need to pick up new business cards from the personnel department on the first floor before 5 p.m. とあり，新しい名刺をもらう必要があることがわかる。

No.29 解答 ②

・・

（放送英文）Louise started high school last year. When she was young, she did not like being outdoors because she did not like insects. For this reason, she was worried when her teacher said that her class would be going on a camping trip. However, when she went on the trip, she was surprised to find that she felt good being in nature. She did not worry because her friends were with her.

Question: Why was Louise surprised?

（全文訳）昨年，ルイーズは高校に入学した。幼いころ，彼女は昆虫が好きではなかったので，屋外にいることが好きではなかった。このため，彼女のクラスがキャンプ旅行に出かけると彼女の先生が言ったとき，彼女は不安に思った。しかし旅行に行ってみると，彼女は自然の中にいると気持ちが良いということを知って驚いた。彼女の友だちが一緒にいたので，彼女は不安ではなかった。

Q：なぜルイーズは驚いたのか。

224

選択肢の訳 **1** 彼女の学校にたくさんの昆虫がいたから。

2 彼女は屋外にいることを楽しんだから。

3 彼女の友だちがキャンプに行くことを提案したから。

4 学校の旅行が中止になったから。

解説 第4文 she was surprised to find that she felt good being in nature とあり，自然の中で彼女は気持ち良く感じたことがわかる。この部分が選択肢では She enjoyed being outdoors. と表現されている。

No.30 解答 ④ •

放送英文 Thank you for coming to Savers Palace. Customers who came by car today can get a 10 percent discount on parking. Just show your parking ticket to the staff when you pay. Also, hand towels and bathroom soaps are sold at half price this month. For more information on special offers, please come to the service counter.

Question: How can customers get a discount on parking?

全文訳 セイバーズパレスにお越しいただきありがとうございます。本日，車でお越しのお客様は，駐車料金の10%が割引されます。お支払いの際に，従業員に駐車券をお見せくださるだけで結構です。また，今月はハンドタオルと浴室の石けんが半額で販売されております。特価品についての情報をもっとお知りになりたい方は，サービスカウンターまでお越しください。

Q：駐車料金の割引を客はどのように手に入れられるか。

選択肢の訳 **1** 10枚のハンドタオルを買うことによって。

2 サービスカウンターに行くことによって。

3 毎月駐車料金を支払うことによって。

4 物を買う際に，駐車券を見せることによって。

解説 第3文に Just show your parking ticket to the staff when you pay. とあるので，正解は **4** となる。放送文では客に対して you で呼びかけているが，選択肢では主語は they になっているので注意。また最後に聞こえる come to the service counter に引っ張られて **2** を選ばないようにすることも重要。

全文訳　**健康な従業員**

　　日本では多くの人々が毎年，健康診断を受けている。いくつかの団体の中にはこのために役に立つサービスを提供しているものもある。これらの団体は，職場で健康診断を提供する特別なバスを派遣する。多くの企業はそのようなバスを利用しており，そうすることで，彼らは忙しい従業員が健康でいられるように手助けしている。人々が定期的に健康診断を受けるようにすることがとても大切である。

質問の訳　No. 1　文章によれば，多くの企業はどのように忙しい従業員が健康でいられるように手助けしていますか。

　　　　　　No. 2　では，絵を見てその状況を説明してください。20秒間，準備する時間があります。話はカードにある文で始めてください。

　　　　　　〈20秒後〉始めてください。

　　　　　　では，〜さん（受験生の氏名），カードを裏返して置いてください。

　　　　　　No. 3　日本の電車やバスは夏にエアコンを使い過ぎていると言う人がいます。あなたはそれについてどう思いますか。

　　　　　　No. 4　日本にはたくさんの有名ブランドの店があります。そのような店で買い物をする人の数は将来増えると思いますか。

　　　　　　　Yes. →なぜですか。　　　　　　No. →なぜですか。

No.1

解答例　By using special buses that provide medical checkups at the workplace.

解答例の訳　「職場で健康診断を提供する特別なバスを利用することによって」

解説　第4文に Many companies use such buses, and by doing so they help busy workers to stay healthy. とあり，such buses「そのようなバス」を使うことで企業が従業員の健康維持を手助けしていることがわかる。such buses とは，その直前の文で special buses that provide medical checkups at the workplace と説明されているので，such buses をその説明部分と入れ替える。質問は how「どのように」なので By using で始めて答えるとよい。

No.2

解答例　One morning, Mr. and Mrs. Mori were talking in their living room. Mr. Mori said to his wife, "I stayed up late last night." Thirty minutes later, Mr. Mori was asleep on the sofa. Mrs. Mori was thinking of putting a blanket on him. That afternoon, Mrs. Mori was making coffee. Mr. Mori suggested that they go for a walk together.

解答例の訳「ある朝，モリ夫妻は居間で話をしていました。モリさんは妻に『昨晩は遅くまで起きていたんだ』と言いました。30分後，モリさんはソファで寝入っていました。モリさんの妻は彼に毛布をかけようと思っていました。その日の午後，モリさんの妻はコーヒーを淹れていました。モリさんは一緒に散歩に行くことを提案しました」

解説 1コマ目は指示された文で説明を始め，その後にモリさんのせりふを Mr. Mori said to his wife, の後に続ける。2コマ目は Thirty minutes later, で始め，モリさんの寝ている様子と吹き出しの中のモリさんの妻の考えを描写する。3コマ目は That afternoon, で始め，モリさんの妻のコーヒーを淹れている動作と吹き出しの中のモリさんの考えを説明する。

No.3

解答例 I agree. Some trains and buses are very cold in summer. Also, it's bad for the environment to use so much electricity.

解答例の訳 「私もそう思います。電車やバスの中には夏にとても寒いものがあります。また，それほどたくさんの電気を使うことは環境にとってよくありません」

解答例 I disagree. Summer is getting hotter and hotter every year. It's important to keep trains and buses cool for people's health.

解答例の訳 「私はそうは思いません。夏は毎年ますます暑くなっています。人々の健康のために電車やバスを涼しく保つことは重要です」

解説 まず初めに賛成（I agree）か反対（I disagree）かを明確にし，その理由を具体的に述べていくことが重要である。賛成の場合は，解答例に加えて，寒過ぎる車内で体調を崩す人がいることを指摘してもよい。反対の場合は，車内を涼しく保つことは乗客の身体的健康だけでなく，精神的な安定も実現できるというようなことを述べてもよいだろう。

No.4

解答例 （Yes. と答えた場合）
More people want to give brand-name products as gifts. They think such gifts make events like birthdays special.

解答例の訳 「贈り物としてブランド製品を贈りたいと考える人が増えています。そのような人々は，それらの贈り物が誕生日のようなイベントを特別なものにしてくれると考えています」

解答例 （No. と答えた場合）
Most of the products at these stores are very expensive. Other stores sell good products at lower prices.

解答例の訳 「これらの店の製品のほとんどがとても高価です。より低価格で良い製品を売るほかの店もあります」

ここでもまず冒頭で自分の立場を明確にし，その具体的な理由を 2 文程度で説明することが大切である。Yes の場合は，解答例に加えて，ブランド製品は精神的な満足を購入者に与える，という点を指摘してもよいだろう。No の場合は，日本では「価格」重視の人たちが多くいることを付け加えてもよいだろう。

| 二次試験・面接 | 問題カード B 日程 | 問題編 p.178〜179 | 🔊 | ▶MP3 ▶アプリ ▶CD 3 79〜82 |

全文訳 珍しい海洋生物

　近ごろ，科学者たちは，世界の海の深くに生息している生物についてもっと知ることに関心を抱いている。しかしながら，深海の区域に到達することはとても危険である。今や，そのような区域にロボットを送り込む科学者がいて，そうすることで彼らは珍しい海洋生物について安全に知ることができる。これらのロボットは，おそらく将来ますます役に立つものになるだろう。

質問の訳 No. 1　文章によれば，科学者たちはどのようにして珍しい海洋生物について安全に知ることができますか。

No. 2　では，絵を見てその状況を説明してください。20 秒間，準備する時間があります。話はカードにある文で始めてください。
〈20 秒後〉始めてください。

では，〜さん（受験生の氏名），カードを裏返して置いてください。

No. 3　たとえより高価でも，私たちは環境に優しい製品を買うべきだと言う人がいます。あなたはそれについてどう思いますか。

No. 4　今日，多くの映画には暴力的なシーンがあります。これらの映画を作ることをやめるべきだとあなたは思いますか。
Yes. →なぜですか。　　　　　　No. →なぜですか。

No.1 ....

解答例 By sending robots to areas that are deep in the ocean.

解答例の訳 「海の深い区域にロボットを送り込むことによって」

解説 第 3 文に Now, some scientists send robots to such areas, and by doing so they can learn about unusual sea life safely.とあり，such areas「そのような区域」にロボットを送り込むことによって科学者は珍しい海洋生物について安全に知ることができるということがわかる。such areas とはその直前の文で areas that are deep in the ocean と説明されているので，such areas をその説明部分と入れ替える。質問は how「どのように」なので By sending で始めて答えるとよい。

No.2

解答例 One day, Ken and his mother were talking in their living room. Ken said to his mother, "I want to see the sea turtles at the aquarium." The next month at the aquarium, Ken was looking at a sign that said taking pictures was not allowed. His mother told him to put his camera into her bag. Later at the gift shop, Ken was choosing a T-shirt. His mother was thinking of buying it for him.

解答例の訳 「ある日，ケンと彼の母親は居間で話をしていました。ケンは母親に『水族館でウミガメを見たい』と言いました。その翌月，ケンは水族館で写真撮影が許可されていないことを告げる貼り紙を見ていました。彼の母親は彼にカメラを彼女のバッグの中にしまうように言いました。その後，土産物店でケンはTシャツを選んでいました。彼の母親は彼にそれを買ってあげることを考えていました」

解説 1コマ目は指示された文で説明を始め，その後にケンのせりふをKen said to his mother, の後に続ける。2コマ目はThe next month at the aquarium, で始め，ケンの動作を過去進行形で描写するとともに，吹き出しの中の母親の指示を説明する。3コマ目はLater at the gift shop, で始め，ケンがTシャツを選んでいる様子を描写し，次に吹き出しの中の母親の考えを説明する。

No.3

解答例 I agree. People should do things to protect the environment. They need to work together to help the earth.

解答例の訳 「私もそう思います。人々は環境を守るために何かを行うべきです。地球を助けるために協力する必要があります」

解答例 I disagree. Buying such products doesn't help the environment. The government should make stricter laws to reduce pollution.

解答例の訳 「私はそうは思いません。そのような製品を買うことは環境を救うことにはなりません。汚染を減らすために政府はより厳しい法律を作るべきです」

解説 賛成の場合は，解答例に加えて，リサイクル商品を買うべきだと言ったようなより具体的な指摘をしてもよい。反対の場合は，個人ではなく，解答例のように政府のようなより大きなレベルで環境保護を行う必要があることを述べてもよい。

No.4

解答例 (Yes. と答えた場合)

Violent movies often have a bad influence on people. For example, some people may try to copy the actors in these movies.

「暴力的な映画はしばしば人々に悪影響を及ぼします。例えば，中には
これらの映画の中の俳優をまねようとする人々がいます」

（No. と答えた場合）

Many people think violent movies are exciting. They can enjoy
watching them with friends.

「暴力的な映画は刺激的だと多くの人が考えています。友だちとそれら
の映画を見ることを楽しむことができます」

Yes の場合は，解答例に加えて，特に子どもへの影響が深刻であること
を強調してもよい。No の場合は，表現の自由があるので，映画製作に
規制をかけるべきではない，と主張してもよいだろう。

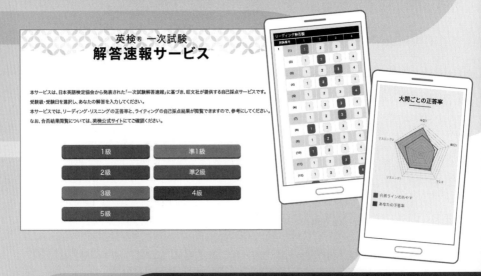